Tu n'aimes
pas ton papa ?

La tragique histoire d'une petite fille trahie
par une mère inconsciente et un père abusif…

Sally EAST
avec Toni MAGUIRE

Tu n'aimes pas ton papa ?

La tragique histoire d'une petite fille trahie par une mère inconsciente et un père abusif…

Traduit de l'anglais par Maryline Beury

ÉDITIONS FRANCE LOISIRS

Titre original : *Don't you love your Daddy?*
Publié en Grande-Bretagne par Perguin UK

Édition du Club France Loisirs,
avec l'autorisation des Éditions City

Éditions France Loisirs,
123, boulevard de Grenelle, Paris
www.franceloisirs.com

ISBN : 978-2-298-05781-2

Prologue

Je ne me suis jamais rendue sur la tombe de mon père. Je sais où elle se trouve, bien sûr, car on m'a téléphoné après sa mort pour m'inviter à ses funérailles. Une invitation que j'ai choisi de décliner, ne ressentant pas le besoin de lui faire mes adieux : ceux-ci avaient déjà été faits, longtemps auparavant.

Depuis son décès j'ai tenté d'effacer tous ses souvenirs de ma mémoire, mais ils persistent à me hanter – tout comme l'image de la petite fille blonde aux yeux verts que j'étais autrefois.

Je la vois parfois à l'époque où, toute petite, elle adorait son grand et beau papa aux cheveux noirs. Lorsqu'il quittait son atelier de charpentier et rentrait à la maison avec un grand sourire qu'elle ne croyait être que pour elle, elle lui tendait alors les bras, le visage illuminé de joie par son retour. Même avant que ses petites mains potelées ne reçoivent les bonbons ou les barres chocolatées qu'il cachait pour elle dans ses poches, elle lui demandait déjà toute son attention. « En l'air, papa, en l'air ! » l'implorait-elle.

Riant de son impatience, il la soulevait alors du sol et la faisait voler dans les airs. J'entends encore sa voix murmurer: « Tu es ma petite fille chérie à moi, pas vrai Sally ? » Elle enlaçait alors son cou, se délectant de cette étreinte. Elle aimait sentir son odeur si particulière, ce parfum de bois fraîchement scié, de vernis pour menuiserie, de cigarettes et d'eau de toilette qui s'accrochait à sa peau, à ses cheveux et à ses vêtements. Les joues râpeuses de son père pressées contre les siennes, elle se blottissait tendrement contre sa poitrine.

« Tu l'aimes, ton papa ? » demandait-il souvent, recevant une série de vifs hochements de tête en guise de réponse. « Alors dis-le-moi ! », insistait-il. Docile, elle prononçait alors les mots qu'il voulait entendre.

« Je t'aime, papa. »

C'était avant qu'elle ne commence à avoir peur de lui.

1

J'ai passé les sept premières années de ma vie dans un village du nord de l'Angleterre où, du printemps jusqu'à la moitié de l'automne, les enfants jouaient dans les rues et les femmes discutaient devant les magasins ou par-dessus les barrières des jardins. Lorsque les petites bruines d'octobre cédaient la place aux trombes d'eau, à la grêle et au verglas de novembre, chacun rentrait se réfugier chez soi pour se mettre au chaud.

Pendant les mois qui précédaient l'arrivée du printemps, les rues sombres étaient alors presque désertes. La lueur vacillante des télévisions éclairait les fenêtres des maisons obscures, jusqu'aux branches nues des arbres dont les feuilles mortes s'amoncelaient dans les gouttières. En début de soirée, les claquements de portes annonçaient le retour des hommes dans les foyers. Leurs vieilles voitures déglinguées s'alignaient dans les rues car, à l'exception d'un bus quotidien, il n'y avait alors pas d'autre moyen de transport que le vélo dans la région.

La maison dans laquelle je suis née était un trois-pièces dans une rangée d'habitations mitoyennes, au milieu d'un lotissement situé en bordure de notre village. Ma mère m'avait dit que lorsqu'ils y avaient emménagé, dix ans avant ma naissance, les maisons sentaient la peinture et le plâtre frais. Les petits jardins, divisés par un étroit passage en ciment, étaient constitués de terre meuble. On n'y trouvait encore ni gazon, ni fleurs, ni buissons.

Pour nombre de jeunes couples, il s'agissait là de leur premier logement. Ils avaient vécu avec leurs parents ou beaux-parents en attendant qu'un logement social soit disponible. Mais s'il était une chose que partageaient toutes les familles venant s'installer dans le nouveau lotissement, c'était bien l'optimisme.

Lorsque je fus assez grande pour remarquer la différence entre notre maison et les habitations voisines, des années de négligence avaient déjà provoqué un certain nombre de dégâts.

La peinture des portes et huisseries s'écaillait, et, à l'inverse du jardin d'à côté, amoureusement entretenu, le nôtre était envahi d'herbes folles et de buissons morts. Le vent emportait avec lui des graines qui germaient parfois, avant de s'étioler puis de mourir.

Excepté au temps où ma mère semblait posséder une énergie débordante, des rideaux grisonnants ornaient tristement les fenêtres, tandis que dans la cour du linge restait souvent accroché des jours entiers sur les fils qui la traversaient.

Mon frère aîné, Pete, n'était âgé que de quelques mois quand la famille emménagea mais, lorsque j'eus l'âge de le connaître vraiment, il était devenu un adolescent rebelle qui évitait son foyer – et moi également, semblait-il.

La famille de mon père, constituée de trois frères, de leurs femmes et de leurs enfants, de sa sœur célibataire et de mes grands-parents, vivait dans le même village. Petite, j'avais donc plusieurs cousins et cousines de différents âges avec qui m'amuser. Ma mère n'avait qu'une sœur, Janet, qui habitait à plus de cent cinquante kilomètres de chez nous. Je n'ai pas de souvenir de mes grands-parents maternels, qui eurent leurs deux filles tardivement et moururent alors que j'étais encore bébé.

Chaque dimanche, toute la famille se retrouvait à l'église, les hommes en costume noir, les femmes en robes et vestes de crêpe coordonnées surmontées de divers chapeaux et les enfants arborant aussi leurs plus beaux habits. Les jeunes garçons étaient vêtus de culottes courtes, de chemises de coton blanc ainsi que de leur cravate et de leur veste d'écolier et leurs cheveux étaient impeccablement peignés. Les filles, en chemisier, jupe et pullover, étaient tout aussi élégantes.

Je me souviens que, selon les saisons, je portais pour cette occasion soit une robe de tartan soit une autre en coton rose, avec de petites socquettes dentelées et des chaussures noires. Pete, lui, portait des pantalons de flanelle grise et un blazer bleu marine.

Lorsque ma mère se rendait à l'église vêtue d'une tenue longue, flottante et pleine de vives couleurs indiennes, elle était fort différente des autres femmes présentes. Avec ses cheveux blonds et brillants lui tombant aux épaules, son teint de porcelaine et sa silhouette élancée, je me disais que c'était la plus belle de toutes les mamans. J'aimais les moments où elle se tenait près de moi à l'église, sa main enveloppant la mienne et je ressentais pour elle un sentiment proche de la honte lorsqu'elle refusait de se rendre à la messe dominicale. « Trop fatiguée » était l'une de ses excuses préférées, ou « Je ne me sens pas bien », et je voyais le visage de mon père se crisper de colère comme nous quittions la maison sans elle.

— Quelle image crois-tu que ça donne quand tu n'es pas là ? lui demandait-il.

Mais elle se contentait de hausser les épaules en murmurant que tout cela lui importait peu.

— Vous irez déjeuner chez ta mère, disait-elle alors d'une voix lasse. Elle est toujours contente de vous avoir.

Mon père sortait alors de la maison d'un pas furieux, Pete et moi tentant de le suivre.

Lorsque l'assemblée familiale constata qu'une fois de plus ma mère n'était pas venue avec nous, mes grands-parents, qui attendaient notre arrivée sur les marches de l'église avec tantes, oncles et cousins, affichèrent clairement leur exaspération.

La main de ma grand-mère se posa brièvement sur mon épaule pour me montrer que ce n'était pas à cause de moi qu'elle était en colère, et nous entrâmes tous prendre place dans l'église.

Trop jeune pour lire les hymnes, j'étais parvenue à apprendre par cœur les paroles les plus populaires, que j'entonnais avec enthousiasme. J'adorais la beauté du lieu, avec ses hautes arches et ses vitraux de couleur, les sons purs de l'orgue et des chœurs, mais le sermon m'ennuyait toujours terriblement. Je n'y comprenais pas grand-chose, et il me semblait ne jamais en finir.

J'avais beau essayer de me tenir tranquille, il m'était difficile de rester si longtemps sans bouger, et Pete, qui visiblement s'ennuyait ferme lui aussi, tentait régulièrement de me faire rire en faisant des grimaces. Si mon père le voyait, il lui décochait un regard noir et mon frère baissait alors les yeux au sol en se voûtant sur son banc.

— Venez donc manger le rôti du dimanche chez moi, proposait ma grand-mère chaque fois que ma mère manquait à l'appel.

Sa bouche sans rouge à lèvres se pinçait en une expression de désapprobation envers ce qu'elle considérait comme une négligence de ses devoirs familiaux de la part de sa belle-fille. Elle inspirait bruyamment et ajoutait :

— Je doute que Laura ait préparé quoi que ce soit.

Ce qui était effectivement le cas et, comme les hommes du village vantaient leur dévouement dès qu'ils préparaient eux-mêmes la moindre tasse de thé, il était presque exclu que mon père préparât lui-même un déjeuner.

Les repas du dimanche midi chez ma grand-mère variaient peu – « Les hommes veulent manger un bon rôti quel que soit le temps qu'il fait », répétait-elle toujours. Ainsi, en toute saison, un gros rôti de bœuf était-il toujours placé devant mon grand-père à qui il incombait de le découper, sur une table couverte de ramequins de sauce à l'oignon, de plats de pommes de terre sautées, d'un assortiment de légumes et d'un plateau de Yorkshire puddings. Les assiettes étaient empilées et l'on procédait à un deuxième service avant de servir de gros morceaux de tarte ou un crumble de fruits nappé de crème anglaise.

J'aimais beaucoup aller chez ma grand-mère, dont la cuisine étincelante laissait échapper d'alléchantes odeurs. On y était toujours aux petits soins pour moi, mais en revanche je n'appréciais pas du tout d'entendre des propos souvent désobligeants sur ma mère.

— Alors comme ça, elle ne se sent pas bien, une fois de plus ? persiflait ma tante avant que ma grand-mère ait eu le temps de lui rappeler de ne rien dire devant moi.

S'ensuivaient quelques raclements de gorge sévères et dubitatifs jusqu'à ce qu'elle ne puisse plus se retenir.

— J'aimerais savoir de quoi Laura se plaint dans sa vie pour s'apitoyer ainsi sur son sort. Tu as un bon boulot – avec tous les lotissements qui se construisent dans le coin, un charpentier aura toujours du travail. Vous habitez dans une jolie maison et avez deux adorables enfants. Elle n'a jamais envie de rien, pas vrai ? Ce qu'il lui faut, c'est un peu de fermeté, voilà ce que je pense. Tu es bien trop gentil, David, c'est un mauvais exemple pour la petite Sally, et même pour Pete.

Les accès de dépression dans lesquels ma mère sombrait régulièrement étaient considérés avec bien peu de tolérance. Les troubles « bipolaires » ou « maniaco-dépressifs », comme on les appelle maintenant, ne constituaient pas une maladie largement reconnue et les mauvais jours de ma mère ne suscitaient aucune compassion dans l'entourage féminin de mon père. La libération de la femme et, avec elle, la connaissance des différents problèmes physiques et mentaux propres aux femmes, débutèrent peut-être dans les années soixante, mais pendant mon enfance ces concepts n'avaient pas encore pénétré les foyers de notre petit village ouvrier.

Comme leurs mères avant elles, les femmes mariées travaillaient rarement à l'extérieur. Elles pensaient que leur rôle dans la vie était de tenir la maison propre, de cuisiner de bons petits plats et d'élever leurs enfants comme on les avait elles-mêmes élevées. L'incapacité de ma mère à exécuter ces tâches de manière systématique était considérée comme suspecte et ses sautes d'humeur mises sur le compte de la paresse et de l'ingratitude.

Le dimanche, que mon père nommait « le jour du Seigneur », nous n'étions pas autorisés à nous amuser dans la rue ou dans les aires de jeu du lotissement.

— Ce serait manquer de respect au Seigneur, déclarait mon père avec fermeté.

Après le déjeuner, je m'asseyais donc dans le salon pour faire du coloriage ou regarder la télévision quand un vieux film en noir en blanc passait. Mes yeux s'égaraient parfois avec envie du côté de la rue où j'entendais des enfants jouer sans pouvoir aller les rejoindre. Je savais qu'il eût été inutile d'en demander la permission.

Lorsque nous rentrions à la maison, nous la trouvions souvent plongée dans l'obscurité, ma mère couchée dans le canapé. Dans la cheminée, le feu allumé le matin par mon père s'était éteint.

2

Notre maison était constamment remplie de bruits de disputes, suivis de cris perçants puis de sanglots étouffés. Ils étaient fréquents au point d'être devenus une forme de normalité et, au fil des ans, alors que je passais du stade de bébé à celui de jeune enfant, ils devinrent étroitement imbriqués dans la trame de mon existence.

Mon père n'essayait que rarement de dissimuler son impatience ou de baisser le ton lorsqu'il était confronté à ce qu'il estimait être la maladie imaginaire de sa femme. Je l'entendais régulièrement crier : « Ressaisis-toi un peu, Laura ! » Mais elle en était alors incapable, et cela pouvait durer des jours entiers.

J'avais environ trois ans lorsque j'appris que ce que ma mère appelait ses « jours noirs » la faisait pleurer, mais je ne posai pratiquement pas de question sur le pourquoi de la chose.

Tout ce que je savais, c'était que les manifestations de son malheur et de la frustration de mon père me faisaient peur. Le soir, lorsque le bruit de leur désespoir et de leur colère montait par l'escalier jusque dans ma chambre, où j'essayais de dormir, je mettais mes doigts dans mes oreilles en priant pour qu'ils arrêtent.

À quatorze ans, Pete était un adolescent rebelle et dégingandé, avec une voix qui oscillait entre le déraillement aigu et le grave à l'instant suivant. Lorsqu'il entendait mon père entrer dans l'une de ses colères noires, il le fusillait du regard et quittait la maison avec fracas.

Faire violemment claquer la porte derrière lui était sa seule manière d'exprimer son désarroi.

J'avais souvent envie de le suivre dans ces moments-là mais mon jeune âge me l'interdisait. Je me contentais alors de me recroqueviller davantage dans mon lit, l'estomac noué, et d'attendre que les cris cessent.

Les années passant, mes souvenirs de ma mère se sont fondus en une sorte de grand collage photographique que j'ai suspendu dans mon esprit pour pouvoir le regarder quand je repense à cette période. Certaines images sont floues, comme passées par le temps, mais d'autres demeurent nettes et précises. Je suis incapable de remettre en ordre tous mes souvenirs mais je sais que tous ceux que j'ai de ma mère et des instants que nous avons partagés se sont produits avant que j'aie six ans et demi.

Je le sais car c'est à ce moment que tout a changé.

Dès ma prime enfance, j'avais appris à reconnaître les sautes d'humeur extrêmes de ma mère : des sourires chaleureux à mon réveil, par exemple, annonçaient une bonne journée.

— Allez, debout, petite paresseuse, disait-elle en me chatouillant le ventre avant de me sortir du lit.

Les bons jours, elle prenait le temps de brosser ma chevelure blonde.

— Quels jolis cheveux tu as. Il ne faudra jamais les couper court, me disait-elle en les nouant ou en les dégageant de mon visage avec un bandeau de velours noir.

— Ils sont comme les tiens, maman, répondais-je, car les cheveux de ma mère avaient la couleur du maïs prêt à être récolté en automne.

— Les miens ne sont pas aussi beaux, ajoutait-elle avant de m'habiller et de m'emmener en bas prendre le petit-déjeuner.

Je la revois encore pendant certaines chaudes journées d'été, vêtue d'une longue jupe en jean et d'un gilet noir et rouge en crochet qu'elle s'était fait elle-même. Elle mettait toujours ses cheveux mi-longs derrière ses oreilles quand, saisie d'un accès d'activité frénétique, elle se lançait dans le ménage de la maison, pour tout nettoyer du sol au plafond. Ses yeux verts brillaient de vivacité tandis qu'elle s'affairait à changer les draps, aspirer les moquettes, nettoyer les vitres et laver les rideaux jaunis par la fumée de ses cigarettes. Une odeur de propre et d'eau de Javel régnait alors partout. Les coussins éparpillés étaient battus pour venir ensuite reprendre leur place sur les canapés de tissu, les vieux journaux et magazines jetés à la poubelle et tout était remis à sa juste place.

Ces jours-là, nous n'étions que toutes les deux à la maison jusqu'à ce que mon frère rentre de l'école et mon père du travail. Une fois le ménage fait, nous passions le reste du temps à jouer, ou bien ma mère m'asseyait près d'elle sur la banquette, son bras autour de mes épaules, et me lisait une histoire.

Oui-Oui et son ami Potiron ou Blanche Neige et les sept nains prenaient alors vie devant moi. Ma mère inventait parfois ses propres histoires, dont j'étais le personnage principal et l'héroïne. Il y était toujours question de rencontres avec des fées, de gentils dragons et d'ogres rieurs – et ces contes-là étaient mes favoris entre tous.

Pendant d'autres de ces bons jours nous passions l'après-midi à dessiner et à peindre. Ma mère posait de grands livres à colorier sur la table et recouvrait ma robe d'un tissu protecteur. Alors que j'étais occupée à étaler des couleurs vives sur le papier, elle préparait des gâteaux et des biscuits, me passant parfois le saladier pour que je mélange la pâte. Je guettais le four du coin de l'œil, sachant qu'elle me donnerait un biscuit dès qu'il aurait suffisamment refroidi pour pouvoir être manipulé.

Il arrivait que ma mère, ayant repéré une nouvelle recette dans un magazine, soit si impatiente de la tester qu'elle se ruait immédiatement au magasin le plus proche pour acheter tous les ingrédients nécessaires. Lorsqu'elle rentrait, la table était recouverte de récipients en un rien de temps et les légumes se retrouvaient bientôt finement découpés, la viande émincée et la crème, fouettée.

— Sally, nous devons dresser une belle table, disait-elle après ces rares accès de frénésie culinaire.

Le beau service de table, un cadeau de mariage, était alors sorti du placard et lavé, ainsi que quelques éléments en argent – une saucière, des petites cuillères, une salière. Ma tâche consistait à humecter un tissu de produit spécial et à frotter l'argenterie pour en ôter les traces noires et lui redonner tout son éclat. J'aimais la sensation sablonneuse de la pâte rose sous mes doigts lorsque je l'aidais à faire disparaître les tâches sombres, avant d'admirer le brillant de chaque objet une fois que nous l'avions poli.

Ces soirs-là, mon père souriait en passant la porte et il ne manquait pas de faire une remarque sur la propreté de la maison et les bonnes odeurs de cuisine.

Même Pete s'asseyait à table avec nous pour manger, au lieu de prendre sa part et de disparaître dans sa chambre en prétextant qu'il avait des devoirs à finir.

Mes parents semblaient alors relativement détendus et nous ressemblions à une famille normale. J'étais heureuse pendant les bons jours de ma mère : elle était celle que j'aimais, et, pendant quelque temps, je pouvais croire que l'intermède allait durer.

Ce qui n'était, hélas, jamais le cas.

3

Près de notre maison se trouvait une aire de jeux pour enfants que ma mère et moi fréquentions souvent lors des belles matinées d'été. Je commençais toujours par les balançoires, demandant à ma mère de me pousser plus fort pour me faire aller plus haut.

Les jambes tendues et la tête renversée en arrière, je hurlais de plaisir pendant que la balançoire m'emportait toujours plus haut. De là, je voyais les voisines étendre leur linge, les enfants jouer et les adolescents se prélasser au soleil. Quand ma mère était lassée de me pousser, nous passions aux balançoires à bascule où elle me faisait monter et descendre.

Les mauvais jours, lorsqu'elle ignorait mes supplications pour nous rendre au parc en raison de sa fatigue, j'étais confinée à notre petit jardin et devais m'amuser toute seule. On sortait mon ballon sauteur rouge et j'arpentais inlassablement le chemin de ciment délabré en y rebondissant pendant des heures.

N'étant pas capable de comprendre pourquoi elle était si heureuse un jour et si malheureuse le lendemain, je pensais que quelque chose en moi avait dû déclencher sa peine. Peut-être, me disais-je, était-ce la vue de ces affreuses plaques d'eczéma qui étaient apparues peu après ma naissance ; je n'eus jamais le courage de lui poser la question.

— Tu es une belle petite fille, me disait-elle dans ses bons jours.

Mais quand j'eus l'âge d'aller à l'école, je ne la croyais déjà plus.

Je ne peux qu'imaginer ce que ma mère a dû ressentir lorsque la sage-femme me plaça pour la première fois entre ses bras – après tout, ce souvenir est le sien, pas le mien, mais un de ces souvenirs arrangés par l'amour avant d'être partagé, comme les mères le font naturellement.

— Je t'ai aimée dès que je t'ai vue, me dit-elle. Avec ton petit duvet blond et ces grands yeux, tu étais un bébé magnifique.

Peut-être l'étais-je en effet pour elle, mais chaque fois qu'elle tentait ainsi de me rassurer, je songeais à mon eczéma. Il couvrait mes bras, me remontait dans le cou et tachetait mon buste, et je ne pouvais m'empêcher de penser à l'allure que je devais avoir avec ma tête de bébé fripée et la peau marquée de toutes ces vilaines plaques rouges. Depuis ma plus tendre enfance j'avais subi les commentaires des gens soi-disant bien intentionnés.

Alors que je marchais près de ma mère, sa main tenant fermement la mienne pour m'empêcher de tomber, j'entendais les voisins et amis prendre des nouvelles de ma santé et de mon eczéma. Je levais les yeux vers eux pour leur signifier de se pencher vers moi et de *me* poser la question, mais cela n'arrivait jamais.

C'était comme si ces horribles taches rougeâtres me rendaient à la fois sourde et invisible.

— Ces rougeurs vont-elles s'arranger ? questionnaient-ils. Est-ce que ça lui fait mal ? Est-ce que ça va s'atténuer quand elle grandira ?

Chaque fois qu'ils arrêtaient ma mère et lui posaient ces questions, je sentais ses doigts serrer ma main un peu plus fort.

— Bien sûr que ça va s'atténuer, répondait-elle toujours. Ce n'est qu'un petit bobo d'enfant.

En grandissant, je continuais à être l'objet de ces questions, mais elles ne m'étaient toujours pas adressées directement. L'eussent-elles été, j'aurais répondu que oui, cela faisait mal, que je détestais ces plaques rouges qui me démangeaient ; mais personne ne prit cette peine et je ne pus le formuler.

Tous les jours ma mère me passait une crème sur le corps pour apaiser ma peau.

— Même quand tu étais un tout petit bébé et que je devais t'en mettre partout, me rapportait ma mère, tu étais adorable : tu ne pleurais jamais.

J'avais du mal à le croire.

Le soir, on me coupait les ongles et, quand les éruptions s'étendaient jusqu'à ce que presque tout mon corps soit à vif, elle nouait de petites moufles blanches sur mes mains pour m'empêcher de me gratter la nuit.

Ma grand-mère inventa une autre méthode pour m'éviter d'aggraver l'état de mes plaques quand elles colonisaient mes bras : elle découpait des bouteilles en plastique de liquide vaisselle en haut et en bas, introduisait mes bras à l'intérieur et les scotchait pour qu'elles tiennent bien en place.

— Ça ne risque pas de s'améliorer si tu te grattes, c'est pour ton bien, m'assenait-elle quand des larmes de douleur et d'auto-apitoiement coulaient sur mon visage.

Elle prenait alors un bonbon dans son sac à main, le sortait de son papier et le glissait dans ma bouche.

— Viens, Sally, viens faire un bisou à mamie, demandait-elle.

Me dressant sur la pointe des pieds, je levais mes bras rigides engoncés dans leur horrible protection pour les mettre autour de son cou et déposer à contrecœur un baiser sur sa peau sèche comme du papier. Je détestais mon apparence encore plus que la sensation d'avoir les bras raides.

En été, quand je portais des robes à manches courtes, je ne voulais pas sortir de la maison pour aller dans les magasins ou au parc avec ma mère.

J'étais trop consciente du regard apitoyé de ses amies et de ceux, intrigués, des autres enfants.

Rien de ce qu'elle me disait ne pouvait plus me rassurer, même si elle me répétait qu'elle m'aimait et que mon eczéma n'avait aucune importance pour elle.

4

Pendant ses jours noirs, ma mère paraissait ne pas me remarquer, voire ne plus se rappeler mon existence. En l'absence de son visage souriant penché au-dessus de moi à mon réveil, je sortais de mon lit et partais à sa recherche en chemise de nuit. Je la trouvais parfois encore au lit, recroquevillée sous les couvertures. D'autres fois, elle était couchée sur le canapé dans le salon, le visage tourné vers le mur. Impressionnée par sa distance, je m'asseyais sans faire de bruit, espérant qu'elle s'éveillerait bientôt.

Ces jours-là semblaient favoriser la progression de mon eczéma et je tressaillais, incapable de retenir mes doigts, tandis que les démangeaisons tant redoutées commençaient. Je me grattais jusqu'à ce que la peau à l'arrière de mes genoux commence à craquer et à saigner et que mes mains ne soient plus qu'un amas de plaies suintantes. Ma mère n'ouvrait les yeux que lorsque je me mettais à pleurer de douleur.

Quand elle voyait ce que sa négligence avait entraîné, la culpabilité pénétrait le ténébreux brouillard de sa dépression. Elle se redressait et m'entourait de ses bras, murmurant des mots réconfortants au creux de mon oreille et mouillant mon visage de ses propres larmes.

Durant ces horribles journées, ses cheveux tombaient négligemment autour de son visage pâle et bouffi zébré par les larmes qui coulaient constamment de ses yeux. Lorsqu'elle me prenait dans ses bras, je sentais l'odeur de pomme de son haleine, sucrée et écœurante.

J'appris vite à reconnaître cette odeur : je savais qu'elle provenait du pâle liquide mousseux présent dans ces grandes bouteilles brunes qu'elle essayait de cacher à mon père et à Pete.

J'étais trop jeune pour comprendre les sentiments qui la submergeaient alors, le désarroi complet qui la faisait passer d'une jolie jeune femme pleine de vie à une autre que je reconnaissais à peine.

Il me fallut attendre d'avoir bien grandi et d'entrer à mon tour dans une pièce où je m'asseyais, les yeux perdus dans le vide et des larmes roulant sur mon visage tandis que des souvenirs insupportables hantaient mon esprit, pour commencer à comprendre ce que ma mère avait dû ressentir.

Alors, me rappelant comme elle restait assise sur le canapé, la tête entre ses mains raides, je pouvais identifier le désespoir qui l'avait noyée et lui avait ôté toute pensée rationnelle. Je la revoyais cramponner sa jupe et la tordre, le regard rivé sur quelque chose qu'elle seule pouvait voir. Et quand ces souvenirs me revenaient, je baissais les yeux et constatais que mes mains imitaient les siennes.

Je songeais ensuite à la petite fille que j'avais été, observant ma mère qui regardait dans le noir par la fenêtre jusqu'à ne plus voir que l'arrière d'une tête et le reflet de son visage blême dans la vitre. Du haut de mes cinq ans, je croyais qu'une méchante sorcière s'était échappée d'un conte de fées pour venir lui jeter un vilain sort, et j'espérais qu'une bonne fée viendrait rompre le sortilège. La peur me dévorait alors en permanence. La peur que la mère que j'aimais soit perdue à tout jamais.

C'était pendant ces périodes que la vaisselle s'empilait dans l'évier, que l'on sautait des repas, que nous ne mangions que des aliments secs ou en boîte et que mon bain quotidien, suivi de ma crème, passait aux oubliettes.

On n'entendait plus aucun rire dans la maison, qui se remplissait alors des cris de colère de mon père à son retour du travail.

— Oh, bon Dieu ! Voilà que ça recommence ! Mais reprends-toi donc, Laura ! hurlait-il en la découvrant affalée sur une chaise ou sur le canapé.

La frayeur m'encourageait à me faire aussi petite que possible.

C'est pendant les jours noirs de ma mère que ma peur de mon père commença. Quand j'étais très jeune enfant, vers trois ou quatre ans, ce n'était qu'une bulle de malaise qui grossit ensuite d'année en année, mais ce n'est qu'à l'adolescence que mon amour pour lui fut totalement anéanti.

— Viens, Sally, me disait mon père une fois que j'avais avalé le repas qu'il m'avait servi. Je vais te mettre au lit. Ta mère n'est visiblement pas en état de le faire.

Il me soulevait et me déposait dans un bain tiède. J'aimais la sensation de l'eau sur ma peau irritée et le gant de toilette plein de savon qui me frottait délicatement. Mais je n'aimais pas quand il le passait entre mes jambes, et que je sentais ses doigts me toucher là.

Je n'aimais pas davantage ce qui se passait ensuite. Il me sortait de l'eau et, enveloppée d'une serviette, m'asseyait sur ses genoux, serrée contre sa poitrine.

Je sentais parfois quelque chose de dur contre mes fesses et essayais alors de me dégager de son étreinte, mais il ne me serrait que plus fort.

— Non, murmurait-il fermement à mon oreille. Reste tranquille et laisse-moi te mettre ta crème, Sally, ordonnait-il quand je me tortillais en protestant alors que ses mains appliquaient la crème à des endroits non touchés par l'eczéma.

Lorsque mes larmes débordaient pour ruisseler sur mes joues, il les essuyait d'un geste tendre.

— Qu'est-ce qui t'arrive, Sally ? Tu deviens aussi vilaine que ta mère. Tu n'aimes pas ton papa ?

Et bien sûr que je l'aimais – à l'époque. Il déposait un baiser sur ma joue, me donnait un bonbon et redevenait alors le père que j'aimais.

Ce n'est qu'un peu plus tard que mon père commença à exercer de plus en plus de contrôle sur moi. Il m'asseyait sur ses genoux devant mes grands-parents et ma mère en me caressant les jambes.

— C'est la petite fille chérie de son papa, hein, Sally ? disait-il.

J'avais envie de le repousser et de sauter par terre, mais, craignant de lui déplaire, je restais à ma place.

Ses étreintes à son retour du travail devinrent de plus en plus oppressantes et fréquentes, particulièrement lorsque ma mère ne faisait pas attention à nous et que mon frère n'était pas dans la pièce. Ses mains s'aventuraient alors sous ma jupe.

Je sentais sa large paume caresser mes fesses et la pression de ses doigts quand ils trouvaient l'endroit secret entre mes jambes. Je voulais lui dire d'arrêter ; mais, dénuée de mots pour exprimer ce que je ressentais, je n'en étais pas capable.

— Viens là, Sally, disait-il lorsque je m'éloignais de lui. Qu'est-ce que tu as ? Tu n'aimes pas ton papa ?

Il tendait ses bras vers moi en se penchant à ma hauteur. Sentant poindre son irritation, je me dirigeais vers lui à contrecœur.

Peu à peu, les instants de réconfort disparurent et il se montra de plus en plus agacé.

— Ne fais pas ton bébé. Tu deviens aussi méchante que maman, s'exclamait-il lorsque je lui disais vouloir descendre de ses genoux.

La peur de sa colère me forçait à y rester alors même que je sentais la « chose dure », que je ne savais nommer, appuyer contre mes fesses.

5

C'est entre mon troisième et mon quatrième anniversaire que ma mère m'annonça que j'allais avoir un petit frère ou une petite sœur. J'étais assise près d'elle sur le canapé à regarder l'une de ses émissions préférées à la télévision, *It's A Knock-out*[1].

Ma mère riait devant les épreuves subies par les participants, qui devaient porter tout un assortiment d'objets en mousse en essayant de courir sur une immense structure gonflable semée d'embûches.

Leurs formes évoquaient celles des ingrédients d'un hamburger. Le but des joueurs était de livrer chaque élément à un autre membre de l'équipe qui attendait à l'autre bout du parcours. Puis ils revenaient à leur point de départ, et un autre membre du groupe devait effectuer la même tâche. Les objets en mousse étaient si gros qu'ils donnaient lieu à de nombreux faux départs et à quantité de chutes, et nous riions de leurs déboires.

---

1. Adaptation britannique de l'émission française *Intervilles (N.d.T.)*

Appuyée contre elle, je remarquai que son ventre avait grossi et lui demandai pourquoi.

— C'est parce qu'il y a un bébé dedans, me répondit-elle.

Je n'ai guère de souvenirs des mois qui suivirent, seulement du fait que ma mère devenait de plus en plus grosse. Puis elle partit pendant quelques jours, et lorsqu'elle revint elle était plus mince et avait dans les bras mon petit frère, Billy.

Elle était pâle et fatiguée et déclara n'avoir pratiquement pas dormi à l'hôpital. Une fois encore elle ignora mes besoins, la cuisine et le ménage.

Une semaine plus tard, la sœur de ma mère, ma tante Janet, vint séjourner à la maison, y rétablissant l'ordre. Les piles de vêtements et de draps sales furent lavées, les couches sales abandonnées dans une bassine, passées à l'eau de Javel et de vrais plats cuisinés réapparurent sur la table.

Elle s'occupa du rituel de mon bain et de ma crème, me mettait en chemise de nuit et me lisait des histoires au moment du coucher.

Notre porte était toujours ouverte aux amis et aux connaissances qui voulaient voir le nouveau-né et chaque visiteur venait gazouiller au-dessus de Billy en apportant un cadeau. Notre salon fut donc bientôt rempli de peluches et de gilets en tricot, de bonnets et de barboteuses en laine bleue et blanche. Une couverture douillette que ma mère avait passé des heures à confectionner au crochet recouvrait son berceau.

— Que penses-tu de ce petit frère ?

Telle était l'unique question qu'on me posa soudain. À part ça, je me sentais totalement ignorée.

L'attention de tous était concentrée sur Billy, et ma mère elle-même semblait n'avoir que peu de temps pour moi. C'était le bébé que l'on câlinait et à qui l'on parlait, pas à moi.

Me sentant seule et rejetée, je contemplais le nouvel arrivé avec ressentiment. Depuis qu'il était là, seul mon père paraissait avoir un peu de temps pour moi.

— Tu es ma petite fille à moi, me répétait-il souvent.

Affamée d'attention, je venais alors me blottir contre lui.

Ma tante nous quitta bientôt pour retrouver sa propre famille, et ce furent de nouveaux les grosses mains de mon père qui étalèrent la crème sur tout mon corps.

— Je veux que maman le fasse, protestai-je.

— Ta mère est trop occupée avec le bébé pour te mettre au lit, me dit-il, comme à chaque fois que je la réclamais.

Il prit alors fermement ma main et m'entraîna hors de la pièce.

— Tu es une gentille petite fille, hein, Sally ? Tu ferais tout pour ton papa, pas vrai ?

Comme je hochais la tête en approuvant, ses attouchements allèrent alors un peu plus loin – probablement savait-il que ma mère était en train de nourrir Billy. Il prit ma main dans la sienne, la plaça sur le devant de son pantalon et pressa mes doigts contre le tissu en forçant ma main à bouger de haut en bas.

Craignant qu'une résistance de ma part ne m'éloigne de la seule personne pour qui j'avais encore de l'importance, je caressai l'endroit qu'il m'avait désigné. Il y avait quelque chose de dur sous son pantalon, quelque chose que je sentis aussi tressaillir, comme si j'avais réveillé une petite bête endormie. J'entendais le souffle court et rauque de mon père tandis qu'il faisait bouger mes doigts de plus en plus vite, jusqu'à ce que je sente ses genoux tressauter et un frisson parcourir son corps. Dans un soupir, il lâcha alors ma main et me repoussa.

Je savais que je n'aimais pas le toucher ainsi et que la sensation de cette « chose dure » en mouvement, avec le souffle chaud de mon père sur ma joue, me dégoûtait. Mais je ne savais pas pourquoi.

6

C'était le jour de mes quatre ans. Je le savais car ma mère me l'avait dit en me réveillant. Lorsqu'elle m'emmena en bas, elle me désigna une petite boîte bleu foncé posée près de mon assiette.

— C'est pour toi, Sally, dit-elle. C'est ton cadeau d'anniversaire.

Je l'ouvris, et découvris un bracelet d'argent.

— Regarde un peu ! Quand tu grandiras, il grandira lui aussi, dit ma mère en me montrant comment le bracelet pouvait se régler.

Elle le passa autour de mon poignet.

— Tu as un autre cadeau, annonça-t-elle en tendant le bras vers un énorme paquet enveloppé d'un papier imprimé aux couleurs vives.

Un ruban doré venait orner l'ensemble, posé sur le sol de la cuisine.

— Attends, je vais t'aider, dit-elle tandis que je bataillais pour parvenir à l'ouvrir.

En quelques coups de ciseaux, le beau papier cadeau tomba par terre, révélant une maison de poupée en bois peint. L'avant coulissait pour dévoiler des meubles miniatures et une famille de poupées à l'intérieur. J'en restai bouche bée. J'avais vu une fois ce genre de jouet dans une vitrine et l'avais montré à ma mère en affirmant que c'était la plus belle chose que j'aie jamais vue. Mais jamais je n'avais osé rêver en posséder une.

— C'est moi qui l'ai faite, pour toi, déclara mon père d'un ton bourru.

— Oui, et il a passé des heures à travailler tout seul dans le vieux cabanon, ajouta ma mère avec fierté.

Mon père ouvrit les bras et je m'y jetai pour lui faire un câlin. Je sentis la peau râpeuse de son menton contre mes joues avant qu'il ne m'installe sur ses genoux.

— Il te plaît, ton cadeau ? demanda-t-il.

J'acquiesçai avec enthousiasme.

— Alors fais un gros bisou à ton papa.

Je m'exécutai sans broncher.

— Regarde Sally, je vais te montrer quelque chose. Tu vois ce petit bouton ?

Son doigt appuya sur un interrupteur et de petites lumières s'allumèrent derrière chaque fenêtre.

J'étais tellement heureuse de ce cadeau qu'on ne m'entendit plus parler pendant un moment, occupée que j'étais à jouer avec les petits habitants de ma maison de poupée.

— Sally, dit ma mère peu de temps après, va donc dans le jardin pendant que je fais un peu de rangement.

J'abandonnai à contrecœur ma nouvelle possession et sortis jouer avec mon ballon sauteur.

Plus tard, ce jour-là, ma mère m'emmena à l'étage et je vis une robe toute neuve, en coton bleu ciel et brodée de petits boutons de roses posée sur mon lit.

— Une nouvelle robe pour l'anniversaire de ma fille adorée, dit-elle. Ta mamie et tes cousins viennent manger avec nous.

Elle brossa mes cheveux jusqu'à les faire reluire, m'astiqua le visage et me passa la belle robe toute neuve avant de m'attirer devant une glace.

— Tu as vu comme tu es belle ?

Ravie, je lui rendis son sourire dans le reflet du miroir.

Lorsque ma mamie, mes tantes et mes cousins arrivèrent pour le repas, leurs bras étaient chargés de cadeaux ; cette fois, c'était moi, et non Billy, qui étais au centre de l'attention.

— Joyeux anniversaire, joyeux anniversaire, Sally chantèrent-ils tous en chœur.

Je fus serrée dans les bras de chacun et couverte de baisers, puis l'on me tendit des paquets de toutes tailles.

— Allons, Sally, tu peux les ouvrir, m'encouragea ma mère.

Il ne fallut pas longtemps pour que le sol soit recouvert de papier déchiré. J'ouvris tout d'abord le cadeau de ma grand-mère. C'était une poupée *Tiny tears*, celle dont j'avais toujours rêvé. Mamie me montra comment glisser un biberon rempli d'eau entre ses lèvres roses avant de changer sa couche qui serait ensuite mouillée.

Les autres paquets contenaient des livres d'images, des habits neufs, et enfin, de la part de ma tante célibataire, un service à thé miniature.

— Comme ça, tu pourras prendre le thé avec tes poupées, me chuchota-t-elle.

Pete rentra directement de l'école pour être présent avec nous. En entrant dans la pièce, il me tendit un petit paquet entouré d'un ruban et vint le déposer entre mes mains.

— Bon anniversaire, Sally, dit-il en rougissant.

De minuscules objets de décoration, un miroir et un ensemble de cadres se trouvaient à l'intérieur.

— Pour ta maison de poupées, expliqua-t-il. Je savais que papa t'en fabriquait une.

Ce fut le cadeau de Pete qui me toucha le plus, car jusqu'à présent il n'avait jamais fait grand cas de moi, en dépit de tous mes efforts pour attirer son attention.

Je compris pourquoi l'on m'avait envoyée jouer dehors ce matin-là lorsque ma mère dévoila le gâteau d'anniversaire qu'elle avait fait. Elle m'assura que les lettres blanches qui en ornaient le glaçage rose disaient « Bon anniversaire, Sally ! » et m'expliqua que les quatre bougies qui y avaient été plantées représentaient chaque année depuis ma naissance.

— Souffle pour les éteindre ! me crièrent-ils tous à l'unisson.

— Fais d'abord un vœu, me dit ma mère.

Je gonflai mes joues et soufflai de toutes mes forces, et ne me tins plus de joie en voyant les bougies vaciller puis s'éteindre. J'étais si excitée que j'en oubliai de faire un vœu. Je me demande souvent si les choses auraient été différentes si je l'avais fait.

Ce soir-là, ce fut mon père qui me prépara au coucher. Ignorant mes protestations pour que ce soit ma mère qui le fasse, il me fit sortir de la salle de séjour. Une fois que nous fûmes dans la salle de bains, le rituel habituel se mit en place : il me baignait puis m'asseyait nue sur ses genoux. Mais cette fois, mes lamentations l'accusant de gâcher mon anniversaire furent si fortes que ma mère monta à l'étage, alertée par le bruit. Elle entra dans ma chambre et le vit tenter de m'enfiler mon pyjama alors que je me débattais sous ses mains.

— Que se passe-t-il, Sally ? Pourquoi pleures-tu comme ça ?

Ne recevant pas de réponse, elle se tourna vers mon père.

— Qu'est-ce qu'elle a ? Pourquoi est-elle dans tous ses états ?

— Oh, ce n'est rien, Laura. Elle a glissé et a fait une petite chute, rien de plus. N'est-ce pas, Sally ?

Essayant d'arrêter mes larmes, je répondis alors :

— Oui.

En un seul mot, ma soumission venait de commencer.

Ma mère resta quelques instants les yeux rivés sur mon père puis, visiblement satisfaite de cette explication, elle tourna les talons et quitta la chambre.

Si j'avais été assez grande pour reconnaître l'expression de son visage, qu'y aurais-je lu ? La suspicion ? La confirmation de ses doutes ? Ou les deux, suivis de sa démission ?

Au regard de ses actes dans les deux années qui suivirent, je pense que la troisième option était la bonne.

7

L'accident avec la poêle à frire se produisit lors d'une journée qui avait pourtant commencé comme l'un des bons jours de ma mère.

Ce matin-là, elle m'avait habillée, coiffée en me faisant deux couettes, puis elle avait sorti mes livres de coloriage dans la cuisine et les avait posés sur la table.

Billy était installé dans son parc avec plusieurs petits jouets et gazouillait joyeusement en examinant un lapin rose. Il commençait juste à pouvoir se déplacer, et je savais que, quand ma mère le mettait dans son parc, elle avait plus de temps à me consacrer.

Elle sortit des pastels gras d'une boîte en fer et dessina des animaux que je devais ensuite tenter de reproduire.

— Regarde, Sally, disait-elle chaque fois qu'elle terminait un nouveau dessin coloré.

Je reconnus dans sa voix les intonations fébriles et impatientes qui précédaient souvent ses jours noirs. Elle se versa un grand verre d'une de ses bouteilles brunes et se mit ensuite à pester en réalisant que celle-ci était maintenant vide.

Un peu plus tard, elle installa Billy dans sa poussette et nous partîmes tous les trois faire des courses.

Elle n'arrêtait pas de parler d'une voix aiguë, que ce fût en s'adressant à moi ou aux autres personnes que nous croisions. Et plus elle parlait, plus sa voix était haut perchée.

Nous nous arrêtâmes chez le boucher pour acheter des steaks, puis à l'épicerie où, sans cesser de bavarder, elle prit du lait et des pommes de terre, et enfin dans un autre magasin, où des bouteilles brunes passèrent en caisse. Même âgée de quatre ans seulement, je me sentis mal à l'aise devant le regard de pitié et de mépris mélangés du gérant du magasin, tandis que ma mère remplissait ses sacs et rangeait les bouteilles sous la poussette.

De retour à la maison, ma mère donna un biberon à Billy, me versa un gobelet de jus d'orange et descendit verre après verre du liquide doré provenant des bouteilles qu'elle venait d'acheter.

À l'heure où mon frère rentra de l'école, elle n'était plus en mesure de parler distinctement. Il lui adressa un regard plein de reproche et de déception et sortit ses livres d'école de son cartable avant de les étaler sur la table pour commencer ses devoirs.

Je le vis jeter un coup d'œil inquiet au verre de ma mère alors qu'elle le remplissait une nouvelle fois.

Il soupira et replongea dans ses livres.

De mon côté, je restais assise sans rien dire, sentant bien la tension occasionnée quand ma mère buvait et je la regardai préparer le repas.

— Qu'est-ce qu'on mange, ce soir? demanda Pete en la voyant éplucher des pommes de terre.

— Steak frites, articula-t-elle brillamment en mettant la friteuse sur le feu.

Désœuvrée, je descendis de ma chaise et m'approchai d'elle tandis que de la fumée s'élevait de l'huile bouillonnante dans laquelle elle jetait ses morceaux de pommes de terre.

— Papa sera là dans une minute, l'avertit Pete alors qu'elle prenait son verre vide en faisant un geste vers l'endroit où elle avait laissé la bouteille brune.

Elle se tourna pour la saisir, et sa manche, qui était large, se prit dans la poignée de la poêle. Voyant ce qui était sur le point de se produire, mon grand frère sauta de sa chaise et me poussa de toutes ses forces.

Il fut assez prompt pour empêcher la poêle pleine d'huile bouillante de me tomber dessus, mais pas suffisamment pour éviter que de larges éclaboussures n'atterrissent sur ma tête et mes bras.

Je me mis à hurler de peur et de douleur. Pete m'aspergea d'eau froide pendant que Billy s'époumonait et que ma mère poussait des cris stridents. C'est à ce moment que mon père entra.

D'un coup d'œil sur la scène, il comprit ce qui venait de se passer et me prit dans ses bras. Au milieu de mes souffrances, j'entendis ma mère balbutier:

— Accident… l'ai pas vue… pris ma manche…

— Tu as encore bu, constata mon père avant de se tourner vers mon frère. J'emmène Sally à l'hôpital. Reste là et occupe-toi de Billy. Ta mère est trop saoule pour qu'on puisse lui faire confiance.

Sur ces mots, il m'emmena jusqu'à sa voiture et fonça jusqu'à l'hôpital le plus proche.

— Elle a été très choquée, mais ça va aller, déclara l'infirmière après un rapide examen.

On dut me couper les cheveux en plusieurs endroits pour pouvoir soigner mes brûlures.

La vue de mes longues mèches blondes sur le sol de l'hôpital me fit pleurer presque autant que la douleur que je ressentais physiquement.

— Comment as-tu pu renverser cette poêle, Sally ? me demanda l'infirmière lorsque mes pleurs cessèrent enfin. Je suis sûre que ta maman t'a dit de ne pas y toucher.

Je la regardai, interdite, sachant que ce n'était pas moi qui avais renversé l'huile bouillante, mais ne voulant pas accuser ma mère.

Pendant plusieurs semaines après l'accident, ma mère parut très abattue. On ne lui voyait plus ni bouteilles brunes ni signe d'activité fébrile. Cette période semblait n'appartenir ni à ses bons ni à ses mauvais jours – ses jours « noirs », comme elle les appelait. J'en garde quant à moi un souvenir gris.

Elle avait le regard vide et apathique. La cuisine était dénuée du mouvement habituel qui l'animait, loin des essais de nouvelles recettes, et les repas que ma mère nous servait étaient insipides et répétitifs.

Le ménage était fait avant que mon père ne rentre du travail mais elle était amorphe, comme si tout ce qu'elle faisait l'épuisait, et les disputes entre mes parents ne faisaient qu'empirer.

8

Je crus parfois que j'étais responsable des querelles entre mes parents, ayant entendu depuis mon lit ma mère crier mon nom à mon père.

— Pourquoi papa est-il fâché ? demandai-je un jour, alors que mon père venait de quitter la maison en claquant la porte pour se rendre au travail.

— Oh, Sally, ce n'est pas de ta faute, c'est de la mienne, répondit-elle avec tristesse avant de me serrer dans ses bras pour me rassurer.

Mais elle n'avait pas répondu à ma question.

Il y eut une dispute au moins dont je savais clairement que j'étais la cause. Ma mère s'était levée du canapé où elle avait passé l'après-midi et s'affairait à préparer le repas du soir. Mon ventre gargouillait pendant que je la regardais : je n'avais eu que des toasts avec un peu de sauce pour déjeuner et j'avais vraiment très faim.

— Attends que ton père soit rentré, dit-elle, agacée, comme je lui réclamais quelque chose à grignoter.

Je l'observai enfourner un plat de hachis Parmentier pendant que des légumes mijotaient sur le feu. Pete avait la tête penchée sur ses devoirs et nous ignorait, ma mère et moi. Mon père était en retard ce soir-là, et le dîner était prêt depuis plus d'une heure quand il rentra enfin, mais ma mère avait refusé de nous faire manger plus tôt.

— Pour une fois, on va manger tous ensemble, comme une vraie famille, avait-elle décrété face à nos plaintes, même si c'était à cause de sa léthargie que nous avions si peu mangé le midi.

J'entendis les pas de mon père dans l'allée avant elle et me trouvais non loin de ma mère lorsque la porte s'ouvrit brusquement pour le laisser entrer, accompagné d'une vague d'air froid.

— Coucou Sally, lança-t-il en tendant les bras pour que je m'y précipite. Regarde un peu ce que j'ai pour toi.

Il glissa une barre chocolatée entre mes mains.

— Je doute que ta mère ait préparé quoi que ce soit de correct, alors mange toujours ça, dit-il en se penchant pour me prendre dans ses bras et couvrir mes joues de baisers.

Je souris à la vue de la confiserie enveloppée d'un papier bleu et or et oubliai un instant que je n'aimais pas qu'il me prenne ainsi dans ses bras.

— Ça aidera tes brûlures à guérir, ajouta-t-il en jetant un regard acerbe en direction de ma mère.

Je retirai l'emballage de ma friandise avec avidité.

— David, le repas est prêt depuis plus d'une heure, objecta ma mère. Il est grand temps de manger.

Puis, voyant que je m'apprêtais à manger le chocolat :

— Sally, ne mange pas ça ! Pas avant le repas. Tu n'auras plus faim, après.

À mon grand désarroi, elle s'approcha et me retira la barre chocolatée des mains. Je sentis alors le feu me monter aux joues, les larmes emplir mes yeux outrés et j'ouvris la bouche pour laisser échapper un beuglement de rage. Mon père prit un air menaçant et sauta sur ma mère, lui attrapant férocement le bras pour la forcer à ouvrir sa main.

— Tu es en train de dire à ma fille qu'elle ne doit pas prendre ce que je lui donne, c'est ça ? lui hurla-t-il au visage pendant qu'elle blêmissait. Tu t'en souciais moins il y a quelques jours, quand tu as failli la tuer, non ?

Le dîner passa à la trappe pour laisser place au conflit. Mon frère referma violemment ses livres et les ramassa avant de quitter la pièce.

— Je n'ai plus faim, marmonna-t-il en partant.

Mais mes parents remarquèrent à peine son départ, trop occupés qu'ils étaient à se défier du regard. J'avais conscience d'être responsable de la situation d'une certaine manière, sans trop savoir ce que j'avais fait de mal.

Les deux personnes que j'aimais continuaient de se crier dessus, et, en regardant tour à tour leur visage, je sentis mon monde s'écrouler. Mes hurlements se transformèrent en hoquets de terreur pendant que les larmes coulaient sur mes joues. Mon père ramassa le chocolat, tombé par terre et me le redonna, mais je n'en voulais plus.

Il s'agenouilla près de moi, et, d'une voix soudain redevenue douce, me dit :

— Mange, Sally, c'est ton préféré. Ne fais pas attention à ta mère. Elle veut toujours tout gâcher.

Déboussolée, je dévisageai les deux adultes. Je voulais faire plaisir à mon père, mais je craignais la condamnation de ma mère si je faisais ce qu'il me demandait.

Voyant mon hésitation, mon père me jeta un regard furibond.

— Eh bien ne le mange pas, espèce de petite fille pourrie gâtée.

Tremblant de colère, il se tourna vers ma mère.

— Voilà, tu es contente de toi ? Encore du gâchis. Tu n'es qu'une pauvre salope, égoïste et lamentable.

Mon angoisse s'éleva encore d'un cran et mes larmes redoublèrent. Je voulus soudain aller aux toilettes et que ce soit ma mère qui m'y accompagne. Je levai les yeux vers les deux visages au-dessus de moi, persuadée d'être la cause de la fureur qui avait envahi la maison. Je voulais que ma mère me prenne dans ses bras, m'emmène dans un endroit calme et me dise que tout allait s'arranger.

Je tirai sur sa jupe pour réclamer son attention.

— Maman...

— Pas maintenant, Sally, me répondit-elle sèchement.

La tension était trop forte pour moi et ma vessie céda. Je me mis à pleurer de honte et de désespoir en voyant une flaque jaune se former à mes pieds.

Mon père me regarda avec une expression proche du dégoût et se tourna vers ma mère.

— Bon Dieu, vas-tu au moins aller changer cette petite pleurnicharde, Laura ?

Sans mot dire, ma mère me prit la main et m'emmena hors de la pièce.

— Pardon, maman, pardon, répétais-je entre deux sanglots.

Elle s'accroupit pour m'enlacer et m'embrasser.

— Ce n'est pas de ta faute, Sally, dit-elle d'un ton peu convaincant qui ne suffit pas à me persuader que je n'étais pas la cause de cette dispute.

Après m'avoir changée et avoir essuyé mes larmes, ma mère me ramena à la cuisine.

Ce fut alors au tour de mon père de me prendre dans ses bras. Il me serra fort contre lui en me disant qu'il était désolé de m'avoir fait peur.

— Papa t'aime très fort, murmura-t-il en me caressant la joue.

Mais, encore plus déstabilisée, je m'éloignai de lui.

9

Quelques mois après la naissance de mon frère, les accès de dépression de ma mère recommencèrent. Une fois encore, les larmes inondaient son visage en permanence, ses yeux et son nez étaient rouges et l'odeur de pommes rances l'accompagnait dès le petit matin.

D'après les remarques que j'entendais le dimanche, je sus que les frères de mon père et leurs épouses considéraient que ma mère se laissait aller, ou qu'elle n'avait « pas grand-chose dans le citron », et que le malheur qui s'abattait sur notre foyer était entièrement de son fait. Tout ce que je savais, moi, c'était que je l'aimais, que je voulais la voir sourire de nouveau et que mon père arrête de se mettre continuellement en colère après elle. Je ne leur disais pas ce que je ressentais quand, nuit après nuit, dans mon petit lit, je tentais désespérément de ne pas entendre les bruits de la colère de mon père et de la détresse de ma mère qui traversaient les murs de ma chambre.

Ces bruits étaient devenus si fréquents que je finis par m'endormir en les entendant résonner dans mes oreilles. Mais la nuit où ma mère fut emmenée d'urgence à l'hôpital fut différente.

Cette fois-là, la voix de mon père était beaucoup plus forte que d'habitude, et les cris de ma mère, qui ricochaient sur les murs et vibraient dans toute la maison, beaucoup plus perçants. Ils continuaient de plus belle. J'entendis ma mère hurler mon nom et mon père lui répondre en criant tandis qu'elle répétait, hystérique : « Menteur ! »

Les vociférations de mon père cessèrent soudain, ne laissant plus entendre que les pleurs effrayés de mon petit frère, réveillé par le tumulte. J'entendis les pas de mon père dans l'escalier, puis, à l'exception des sanglots du bébé hoquetant, il n'y eut plus que le silence.

Je me rendormis d'un sommeil agité, pour être réveillée juste après par les cris de Pete, appelant désespérément mon père. Il y eut un bruit de pas précipités, puis la voix, méconnaissable, de mon père prononçant le nom de ma mère, l'implorant encore et encore.

Peu de temps plus tard, j'entendis la porte s'ouvrir, suivie de la voix de ma grand-mère.

Déroutée, je me demandai ce qu'elle faisait là, et commençai à me douter que quelque chose de très grave s'était produit.

Je sortis de mon lit, attrapai ma poupée préférée pour me rassurer, ouvris la porte de ma chambre et me faufilai à l'extérieur. Je restai quelques secondes sur le palier de l'étage puis descendis l'escalier sur la pointe des pieds jusqu'aux portes closes de la salle de séjour.

Je tendis la main vers la poignée mais la peur m'empêcha de la tourner. Je savais que dans la pièce se trouvait quelque chose que je ne voulais pas voir. Je me contentai donc de coller mon oreille au trou de serrure pour essayer de comprendre ce que ma mamie et mon père disaient. Il y avait de la peur dans l'intonation de ma grand-mère, une émotion que je ne lui avais jamais connue, ce qui me terrifia. Ne voyant pas d'autre moyen de comprendre ce qui se passait qu'en entrant dans la pièce, je pris mon courage à deux mains et ouvris la porte. La scène que je découvris alors me glaça le sang.

Ma grand-mère regardait la même chose que mon père et Pete, une expression horrifiée sur le visage : ma mère, silencieuse, étendue sur le canapé.

— Maman, murmurai-je.

Elle ne bougea pas. Ses cheveux blonds dissimulaient une partie de son visage, mais je distinguai sur ses joues les traînées noires du maquillage qui avait coulé avec ses larmes.

— Sally, tu n'as rien à faire ici. Retourne te coucher, dit ma grand-mère sans que personne ne bouge pour me faire sortir de la pièce. Ta maman ne va pas très bien. Le docteur arrive.

— Maman, répétai-je en commençant à pleurer.

J'espérais qu'elle ouvrirait les yeux et me gronderait d'être sortie de mon lit, puis qu'elle me ramènerait dans ma chambre. Mais elle demeura complètement immobile.

Je scrutai le visage des adultes en quête d'un signe rassurant, mais celui de mon père était blême, et celui de Pete couvert de plaques rouges, du cou jusqu'au front. Il serrait et desserrait ses poings nerveusement, et son souffle était court et saccadé. Sa détresse me contamina aussitôt.

Une sirène retentit et des lumières bleues passèrent au travers des rideaux. Retrouvant soudain sa capacité d'action, mon père se rua vers la porte pour laisser deux hommes en uniforme entrer dans le salon.

L'un d'entre eux se pencha au-dessus de ma mère, lui souleva une paupière et plaça deux doigts sur son cou et à son poignet. L'autre ramassa le flacon de médicaments vide sur la table et posa des questions que je ne compris pas. J'entendis mon père lui parler de dépression et des bouteilles brunes qu'elle avait bues.

— Il faut l'emmener immédiatement à l'hôpital pour lui faire un lavage d'estomac, déclara abruptement celui qui était penché au-dessus de ma mère.

Terrifiée, je les regardai l'installer sur un brancard, l'envelopper d'une couverture et l'emmener dehors. Je courus jusqu'à la porte d'entrée et les vis la mettre dans l'ambulance, où mon père monta ensuite la rejoindre.

Puis les portes se refermèrent en claquant, la sirène retentit, et le véhicule démarra pour s'éloigner rapidement, ses lumières bleues brillant dans la nuit.

Malgré l'heure tardive, la rue était pleine de voisins curieux qui nous regardaient, Pete et moi, avec pitié, en spéculant à voix basse sur ce qui avait dû se passer.

Lorsque l'ambulance disparut de ma vue, je me jetai sur le trottoir et me mis à hurler. Je sentis les bras de ma grand-mère m'encercler et essayer de me soulever, mais ce fut Pete qui parvint à me porter jusqu'à la maison et qui me posa sur le canapé où ma mère était allongée juste avant.

Tous deux m'entouraient de leurs soins, me chuchotant des mots apaisants, et ma mamie me dit que ma mère irait bientôt mieux.

Mais toutes les paroles rassurantes du monde n'auraient pu stopper mes cris d'effroi. Ce n'est que lorsque je fus totalement épuisée par les pleurs que je finis par m'endormir dans les bras de ma grand-mère et que l'on put me ramener jusqu'à mon lit.

Mon père revint dans la matinée, l'air lugubre, le visage pâle et fatigué.

— Votre mère va s'en sortir, nous dit-il.

— Où elle est ? demandai-je.

Il me répondit qu'elle devait rester quelques jours à l'hôpital, jusqu'à ce qu'elle aille mieux.

Je ne le crus pas. Les gens qui partaient dans des ambulances ne revenaient pas. Je le savais car j'avais vu un jour l'un de nos voisins, un vieil homme, être évacué de sa maison sur un brancard, et il n'était jamais revenu. Au lieu de quoi, quelques jours plus tard, j'avais vu sa femme, toute de noir vêtue et appuyée au bras d'un de ses fils, monter dans une grande voiture.

Plus tard, d'autres voitures étaient arrivées, remplies de gens habillés en noir. On m'avait alors dit que la dame avait « perdu son mari », et qu'elle se rendait à ce que l'on appelait « un enterrement ».

Ma mamie resta à la maison ce jour-là et, après avoir un peu dormi et mangé, mon père repartit pour l'hôpital.

10

Après le départ de mon père, je commençai à bombarder mon frère de questions. Mais Pete se contenta de me dire que j'étais trop petite pour comprendre, et refusa de me confier plus d'éléments sur le sujet.

Ce n'est que deux ans plus tard qu'il m'en dit davantage sur ce qui s'était produit ce soir-là. En fin de journée je me trouvais dans le salon et avais assisté à l'une des fréquentes querelles entre mes parents.

Lorsque mon père était rentré du travail, ma mère sentait l'alcool et n'avait rien préparé pour dîner. Non seulement la vaisselle du petit-déjeuner était encore dans l'évier mais Billy avait été laissé en train de pleurer dans son berceau, baignant dans une couche sale.

— Mais qu'est-ce que tu as foutu toute la journée, Laura ? tonna-t-il. Regarde-moi cette maison ! Un vrai bordel ! Moi je travaille, je travaille, je travaille, et quand je rentre, c'est pour te trouver là, vautrée, avec rien à manger dans mon assiette !

Perdue dans le brouillard de la boisson et de la dépression, elle le regarda d'un œil hagard et lui répondit que la journée avait passé sans qu'elle ne s'en aperçoive. C'est de là que partit la dispute, chacun ayant en tête un objectif bien différent. Il voulait qu'elle réalise combien il était furieux de sa négligence, et elle faisait tout pour détourner son attention du fait qu'elle avait bu.

— Tu jettes l'argent par les fenêtres, lui reprocha-t-il. Tu crois qu'il pousse dans les arbres ? Tu ne fais que dépenser, dépenser, dépenser.

— Mais la vie est chère, de nos jours, David ! protesta-t-elle.

— L'alcool est cher, tu veux dire ! Tu crois peut-être que je ne sais pas ce que tu fiches avec l'argent du ménage ?

Elle essaya de nier, mais nous devions fournir beaucoup d'efforts pour comprendre ses mots tant elle bredouillait sous l'emprise de la boisson.

Les foudres de mon père s'abattirent alors aussi sur Pete.

— Et toi, tu n'aurais pas pu ranger ? hurla-t-il en voyant l'évier rempli de vaisselle sale trempant dans une eau trouble et des cendriers débordant de mégots dans tous les coins. Et ton petit frère, et Sally ? Tu n'aurais pas pu t'occuper un peu d'eux, non ?

— C'est pas mon boulot, et j'ai des devoirs à faire, répondit Pete avec un air de défiance.

Les cris redoublèrent et je focalisai mon regard sur mes pieds, attendant que l'orage passe.

Enfin, quand il eut fini sa crise, mon père quitta la maison en déclarant qu'il allait dépenser son argent si durement gagné à l'échoppe de *fish and chips* du coin. Lorsqu'il revint, nous nous mîmes à table tous les trois pendant que ma mère restait allongée sans rien dire sur le canapé, la tête tournée vers le mur.

Pete et moi, conscients que la trêve ne durerait que le temps de manger, nous éclipsâmes dans nos chambres dès la fin du repas. Aucun de mes deux parents ne monta voir si j'allais bien et je me mis au lit sans prendre la peine de faire une toilette ou de me brosser les dents. Une fois sous les draps, je dormis d'un sommeil agité jusqu'à ce que les cris de ma mère me réveillent.

C'est peu de temps après que Pete, incapable de dormir et se sentant coupable de s'être ainsi débiné dans sa chambre, était descendu voir comment elle allait.

Il s'attendait à trouver sa mère secouée par les sanglots mais c'est complètement inerte qu'il la découvrit.

Voyant que mon père ne savait pas quoi faire, il avait téléphoné à ma grand-mère et, sur ses instructions, avait ensuite appelé une ambulance pendant que mon père restait là, les bras ballants, totalement désarmé.

Suite à sa première admission, mon père et sa famille furent bien obligés de reconnaître que le comportement de ma mère n'était pas entièrement de sa faute. Le médecin avait indiqué à mon père qu'elle était cliniquement dépressive et que la boisson accentuait son état. La dépression était une maladie, avait-il expliqué, qui pouvait être contrôlée par des médicaments, une fois qu'ils auraient trouvé les mieux adaptés à son cas. Il avait poursuivi en déclarant qu'elle se trouvait dans un endroit où elle recevrait toute l'aide nécessaire et qu'il n'y avait donc aucune raison qu'elle ne s'en remette pas totalement.

Il fut décidé que, pendant cette période, Billy resterait chez ma mamie, laquelle pourrait s'occuper de lui avec l'aide de ma tante. Pete et moi resterions à la maison mais chaque matin, en se rendant au travail, mon père me déposerait chez mamie.

Ma mère resta dans un hôpital spécialisé pendant six semaines. Pour moi, qui n'avais pas encore fêté mon cinquième anniversaire, ce temps sembla durer une éternité. Persuadée qu'elle ne reviendrait plus jamais, j'étais inconsolable. Face à mon expression désemparée, ma grand-mère essayait pourtant de me réconforter.

— Ta maman rentrera bientôt à la maison, me répétait-elle plusieurs fois par jour pour me rassurer. Elle doit beaucoup se reposer avant d'être prête à recevoir des visites, ajoutait-elle quand je l'implorais de m'emmener la voir.

Je savais que ma grand-mère et mon père avaient pu la voir, alors pourquoi pas moi ?

Ma grand-mère comprit finalement que tant que je ne l'aurais pas revue, je ne pourrais pas croire que son état s'améliorait, et elle accepta de m'emmener à l'hôpital. Elle acheta un petit bouquet de fleurs pour que je l'offre à ma mère et me passa la robe bleu clair que j'avais reçue pour mon anniversaire ainsi que le bracelet d'argent, que je tenais absolument à porter.

Je pris place à côté d'elle dans le bus, si nerveuse que je serrai le bouquet au point de faire couler la sève verte des fleurs sur ma robe pendant que mon regard impatient scrutait le paysage par la fenêtre.

— N'oublie pas que ta maman est très fatiguée, Sally, ne cessait de me rappeler mamie.

Mais j'étais bien trop excitée par l'idée de cette visite pour faire attention à ses recommandations.

Dès notre entrée à l'hôpital mes narines furent assaillies par l'odeur qui régnait dans le moindre de ses recoins : un mélange de désinfectant, de chou, d'effluves corporels et de fleurs. Une odeur que, depuis, je n'ai cessé d'associer à la maladie. J'avais envie de courir pour trouver ma mère mais l'enfilade des couloirs lustrés et la simple taille du bâtiment suffirent à refréner mes ardeurs. Je me contentai donc de prendre la main de ma grand-mère et de la serrer bien fort.

— Nous y voilà ! C'est le service où se trouve ta mère, annonça-t-elle comme nous arrivions au bout d'un immense couloir.

Une infirmière déverrouilla la porte de métal, et nous entrâmes dans une zone différente des précédentes.

Sans lâcher ma main, mamie me conduisit dans un nouveau couloir où nous passâmes devant des chambres meublées de rangées de lits couverts de blanc, et un bureau où plusieurs infirmières étaient assises.

Après ce bureau, nous pénétrâmes dans un grand salon, peint d'une horrible couleur marron clair.

Je vis tout de suite ma mère. Ses cheveux étaient attachés, dégageant joliment son visage, et elle portait l'une des tenues que je lui préférais : une longue jupe en jean avec un pull beige dentelé.

Elle était assise dans un fauteuil près de la fenêtre. Je voulus courir vers elle, mais me sentis soudain intimidée.

— Allez, vas-y ma petite, m'encouragea ma grand-mère en pressant gentiment ma main. Donne les fleurs à ta maman.

Subitement muette, je les lui tendis, et ma mère sourit.

— Sally ! dit-elle en prenant le bouquet.

Je dévorai son visage des yeux, cherchant à retrouver la mère que j'aimais tant. Je voulais que ses bras viennent m'enlacer, qu'elle me serre et me couvre de baisers. Je voulais l'entendre me dire combien je lui avais manqué et comme elle avait hâte de rentrer à la maison.

Mais elle se contenta de prendre les fleurs et de les poser sur la petite table qui se trouvait près de la chaise. La femme qui me regardait avec une expression vaguement déconcertée n'était ni la mère qui souriait et riait, ni celle qui se détournait pour me dissimuler les larmes qui coulaient sur ses joues. C'était comme si une étrangère avait pris place dans son corps, y laissant une femme prostrée dans son fauteuil, qui nous regardait d'un œil vide. Elle commença une phrase mais laissa les mots s'évanouir peu à peu avant de regarder autour d'elle, l'air ahuri, comme si elle se demandait qui venait de les prononcer.

Ma grand-mère fit alors quelque chose qui me surprit beaucoup. Elle prit la main de ma mère et lui parla presque comme s'il s'agissait d'un enfant. Elle lui dit combien j'avais désiré la voir, être jolie pour elle et lui apporter des fleurs. Elle lui parla du bébé, lui racontant comme il grandissait, et qu'il venait d'avoir sa première dent.

Une jeune et jolie infirmière en uniforme amidonné nous vit et s'approcha de nous.

— C'est votre petite fille, Laura ? demanda-t-elle gaiement à ma mère absente. Comme elle vous ressemble !

Pendant quelques secondes le visage de ma mère s'anima pour confier à l'infirmière mon nom et mon âge. Mais je ne pus m'empêcher de remarquer que ses mains se tordaient en tirant continuellement sur sa jupe et que ses jambes et ses doigts tremblaient.

L'infirmière prit les fleurs pour les mettre dans un vase avant de les poser sur une table, non loin de nous.

— Elles sont jolies, dit ma mère en nous adressant un nouveau sourire distant.

Au bout d'une heure, une sonnerie retentit et ma grand-mère annonça qu'il était temps de partir.

— Laura, dit-elle gentiment, nous devons y aller, maintenant. Embrasse Sally.

Les bras de ma mère s'ouvrirent docilement pour m'accueillir.

Je me sentis presque soulagée de partir. Et sur le chemin du retour, le chagrin me submergea à la pensée de ce qu'il était advenu de la mère que j'aimais tant. Je voulais la retrouver de toute mon âme.

11

Le dimanche suivant, avant le début de la messe, ma grand-mère m'emmena au catéchisme.

— Il y aura plein d'autres enfants, tu verras, me dit-elle en me poussant vers les portes de la salle paroissiale.

Une enseignante petite et replète me sourit en me désignant un endroit où m'asseoir, puis expliqua qu'elle allait lire un passage de la Bible à la classe.

Les dimanches qui suivirent, j'appris comment Jésus avait marché sur l'eau, nourri une multitude de gens avec un pain et quelques poissons, guéri des malades et sauvé une femme perdue. J'entendis à plusieurs reprises le mot « miracle ». Un mot qui s'ancra fermement dans mon esprit.

La prière, nous disait-on, pouvait aider à faire des miracles. Lorsque je demandai à ma grand-mère ce que cela signifiait, elle m'affirma que Jésus écoutait les prières de tous les enfants et que, si nous voulions vraiment que quelque chose de bon arrive, nous pouvions le Lui demander dans nos prières du soir.

Ce que je voulais plus que tout au monde, c'était que ma mère, celle que j'aimais et qui me souriait, revienne à la maison et que ma peau soit sans défaut. Le soir même, je demandai donc à Jésus d'exaucer ces deux prières.

— Tout ce que tu dis dans tes prières voyage directement vers le ciel, m'avait assuré ma grand-mère.

Mais le lendemain matin, constatant que mes plaques d'eczéma étaient toujours là et qu'il n'était pas encore question du retour de ma mère, je me demandai s'Il m'avait entendue ou, pire, s'Il avait décidé d'ignorer mes requêtes.

12

Les jours passèrent et les cauchemars envahirent mes nuits autant que l'eczéma envahissait ma peau. Les semaines d'absence de ma mère me semblaient interminables. La maison était bien silencieuse, sans elle et sans Billy. Pete aussi était différent : il cessa de faire ses devoirs sur la table de la cuisine pour se rendre chez un ami après l'école et ne rentrer qu'après l'heure du dîner.

Ma grand-mère essayait de me faire oublier l'absence de ma mère et me lisait des histoires, mais elle ne pouvait faire aussi bien et en inventer en me plaçant au cœur du récit. Lorsqu'elle m'emmenait au parc, elle se fatiguait rapidement de me pousser sur la balançoire, et les programmes qu'elle regardait à la télévision n'avaient pas le même attrait pour moi que ceux que ma mère et moi choisissions ensemble.

— Sally, veux-tu qu'on fasse des bonshommes de pain d'épice ? me demandait-elle dans l'espoir de me faire retrouver le sourire.

Mais les larmes coulaient de nouveau sur mon visage lorsqu'elle les sortait du four car l'odeur des gâteaux me rappelait immanquablement ma mère.

Son absence devint une souffrance perpétuelle et tous les matins, en me réveillant, je m'attendais pendant quelques instants à la voir entrer dans ma chambre avant de me souvenir qu'elle n'était pas à la maison. C'était mon père qui me levait et m'habillait avant de m'emmener chez ma grand-mère.

— Pourquoi ne me la laisses-tu pas ? demandait-elle chaque jour lorsqu'il me déposait chez elle.

— C'est mieux pour elle de dormir dans son lit, répondait-il laconiquement.

Tous les soirs, il me faisait prendre un bain, me passait de la crème sur le corps puis il m'asseyait sur ses genoux, nue sous ma serviette. J'entendais sa voix me dire qu'il m'aimait beaucoup plus que maman ne m'aimait. Après tout, c'était lui qui était présent pour s'occuper de moi.

— C'est moi qui t'aime le plus, Sally, répétait-il constamment.

Désorientée par la longue absence de ma mère et fragilisée par les événements, je commençai à le croire et appréciai d'être câlinée et de m'entendre dire les mots tendres qui me manquaient tellement. Je fermais les yeux et, à moitié endormie, me blottissais contre lui pendant que sa main me caressait légèrement le dos et les épaules.

Mais je n'aimais pas du tout ce qui arrivait ensuite, quand il descendait vers mon ventre et jusqu'entre mes jambes. Mon corps se raidissait alors et il me chuchotait des mots apaisants au creux de l'oreille jusqu'à ce que je me détende à nouveau et me laisse aller contre lui.

Ma mère était hospitalisée depuis environ une semaine lorsqu'il m'embrassa pour la première fois sur la bouche. Sa grosse langue visqueuse se glissa entre mes dents et je reculai brusquement, dégoûtée, en sentant sa salive mouiller mon menton.

— C'est ce que font les papas avec les petites filles qu'ils adorent, me dit-il.

Il prit ma main fermement et la fit descendre vers le bas. Mais cette fois elle rencontra quelque chose de chaud. Je sus sans regarder que c'était la chose dure habituelle et qu'il l'avait fait sortir de son pantalon.

Il fit glisser mes doigts en un mouvement de va-et-vient pendant que je fermais les yeux pour ne rien voir.

— Gentille fille, répétait-il incessamment, les bras verrouillés autour de moi, ça, c'est une très gentille petite fille.

Avide de m'entendre dire que j'étais gentille et donc aimée, je fis ce qu'il me demandait sans protester. Il me montra ce qu'il voulait en refermant sa main sur la mienne, serrant étroitement mes doigts autour de la chose. Cette première fois, il émit un grognement, comme s'il avait mal et, déconcertée, je tentai de retirer ma main.

— Non, dit-il en l'agrippant si fort qu'il me fit mal, et il bougea ma main de haut en bas plus rapidement.

Il grogna de nouveau bruyamment et quelque chose de mouillé et collant recouvrit soudain mes doigts. Il me serra alors contre lui et me prit les mains pour les essuyer avec un mouchoir.

— Tu es ma petite fille chérie, me dit-il encore avant de me passer ma chemise de nuit et de me mettre au lit.

Une forme d'instinct me disait déjà que tout cela était mal mais j'étais trop jeune pour remettre ses actes en question ou entreprendre quoi que ce soit. Il parvint progressivement, étape par étape, à me faire considérer ce rituel du bain du soir comme quelque chose de normal.

En l'absence de ma mère et de Pete à la maison, il avait toute latitude pour s'y livrer sans risquer de se faire prendre. Et quand il me susurrait les mots affectueux que j'avais tellement soif d'entendre, je prononçais à mon tour ceux qu'il attendait :

— Je t'aime moi aussi, papa.

13

C'est au mois d'août que ma mère rentra finalement de l'hôpital. Le samedi matin où elle était censée revenir, je m'étais éveillée dès les premières lueurs de l'aube. Je sentis de petites crampes d'excitation dans mon ventre dès que j'ouvris les yeux : le jour tant attendu était enfin arrivé. Je restai au lit, rêvant aux choses qui allaient changer maintenant que ma mère était de retour.

Elle me donnerait le bain et me coucherait ; elle jouerait avec moi, me lirait des histoires et m'en raconterait de merveilleuses, qu'elle inventerait.

Quelques jours auparavant, ma grand-mère m'avait dit que ma mère allait suffisamment bien pour pouvoir rentrer à la maison et m'avait aidée à lui faire une grande carte de bienvenue. J'y avais dessiné un soleil jaune brillant au-dessus d'une maison carrée, dont j'avais colorié la porte et les fenêtres. Une famille de bonshommes rudimentaires venait compléter le tableau. Ils avaient des cercles pour visages et, à l'aide d'un crayon rouge, je leur avais dessiné de grands sourires.

Ma mamie traça de grandes lettres qui disaient « Bienvenue à la maison, maman ». Je les coloriai, et collai des gommettes scintillantes en forme d'étoile partout autour. La carte fut posée au beau milieu de la table, à côté des fleurs que ma grand-mère avait fraîchement cueillies dans son jardin.

Grâce à l'action de ma tante, la maison était étincelante de propreté et ma grand-mère s'était, elle, chargée de remplir copieusement le frigidaire. Je patientai jusqu'à ce que j'entende des bruits de mouvements, me signifiant que Pete et mon père étaient levés, et me faufilai dans les escaliers. Nous étions encore en train de prendre notre petit-déjeuner lorsque ma grand-mère arriva avec un Billy gazouillant et tout le barda qui accompagne les bébés. Elle avait apporté encore plus de nourriture pour garnir le frigo et un grand plat de son ragoût de poulet.

— Il n'y aura plus qu'à le réchauffer, dit-elle en le posant sur la gazinière. Laura n'aura sûrement pas envie de cuisiner dès son retour.

En milieu de matinée, mon père partit chercher ma mère. Pour une fois, Pete ne sortit pas et resta dans la cuisine avec ma grand-mère et moi, partageant notre impatience. J'avais du mal à contenir mon énervement et me ruais à la fenêtre dès que j'entendais une voiture passer.

— Il vient juste de partir, laisse-lui un peu de temps, tout de même, me répétaient inutilement ma mamie et mon frère.

Lorsque le bruit de la voiture de mon père finit par se faire entendre, je me précipitai vers la porte, l'ouvris avec fracas et courus dehors de toute la vitesse de mes petites jambes.

— Maman, maman ! criai-je en me jetant sur elle.

Elle était telle que nous l'avions laissée avant son départ. Ses cheveux étaient détachés et flottaient sur ses épaules et elle portait la tenue que j'adorais, celle qu'elle avait le jour où je lui avais rendu visite à l'hôpital.

— Viens dans mes bras, Sally, dit-elle en se penchant pour m'enlacer.

Lorsqu'elle entra dans la maison, elle se dirigea vers mon grand frère et je vis ses bras se tendre pour se refermer sur elle en la serrant très fort.

Ma grand-mère se leva de sa chaise.

— Je suis heureuse de te savoir de retour parmi nous, à ta vraie place, Laura.

À ces mots les yeux de ma mère se remplirent de larmes. Elle avança vers le coin où Billy jouait dans son parc et se pencha pour lui murmurer quelques mots affectueux. Il lui adressa un regard un peu perplexe, et non l'un de ces grands sourires dont il la gratifiait toujours auparavant, avant de détourner la tête.

Un air de consternation traversa le visage de ma mère comme elle constatait que Billy semblait ne pas la reconnaître. Elle s'inclina pour le prendre et il se mit à crier en tendant les bras vers sa grand-mère.

— Il va vite se réhabituer à toi, la rassura ma grand-mère. Six semaines, c'est beaucoup pour un bébé. Donne-lui juste un peu de temps.

On prépara le thé. En plus de notre repas du soir, ma mamie avait apporté des scones faits maison et un gâteau au chocolat qu'elle déposa sur la table.

J'entendis ma mère nous dire comme elle était heureuse d'être rentrée à la maison et combien nous lui avions tous manqué. Mais les sourires ne purent gommer l'inquiétude qui se lut sur le visage de ma grand-mère lorsqu'elle vit toutes les boîtes de médicaments sortir du sac de ma mère pour se retrouver posées sur le haut du frigidaire.

— Hors d'atteinte des petites mains, déclara ma mère en ajoutant qu'ici, au moins, elle ne risquait pas d'oublier de les prendre.

14

Il ne me fallut guère longtemps pour penser que ce n'était pas la même mère qui était revenue de l'hôpital. Si les larmes et le visage hagard de la dépression avaient disparu, la femme aux yeux verts pétillants s'était volatilisée du même coup.

Ce n'était plus la mère qui m'avait si cruellement manqué ; la mère qui m'ébouriffait les cheveux, un bras autour de mes épaules, en me serrant contre la chaleur réconfortante de son corps quand j'étais triste ou apeurée. La mère qui pansait mes égratignures, riait de mes babils, me faisait du pain d'épices et me racontait des histoires fascinantes me paraissait perdue à tout jamais.

L'indifférence de Billy à son égard semblait la préoccuper plus que tout au monde. Les sourires de mon petit frère allaient à ma grand-mère et, à dire vrai, à presque toutes les personnes qui passaient chez nous.

Pendant les premiers jours qui suivirent son retour, il afficha envers ma mère un dédain presque complet.

Elle passait toutes ses matinées à jouer avec lui, espérant regagner son affection, tandis que j'étais envoyée dans le jardin, avec mon ballon sauteur pour seule distraction.

— Il doit réapprendre à me connaître, se justifiait-elle lorsque je me plaignais de l'ennui, de la faim ou de la soif. Il me punit de l'avoir laissé – il est trop petit pour comprendre, ajoutait-elle.

Trop petite pour comprendre, je l'étais également, mais elle ne semblait pas en avoir conscience. Lorsque je lui réclamais de m'emmener au parc, elle se déclarait trop fatiguée.

Et lorsque je lui demandais si nous irions faire des courses, elle me répondait que mamie et Pete se chargeraient d'acheter tout ce qu'il nous fallait. Je n'avais pas l'âge de comprendre que ma mère ne souhaitait pas se confronter au regard des voisins ni s'exposer à la tentation des magasins où l'on vendait ces bouteilles brunes. Ne comprenant pas ses raisons, je me sentis délaissée face au manque de temps ou d'intérêt qu'elle me manifestait.

Ma grand-mère continuait de nous apporter les petits plats et les gâteaux qu'elle avait cuisinés.

— Elle n'est pas encore assez en forme pour se remettre aux fourneaux, disait-elle chaque fois qu'elle nous livrait le fruit de son labeur.

C'est à la fin de l'été, alors que je devais commencer l'école, que sa réticence à quitter la maison devint plus évidente pour moi. Tout d'abord elle me dit que mamie allait venir me chercher pour aller m'acheter un uniforme. J'étais dépitée car j'avais pensé que ma grand-mère garderait Billy et que j'aurais ma mère pour moi toute seule à cette occasion.

Je nous avais imaginées nous arrêtant au parc sur le chemin des boutiques et espérais qu'un après-midi au moins toute son attention me serait consacrée.

Lorsque ma grand-mère vint me chercher, elle me trouva d'humeur maussade et comprit immédiatement que c'était avec ma mère que j'avais envie d'y aller.

— Elle a encore besoin d'un peu de temps pour aller mieux, Sally, me dit-elle comme je me plaignais que maman ne voulait jamais rien faire avec moi.

Une fois arrivée dans le magasin, ma grand-mère chaussa ses lunettes pour lire la liste fournie par l'école. Elle choisit une robe chasuble bleu marine, deux chemisiers de coton blanc et une paire de souliers noirs à lacets.

Mais rien de tout cela ne me plaisait, et, dans un accès de rébellion, je décrétai détester le contact de ces nouveaux vêtements. Ils me piquaient et me grattaient, marmonnai-je avec une ingratitude que ma grand-mère ne releva pas.

— Ils seront plus doux quand tu les auras un peu portés, objecta-t-elle en emportant les sacs avant de m'entraîner vers la sortie.

J'entrai à l'école la semaine suivante. Le jour de la rentrée, ma mère m'habilla de mes vêtements neufs et me donna un cartable de cuir marron, objet indispensable à toute écolière, m'indiqua-t-elle. Elle me brossa les cheveux et je profitai de ce moment pour me coller contre elle, heureuse de la sentir s'occuper de moi. Elle attacha ensuite mes cheveux pour me faire une petite queue-de-cheval, et m'attira devant le miroir.

— Tu as vu comme tu es élégante ? me dit-elle.

Ce n'est qu'après la dernière bouchée de mon petit-déjeuner qu'elle m'informa que ce serait Pete qui m'accompagnerait à l'école, et non elle.

— Je ne peux pas laisser Billy tout seul, se justifia-t-elle, avant d'ajouter qu'il était logique que Pete m'emmène puisque son école jouxtait la mienne.

Mes larmes ne servirent à rien, pas plus que mes cris de protestation arguant que je ne voulais pas la quitter. Mon frère me traîna dehors et nous nous mîmes en route. Le dos rond, les mains dans les poches, Pete refusa de marcher à mon rythme et je dus presque courir pour pouvoir le suivre.

— Arrête donc de pleurnicher, tu me fais honte, me rabroua-t-il alors que les larmes envahissaient mes yeux. Je ne comprends pas non plus pourquoi c'est à moi de t'emmener. C'est son boulot, normalement.

— Elle ne va pas bien, répliquai-je, indignée, même si je pensais exactement la même chose que lui quelques minutes auparavant.

— Elle ne va jamais bien, de toute façon.

Je décelai une pointe d'angoisse sous ces mots mordants. Après tout, c'était sa mère, à lui aussi.

L'école se trouvait à moins de dix minutes de marche et nous ne parlâmes plus pendant le reste du trajet. Lorsque nous arrivâmes, des parents anxieux disaient au revoir à des enfants en larmes et l'institutrice de la maternelle s'affairait à rassembler ses ouailles. Il y avait là quelques visages familiers mais surtout un océan d'inconnus, et je me tins timidement en bordure du groupe.

L'institutrice vint à mon secours en annonçant que nous devions la suivre jusqu'à la classe. C'est à la récréation que les questions commencèrent.

— Comment tu t'appelles ? me demanda un petit garçon.

Je lui répondis. La question suivante me laissa plus désemparée.

— Pourquoi ta maman ne t'a pas emmenée ? Elles font toutes ça, d'habitude.

Je commençai à bredouiller une réponse et sentis les démangeaisons tant redoutées se réveiller. Mes doigts commencèrent à frotter nerveusement ma peau. Me voyant me gratter, un petit garçon pointa du doigt la plaque d'eczéma que ma manche ne suffisait pas à cacher.

— C'est quoi, ça ? demanda-t-il en faisant la grimace.

Horriblement gênée, je tirai sur ma manche pour masquer la zone irritée.

— Beurk ! entendis-je près de moi.

Je redoublai de honte et ne sus plus où me mettre.

— Tu as une drôle de façon de parler, dit un troisième.

— Ce n'est pas vrai.

— Si, renchérit un quatrième. Tu parles comme un bébé.

— Oui, c'est twès twès vouai, me singea un autre – je ne savais pas prononcer les R.

Avant la fin de la journée, je savais déjà que je ne me sentirais pas bien à l'école. Je m'y sentais différente des autres et, en outre, la peur que ma mère puisse de nouveau disparaître en mon absence me tenaillait.

J'avais beau savoir qu'elle était à la maison en train de m'attendre, cette angoisse refusait de me quitter.

15

J'étais scolarisée depuis plusieurs mois lorsque nous eûmes notre première leçon pour apprendre à lire l'heure.

— Qui peut me dire sur quels chiffres sont pointées les aiguilles de l'horloge ? interrogea l'institutrice en désignant une grande pendule de carton posée sur son bureau.

Je levai tout de suite la main. Voilà enfin une chose que je savais, car ma grand-mère m'avait appris à compter jusqu'à douze et à lire l'heure.

Cette fois, c'est moi que la maîtresse allait complimenter, me dis-je – les félicitations devenaient de plus en plus importantes pour moi à cette période. Mais, avant que l'institutrice ait eu le temps de prononcer mon prénom, j'entendis des ricanements et des exclamations d'horreur feinte, et la petite fille assise près de moi déclara :

— S'il vous plaît, Madame, il y a Sally qui met du sang partout.

Je regardai mon bras et vis que du sang avait imprégné ma manche, jusqu'à former quelques gouttes sur mon bureau. Je rougis de honte.

L'institutrice poussa un soupir agacé et vint vers moi. Mes camarades de classe se retournèrent pour regarder le spectacle comme elle relevait ma manche, exposant la plaque d'eczéma et les marques vives des endroits où je l'avais grattée.

— Viens avec moi. Il va falloir s'occuper de ça.

Tête baissée, je la suivis dans le bureau de la directrice. En empruntant le couloir, je fixai mon attention sur le bruit de ses chaussures, qui résonnait de façon rythmique sur le parquet usé par le passage du temps et de centaines de petits pieds. La directrice regarda mon bras et indiqua à ma maîtresse de retourner dans sa classe. Elle m'y raccompagnerait dans peu de temps, me dit-elle. Elle m'appliqua une pommade puis me banda fermement le bras.

— Voilà, ne te gratte plus, maintenant, recommanda-t-elle sèchement.

Je me sentis humiliée et des larmes insidieuses coulèrent sur mes joues pendant qu'une bulle suspecte éclatait au bord de mes narines.

— Mouche-toi, petite, et arrête de pleurnicher, m'enjoignit la directrice en me tendant un mouchoir.

Après quoi, elle me ramena en classe.

Lorsque j'y entrai, une vingtaine de paires d'yeux se braquèrent sur moi avec curiosité. Tandis que je reprenais ma place à mon bureau, j'entendis les mots suivants :

— Je n'ai pas envie d'attraper son truc, Madame. Faites-la asseoir ailleurs.

— Je ne veux pas non plus qu'elle soit à côté de moi, dit celle qui se trouvait à ma gauche.

— Moi non plus, ajouta une autre petite voix, jusqu'à ce que toute la classe reprenne ces mots à l'unisson.

La maîtresse essaya d'expliquer que je n'y étais pour rien et que cela n'avait rien de contagieux, mais les enfants continuèrent de se montrer incrédules. Finalement, cédant à la pression de ses élèves de seulement cinq ans, elle me fit déménager à un bureau libre, près du sien.

Ce fut le début des railleries et de mon éviction.

16

Dans la cour de récréation certains groupes d'enfants se moquaient de moi quand je passais devant eux. J'entendais le chef de leur bande leur murmurer des encouragements cruels. C'est dans mon dos que surgissait le sarcasme qui semblait me suivre partout : « Sally la sale, la galeuse, la boutonneuse. » Je restais seule dans mon coin, essayant d'ignorer ces mots blessants. Lorsque je me rendais à la cantine de l'école, les enfants se poussaient et glissaient sur les bancs pour m'empêcher de m'asseoir près d'eux.

— Beurk, tu as vu ce qu'elle a, ça me dégoûte de manger, déclara une fille un jour où l'eczéma avait gagné mon cou.

— N'approche pas de moi ! Je n'ai pas envie d'attraper ce que tu as, me dit une autre.

Une de mes cousines, qui avait deux ans de plus que moi, tenta de prendre ma défense.

— Laissez-la tranquille. Ce n'est pas de sa faute si elle a de l'eczéma, dit-elle au groupe qui me raillait.

Mais ils se contentèrent de détaler en riant.

Mon institutrice essaya d'intervenir. Elle expliqua ce qu'était l'eczéma et déclara aux enfants qu'elle ne voulait plus les entendre me tourner en ridicule. Les railleries cessèrent en effet quelque temps.

Mais une petite fille avait espionné une conversation d'adultes et appris que ma mère était restée hospitalisée un certain temps. Après ça, plus rien ne put retenir leurs commentaires à mon sujet.

— Quelqu'un a dit à ma maman que ta mère était folle, me lança un jour méchamment un petit garçon. Je l'ai entendue le dire à mon père. Il a dit qu'elle buvait comme un trou – parce qu'il connaît le gars du magasin où elle achète ses bouteilles.

— Ouais, ajouta un troisième pour ne pas être en reste, et moi, ma maman elle dit que ta maison est sale.

Les insultes se mirent à pleuvoir et je mis mes mains sur mes oreilles pour ne plus les entendre.

— Comment s'est passée ta journée à l'école ? me demandait ma mère quand j'arrivais à la maison.

Ne voulant pas voir s'évanouir l'un de ses rares sourires, je lui parlais de l'institutrice et de ce que j'avais appris pendant la journée. Mais elle ne me demanda jamais si je m'étais fait de nouveaux amis, et si elle remarqua la légère note de bravade qu'il y avait alors dans ma voix, elle ne me posa pas plus de questions.

17

Mon angoisse que ma mère disparaisse à nouveau me poussait à la suivre partout dans la maison, réclamant une attention de tous les instants. J'avais beau sentir que mon attitude commençait à l'agacer, mon sentiment d'insécurité m'empêchait de me comporter autrement.

Une jalousie latente et douloureuse me rongeait en voyant Billy se faire constamment câliner et je devins convaincue que c'était à cause de lui si ma mère me consacrait si peu de temps. J'étais pleine de rancœur lorsque les personnes qui venaient à la maison se dirigeaient directement vers lui en gazouillant et détestais plus que tous leurs commentaires sur sa beauté.

— Quelle peau de pêche ! entendais-je régulièrement à son sujet.

— Regarde-moi ces cheveux, disait une autre en passant sa main sur la tête du bébé.

Billy n'avait pas des cheveux raides et mous comme les miens, mais de vigoureuses boucles d'un blond presque blanc.

— Avec ces yeux bleus et cette petite bouche

de Cupidon, on dirait vraiment un ange tombé du ciel, répétait inlassablement ma grand-mère.

Personnellement, je ne lui trouvais rien d'un ange lorsqu'il jetait ses jouets hors de son parc et qu'on me demandait d'aller les ramasser, ou lorsqu'il perturbait nos repas en envoyant valser sa nourriture.

Pendant les rares occasions où ma mère me lisait des histoires ou inventait ses fabuleux récits, il semblait systématiquement avoir soudain besoin d'attention et elle s'interrompait pour se précipiter vers lui, laissant l'histoire inachevée, puis oubliée. Je fixais alors le bébé en fronçant les sourcils, souhaitant que ma mère ne l'eût jamais ramené à la maison.

— Viens, Sally, me dit-elle après que j'eus passé quelques semaines maussades, comme à toutes les périodes où je voyais mon petit frère focaliser toute son attention. Tu vas pouvoir m'aider, aujourd'hui.

Je la regardai avec curiosité, me demandant ce qu'elle souhaitait me faire faire, avant de m'entendre dire que j'allais l'aider à baigner Billy. Au moins ne m'avait-elle pas envoyée jouer toute seule dans le jardin ou dit de me tenir tranquille et de sortir de ses jupons.

Elle étala une serviette de toilette sur le sol et y posa la petite baignoire de plastique bleu. Une fois qu'elle l'eut remplie d'eau chaude et qu'elle en eut testé la température à l'aide de son coude, elle y versa quelques gouttes d'huile pour bébé. Elle enleva ensuite les vêtements et la couche de Billy, avant de le glisser dans l'eau.

Il appréciait visiblement ce rituel. Un grand sourire sur sa face rebondie, il babillait joyeusement en frappant la surface de l'eau de ses petites mains potelées. La vigueur de ses gesticulations créait de petites vagues qui venaient déborder de la baignoire.

Ma mère me tendit un gant de toilette.

— Tiens, lave-le, comme ça.

Elle me montra comment passer doucement le linge mouillé sur ses épaules et sur ses bras. Il me regarda droit dans les yeux et éclata de rire, dévoilant deux minuscules petites dents. Ma mère me montra plusieurs petites bosses pointant sous ses gencives.

— Ce sont d'autres dents, prêtes à sortir, m'expliqua-t-elle.

Je me dis que cela devait être douloureux et demandai si c'était la raison pour laquelle il pleurait la nuit. Elle me le confirma et je commençai à ressentir quelque chose s'approchant d'un sentiment de compassion pour mon petit frère.

— Tu sais, Pete et toi avez aussi beaucoup pleuré quand vous faisiez vos premières dents, remarqua-t-elle.

J'avais un peu de mal à imaginer que Pete ait pu un jour être de la même taille que Billy.

Lorsque le bain fut terminé, elle le souleva et le posa sur un petit matelas de mousse plastifié.

— Tu peux le sécher, dit-elle en me tendant une serviette.

Je la passai délicatement sur son dos et ses bras. Pendant ce temps, il ne cessait de me sourire gaiement, exhibant ses deux petites dents au beau milieu de toute cette gencive rose, et j'en oubliai ma jalousie.

— Regarde un peu ces petites bouées, s'exclama-t-elle avec entrain en touchant les bourrelets de chair rose de ses jambes et de ses bras. Toi aussi tu en avais, à son âge.

Ma mère colla sa bouche framboise sur le petit ventre rond de mon frère et y déposa des baisers bruyants tandis qu'il agitait bras et jambes en gloussant.

À voir ainsi son corps nu, tout rose et tout rond, en sentant cette tendre odeur de bébé propre et talqué, je me sentis soudain enchantée par la présence de Billy.

Ses yeux croisèrent les miens et il tendit sa petite main vers moi pour saisir mes doigts, plein de confiance. Ce contact fit s'évaporer tout ce qu'il me restait de rancœur, pour la remplacer par une vague d'amour.

Pour la première fois, le mot « mon » vint se placer devant « petit frère » dans ma tête.

— Je peux le prendre ? demandai-je lorsque ma mère eut terminé de lui mettre sa couche et de l'envelopper dans une jolie grenouillère jaune toute propre.

Dans un sourire elle m'attira contre elle sur le canapé, plaça Billy sur mes genoux et passa son bras autour de mes épaules. J'enlaçai à mon tour Billy dans un geste protecteur.

Ses yeux bleus se plongèrent dans les miens et il me refit l'un de ses irrésistibles sourires, auquel je me vis répondre instantanément.

À cinq ans je n'avais pas encore les mots pour exprimer ce que je ressentais mais, si je l'avais pu, j'aurais employé des termes comme « parfait » ou

« amour ». Après ce jour, je ne cessai de lui sourire et offris systématiquement mon aide pour le nourrir, le changer et le baigner. C'était ma main qui lui passait maintenant ses jouets et moi qui me précipitais la première vers son parc pour gazouiller avec lui.

18

Je crois que ma mère essayait de toutes ses forces de dissimuler sa profonde tristesse. Elle souriait lorsque je lui faisais le récit de ma journée d'école, cuisinait de bons petits plats et évitait même toute dispute avec mon père. Mais ce sentiment devait être là malgré tout. C'était juste que nous ne le voyions pas.

— Elle va mieux maintenant, disait mon grand frère.

— Elle s'en sort tellement bien ! déclarait ma grand-mère à tous les membres de la famille qui prenaient de ses nouvelles.

— Je t'aime, Sally, disait mon père en me caressant le haut de la cuisse.

C'est lorsque je sentis de nouveau l'odeur aigre-douce des pommes rances dans l'haleine de ma mère, odeur que même le dentifrice ne parvenait à camoufler, que je sus que la brève période des jours heureux touchait à sa fin. Le compagnon de cette odeur était une sévère dépression, que même les comprimés ne purent contenir.

Une fois encore, les larmes resurgirent et mon père, exaspéré par ce qu'il appelait sa « petite névrose égoïste », partit passer son temps au pub pour ne rentrer souvent qu'assez tard.

Mon frère prenait son repas en silence puis disparaissait dans sa chambre, d'où s'échappait le son puissant de sa musique rock.

Nous prenions de nouveau les repas dominicaux chez ma grand-mère, et Pete et moi eûmes droit aux commentaires habituels sur les défauts de ma mère.

Pendant un autre de ses jours noirs, j'eus un nouvel accident. Elle venait de prendre une bouteille brune et s'aperçut qu'elle était vide en la penchant au-dessus du verre. Ce jour-là, son désir de boisson était plus fort que son instinct maternel. Elle me déclara qu'elle allait chez un voisin et qu'elle n'en aurait que pour quelques minutes, mais se précipita au magasin le plus proche, me laissant la responsabilité de mon petit frère. Billy dormait paisiblement quand elle partit mais le bruit de la porte claquant derrière elle le réveilla.

Il ouvrit grand les yeux et commença à pleurer en constatant qu'elle n'était pas là. J'essayai de me souvenir de ce que ma mère m'avait dit de faire pour le distraire quand il était grincheux. L'idée, c'était de « détourner son attention ». Je l'appelai par son prénom, lui fis des grimaces, caressai sa tête et tentai même de lui donner un jouet en peluche, mais rien n'y fit. Il devint tout rouge et poussa des hurlements qui me déchiraient de plus en plus les tympans.

Désemparée, je courus hors de la maison pour trouver ma mère, me disant qu'elle ne pouvait pas être loin. Elle avait déclaré être partie emprunter quelque chose chez un voisin.

Dans la panique provoquée par les cris de Billy, j'étais sortie sans chaussures, et ne remarquai pas le verre brisé qui jonchait le caniveau. Pensant que ma mère pouvait se trouver dans l'une des maisons d'en face, je descendis du trottoir et marchai sur les éclats de verre. Une douleur aiguë me transperça le pied et je me mis à hurler à mon tour. Des deux côtés de la rue des voisines accoururent vers moi, alertées par mes cris.

— Sally, que fais-tu sur la route ? Et sans chaussures, en plus ? demanda l'une d'entre elles en me prenant dans ses bras.

— Où est ta mère ? demanda l'autre.

Elle approcha de la maison et appela ma mère. Ne recevant pas de réponse, les deux femmes entrèrent pour me porter jusqu'au salon, secouée de pleurs et le pied ensanglanté. Elles restèrent bouche bée en voyant Billy, qui pleurait toujours dans son parc.

— Ça ne lui est jamais arrivé de partir en les laissant tout seuls ? demanda l'une à l'autre en m'asseyant sur le canapé pour examiner mon pied. Mais c'est profond ! Il va falloir recoudre, déclara-t-elle en essayant de contenir le flux de sang.

L'une d'entre elles courut au domicile d'un autre voisin, dont le mari faisait des horaires de nuit et se trouvait à la maison. Il se réveilla rapidement et l'on m'embarqua dans sa voiture.

L'autre voisine resta auprès de Billy et se prépara à se confronter à ma mère lorsqu'elle reviendrait. La première vint avec moi à l'hôpital, où je débarquai une fois de plus aux urgences.

— Je vois que tu deviens une habituée des lieux, Sally ? fit remarquer l'infirmière en remplissant mon dossier.

Je me souviens des regards que les deux femmes échangèrent pendant que le médecin examinait mon pied. J'eus ensuite droit à trois piqûres dans les fesses, qui m'arrachèrent de nouveaux cris.

— La première soulagera la douleur, la deuxième stoppera l'infection et la troisième est contre le tétanos, expliqua-t-il soigneusement à la voisine. Pas d'école ni de jeux pour toi pendant quelques jours, jeune fille, me dit-il gentiment en passant une main dans mes cheveux.

Il indiqua à la voisine à quel moment je devais revenir pour me faire enlever les points de suture, et lui donna une grosse boîte de comprimés.

Ce jour-là, personne ne couvrit le comportement de ma mère. On téléphona à ma grand-mère pour lui faire part de mon accident et comment Billy avait été laissé seul avec moi avec la maison.

Le soir même, une dispute éclata entre mes parents, et mon père cria si fort que son visage devint presque violet de rage.

— Bonne à rien, insulta-t-il ma mère, tu n'es qu'une pauvre pochtronne bonne à rien et indigne d'être mère.

Ma grand-mère, qui était restée pour préparer le dîner et s'assurer de mon état, essaya de lui dire de se calmer. Elle lui expliqua qu'il nous faisait peur mais il était dans une telle colère qu'il l'envoya instantanément promener. Terrorisée à l'idée que ma mère puisse de nouveau nous quitter et malgré ma douleur, je me réfugiai vers elle pour me protéger contre une colère que je ne pouvais ni comprendre ni affronter.

Il saisit ma mère par les bras et se mit à la secouer.

— Ressaisis-toi, Laura, ressaisis-toi ! Sinon tu fais tes valises et, crois-moi, tu ne reverras plus jamais tes enfants !

19

C'est après l'accident, comme elle l'appela, que ma mère commença à aller me chercher à l'école. Au début, nous rentrions directement à la maison, mais au bout de quelques semaines, elle prit l'habitude de s'arrêter au magasin qui vendait les bouteilles brunes.

— Tu ne diras rien à papa, hein, Sally ? me disait-elle.

Je n'étais qu'une enfant, trop jeune pour endosser une telle responsabilité. Mais, terrifiée par la menace de mon père de forcer ma mère à partir, je gardai le secret, même lorsque mon père ou ma grand-mère me posaient des questions à ce sujet.

Probablement pensait-elle que son entourage n'y voyait que du feu, mais je sentais bien qu'ils la soupçonnaient de boire encore. Je voyais régulièrement mon père ouvrir les portes des placards, regarder derrière les rideaux, les fauteuils ; une fois, il inspecta même l'intérieur de ma maison de poupées.

Je ne lui dis jamais où ma mère dissimulait sa boisson. Elle ne prenait même plus la peine de me cacher ce qu'elle faisait et débouchait les bouteilles brunes pour en verser le contenu dans des boîtes de lait en poudre pour bébé. Elle remettait ensuite les bouteilles vides dans leur sac de papier kraft et les cachait sous la couverture de la poussette de Billy. Après avoir vérifié que personne ne les regardait, elle sortait ensuite pour les jeter.

Chaque jour, quand ma journée d'école se terminait, je me précipitais vers les grilles, craignant toujours un peu qu'elle ne soit pas là. Deux mois plus tard, ces craintes s'avérèrent justifiées : elle ne m'y attendait pas. Je patientai pendant un long moment et, lorsque je vis ma mamie marcher vers moi je sus qu'elle avait de nouveau disparu.

On me dit que ma mère était très fatiguée, qu'elle avait dû retourner à l'hôpital pour se reposer et qu'elle serait de retour à la maison dans quelques jours.

J'appris plus tard que la quantité d'alcool qu'elle avait prise avait engendré une réaction très néfaste avec ses médicaments et que ce mélange avait failli la tuer.

La même voisine que celle qui m'avait trouvée dans la rue avait été alertée par les cris de Billy, et était venue frapper lourdement à la porte. N'obtenant pas de réponse, elle était entrée et avait découvert ma mère par terre, inconsciente, une bouteille de cidre vide près d'elle.

Une fois encore, une ambulance était arrivée dans notre rue, mais cette fois, c'est au grand jour qu'on l'emmena, sous les regards et les commentaires de tout le voisinage.

— Elle aime la bouteille plus que nous, déclara mon grand frère avec colère en apprenant la nouvelle.

— Tu vois, elle aime ça plus que ses propres enfants, mais moi je t'aime plus que tout, me murmurait mon père au creux de l'oreille quand nous nous retrouvions seuls.

20

Nous n'avons jamais su lequel de nos voisins avait fait part du comportement de ma mère aux services sociaux, mais seulement que quelqu'un s'en était chargé : après sa rechute, une assistante sociale vint en effet sonner à notre porte. C'est ma grand-mère qui m'expliqua qu'une dame allait venir nous parler quand Pete serait rentré de l'école. Mon père aussi devait être présent.

— Elle veut juste vous poser quelques questions, poursuivit mamie.

Elle me dit que je ne devais pas avoir peur et qu'il me faudrait répondre avec franchise. Cet après-midi, au lieu de rester chez elle, elle nous ramena, Billy et moi, à la maison. Elle déposa mon frère dans son parc en l'entourant de jouets, dans l'espoir qu'il se tienne tranquille, et commença à faire le ménage et à arranger les coussins en gardant constamment un œil sur sa montre. Je m'assis à table et regardai un livre d'images – mamie m'ayant indiqué que cela ferait trop de désordre si je commençais à colorier ou à faire de la peinture.

Pete avait également reçu des recommandations, et devait avoir une conduite exemplaire. Il avait entamé ses devoirs lorsque quelqu'un frappa à la porte.

Mon père ouvrit et fit entrer une femme qui devait avoir l'âge de ma mère. Elle avait le teint pâle et des cheveux châtain foncé coupés au carré. Elle nous regarda tous attentivement et observa la pièce à travers ses lunettes avant de s'asseoir à table. Ouvrant son petit cartable, elle en sortit un dossier et un crayon.

Ma grand-mère parla en premier. Elle lui expliqua que quand ma mère était absente, c'était elle et sa fille célibataire qui s'occupaient de Billy.

— Sally reste donc toute seule ici ? répliqua la femme.

— Non. Mon fils me l'amène tous les matins, et il la reprend le soir en rentrant du travail, répondit mamie.

Il devint vite évident que c'était surtout à moi qu'elle avait envie de parler. Mon père déclara d'emblée que j'étais trop jeune pour comprendre ce qui se passait.

— C'est possible, répondit l'assistante sociale, mais je veux tout de même poser quelques questions à Sally.

Elle commença par les questions que les adultes posent habituellement aux enfants : quel âge j'avais, ce que j'aimais le plus faire à l'école. Une fois qu'elle sentit que j'étais à l'aise avec elle, elle passa aux questions plus sérieuses.

— Que fais-tu avec ta mère quand vous avez du temps pour vous ? me demanda-t-elle.

Je lui parlai des livres qu'elle me lisait, des dessins qu'elle faisait et des histoires qu'elle inventait juste pour moi. Elle aborda alors mes deux accidents.

Il fut d'abord question de la poêle à frire.

— Comment cela s'est-il passé, Sally ?

Je levai les yeux vers mon père, déroutée.

— Elle s'est pris la manche dedans, n'est-ce pas Sally ? dit-il précipitamment.

Me rangeant à son explication, je murmurai :

— Oui.

— Laissez-la répondre, intervint la femme sévèrement, avant de se tourner de nouveau vers moi. C'est bien ce qui s'est passé, Sally ?

Je répétai en marmonnant :

— Oui.

Pete ne dit rien mais je le vis regarder mon père.

Les questions suivantes furent plus difficiles. Elle me demanda pourquoi j'étais sortie pieds nus de la maison et où se trouvait alors ma mère.

Je posai de nouveau les yeux sur mon père mais cette fois, il ne me vint pas en aide. Fixant le sol, je bredouillai que je ne savais pas.

— C'était de ma faute, intervint soudain Pete. Maman avait fait un saut au bout de la rue et je devais garder un œil sur les deux petits, mais je suis monté dans ma chambre prendre un truc, et c'est là que Sally est sortie.

L'employée des services sociaux le regarda droit dans les yeux, et Pete soutint son regard avec franchise et naturel.

— Je doute que Sally s'en souvienne vraiment, de toute façon. Cet accident avec la friteuse date un peu, maintenant, déclara hâtivement mon père avant que j'aie pu être interrogée sur la véracité des propos de Pete.

La femme prit quelques notes dans son dossier avant de poursuivre son interrogatoire.

Étais-je heureuse à l'école ? « Oui », répondis-je. Elle eut l'air dubitatif et me demanda si je m'étais fait beaucoup d'amis. Ne sachant quelle réponse j'étais censée fournir, je la regardai, désemparée, confirmant ainsi ce qu'elle soupçonnait.

C'est à partir de ce moment que je commençai à vraiment m'inquiéter : j'avais compris que mes réponses à ses questions avaient de l'importance.

Mais elle m'en posait beaucoup et j'avais peur de ne pas dire ce qu'il fallait. Je ne pouvais plus penser qu'à une seule chose : que cette femme s'en aille.

— Elle est fatiguée, dit enfin mon père. Je pense que c'en est assez pour aujourd'hui.

L'assistante sociale me sourit et me dit que je l'avais bien aidée, puis elle rassembla ses affaires et quitta la maison.

Un peu plus tard, alors que Pete avait déjà prétexté devoir partir « travailler » chez un copain, je montai à l'étage et me mis à jouer avec ma maison de poupée, laissant ma porte de chambre grande ouverte.

En bas, les voix de mon père et de ma grand-mère se firent de plus en plus fortes jusqu'à finir en une réelle dispute. Je me glissai discrètement en haut des marches pour écouter.

— Pourquoi as-tu fait mentir les enfants ? lui demanda-t-elle. Nous savons très bien tous deux ce qui s'est passé. Elle était encore soûle, c'est bien ça ?

— Sais-tu seulement ce qui se passerait si on avait dit la vérité à cette femme ? rétorqua-t-il. Elle pourrait déclarer que Laura n'est pas capable d'assurer son rôle de mère, et nous enlever Sally et Billy.

J'entendis ma grand-mère marmotter quelque chose, comme quoi ce ne serait peut-être pas plus mal pour nous, et je compris qu'elle parlait du fait que nous soyons séparés de notre mère.

— Écoute, je ne veux plus que tu caches des choses, David, ajouta ma grand-mère avant de partir avec Billy dans les bras.

— Qu'est-ce qu'elle voulait, la dame ? demandai-je à mon père pendant qu'il me préparait à aller me coucher.

— Elle veut nous séparer, répondit-il. Ça veut dire que tu ne nous reverras plus jamais. Ce n'est pas ce que tu veux, hein, Sally ?

Accablée, je secouai la tête négativement.

— Alors si cette dame vient à l'école et qu'elle essaie de te voir seule, dis-lui seulement que tu ne peux pas lui parler si ta mamie ou ton papa ne sont pas là. C'est compris ?

Devant mon visage décomposé, il m'entoura de ses bras.

— Ne t'inquiète pas, papa ne laissera rien de mauvais t'arriver.

Terrifiée par les images qu'il avait fait naître en moi, je le regardai, incapable d'articuler le moindre mot.

— Je ne les laisserai jamais faire ça, Sally, dit-il. Tu es ma petite fille chérie, que j'aime. Toi aussi tu aimes ton papa, hein ma puce ?

— Oui, murmurai-je.

— Allez, c'est l'heure du bain, maintenant, déclara-t-il alors.

Et le rituel habituel recommença. Ses doigts s'emparèrent des miens pour les mettre sur l'avant de son pantalon.

— Bouge ta main en haut et en bas, comme ça, chuchota-t-il en agrippant fermement ma main pour forcer mes doigts à bouger.

Je voulais descendre de ses genoux et m'enfuir mais une nouvelle peur m'empêchait désormais de me rebeller : celle de fâcher la seule personne qui pouvait éviter que l'on m'arrache définitivement à ma famille.

Alors je fis ce qu'il voulait, et que je ne voulais pas.

21

Le lendemain matin, sur le chemin de l'école, je me rendis compte que Pete était la personne la plus affectée par la rechute de ma mère.

— Cette assistante sociale reviendra si jamais ça recommence. À mon avis, on n'a pas fini de la voir, dit-il tristement. Ils nous prendront, si elle ne fait pas attention. C'est arrivé à un garçon de ma classe. Ils ont dit que ses parents n'étaient pas aptes, et maintenant il vit dans un endroit qu'il déteste carrément.

Il baissa les yeux vers moi.

— Ce n'est pas juste, hein ? C'est la faute de son père et de sa mère, et finalement, c'est lui qui paye.

Je n'avais rien à lui répondre. Le fait qu'il formule ainsi ses craintes rendait les miennes encore plus réelles, et pendant plusieurs jours je gardai les yeux grands ouverts et examinai attentivement tous les adultes que je croisais. J'avais peur de voir la dame venir vers moi avec son dossier. Je la voyais dans mes rêves et m'éveillais en pleurant, et ce n'est que lorsque mon père m'avait longuement rassurée que je comprenais qu'elle n'était pas là.

Une semaine plus tard, ma mère était de retour. Elle me promit de ne plus jamais me laisser seule, mais je ne la croyais pas. Je la regardais subrepticement, guettant le moindre signe du retour de sa maladie tandis que les paroles de Pete résonnaient encore en moi. Et la nuit, mes frayeurs se transformaient en cauchemars.

Je bougeais et me retournais sans cesse dans mon lit, et commençais à mouiller mes draps, ce qui me réveillait en m'emplissant de honte. Ma mère avait beau me dire que ce n'était pas de ma faute, je me sentais humiliée.

— Sally, que se passe-t-il ? me demanda-t-elle un soir, en me surprenant à pleurer sans bruit dans ma chambre.

— Pete a dit que si tu retournais à l'hôpital, on nous emmènera tous ailleurs, parvins-je à articuler. Et je ne veux pas partir dans un foyer et ne plus jamais vous revoir.

Comme je verbalisais ainsi mes peurs, mes larmes redoublèrent et je laissai échapper un long cri plein d'angoisse.

Elle sembla choquée quelques instants.

— Oh, Sally, mais qui t'a mis ça dans la tête ? Personne ne va vous emmener. Je vais mieux, maintenant, et je ne vous quitterai plus jamais. Je vous aime trop pour ça.

Je voulais la croire. Je voulais croire à son amour, mais, dans un coin de mon esprit, l'écho de la voix de mon père me répétait que c'était lui qui m'aimait le plus, et qu'elle aimait la boisson plus qu'elle n'aimait aucun d'entre nous.

En dépit de l'aggravation de mon eczéma, il arrivait toujours que ma mère, prise par Billy ou perdue dans son monde, m'envoie au lit sans que j'aie pris mon bain, et sans que j'aie reçu ma crème.

22

Une agitation fébrile s'empara de notre classe quand on nous annonça que nous irions bientôt à la piscine. Un moniteur serait là pour nous apprendre à nager. Garçons et filles furent divisés en des groupes différents, et je rejoignis celui des moins de huit ans. Nous avançâmes en une file indienne quelque peu désordonnée jusqu'à la piscine, qui se trouvait non loin de l'école. Quand l'odeur du chlore parvint à nos narines, nous nous ruâmes vers le vestiaire des filles. Les autres petites filles avaient hâte d'enlever leurs vêtements pour revêtir leur maillot de bain.

Lorsque tous les cheveux furent rassemblés sous les bonnets de latex, elles coururent jusqu'à l'eau en hurlant d'excitation. J'entendais leurs cris tandis qu'elles pataugeaient dans le petit bain de pieds désinfectant avant de se rendre aux grands bassins. Le bruit résonnait dans le vestiaire où je demeurai dans un coin, serrant le sac qui contenait mes affaires, et espérant que je pourrais rester cachée là sans que personne ne remarque mon absence.

Sous mon uniforme d'écolière, je savais que l'eczéma couvrait dorénavant la plus grande partie de mes bras et de mon buste. Ma mère avait oublié de me mettre mes moufles, et je m'étais grattée jusqu'au sang pendant la nuit. J'avais des plaies suintantes et des croûtes derrière les genoux, au creux des coudes, aux épaules et en haut des jambes.

À six ans, j'étais certes trop jeune pour en faire une réelle question de coquetterie, mais j'étais assez grande pour comprendre la moquerie, et j'imaginais déjà les railleries et les réflexions qui me seraient à coup sûr adressées si je montrais mon pauvre corps à mes camarades de classe.

Mais lorsque la maîtresse compta ses élèves, elle vit tout de suite que quelqu'un manquait à l'appel, et partit à ma recherche.

— Que fais-tu là, à te cacher, Sally ? Tu devrais déjà être en maillot, me dit-elle avec agacement. Allez, on se déshabille, et puis hop, direction la piscine. Lève les bras.

J'obtempérai avec appréhension.

Je l'entendis s'exclamer au moment où elle passa ma robe par-dessus ma tête, et sentis le rouge me monter aux joues.

— Oh, Sally, l'entendis-je dire, ma pauvre petite. Pourquoi n'as-tu rien dit ?

Je fondis en larmes devant cette manifestation de gentillesse et, sans rien dire de plus, elle m'enveloppa dans ma serviette et m'emmena voir la personne chargée des premiers soins sur place.

Je saisis les mots « mère » et « négligence » dans leurs chuchotements. On appliqua quelque chose de doux et frais sur mes plaies en me disant des paroles réconfortantes, puis je fus raccompagnée jusqu'au vestiaire et autorisée à remettre mes vêtements. J'assistai à la leçon de natation depuis les gradins, assise près de la maîtresse, et soulagée de ne pas être obligée d'y participer.

C'est l'institutrice qui me ramena à la maison, pour parler à ma mère. J'ignore ce qui fut dit, mais je me souviens que ma mère pleura. Elle me répéta plusieurs fois qu'elle était désolée, qu'elle ne savait pas que cela s'était aggravé à ce point.

Cette nuit-là, une fois que ma mère m'eut donné le bain et passé ma crème, elle noua les petites moufles de coton à mes poignets.

Après avoir été bordée, je réfléchis au lendemain, et à ce que j'allais pouvoir dire à mes camarades. Je me disais que, même s'ils ne m'avaient pas vue en maillot de bain, je ne sais comment, ils sauraient tout de même ce qui s'était passé. Je savais déjà ce qu'ils pensaient de moi – que j'étais sale et que ma mère était folle, comme ils me l'avaient répété tant et tant de fois.

C'est après le début de ces persiflages que je commençai à manger du savon, quand ma mère avait le dos tourné. Lorsqu'il n'en restait plus qu'un petit morceau dans la salle de bains, je le cachais dans ma chambre et le mangeais pendant mes moments de solitude. Si le savon pouvait laver l'extérieur de mon corps, sûrement pouvait-il aussi laver l'intérieur, raisonnai-je.

Mais il me rendait juste malade.

23

Plus d'un an après sa première admission à l'hôpital et plusieurs mois après sa rechute, ma mère tomba malade. Mais cette fois, c'était différent, se défendit-elle lorsque mon père l'accusa de retomber dans l'alcool.

— Ça, c'est toi qui le dis.

Telle fut la réponse incrédule de son mari. Ma mère se plaignait d'avoir des douleurs partout et d'une grande fatigue, et fut superbement ignorée, tandis que l'entourage de mon père lui jetait des regards pleins de colère et de jugement.

Il arrivait parfois que je déboule en courant du jardin dans la maison de ma grand-mère et que le silence tombe immédiatement sur la pièce. Je savais alors qu'ils venaient de parler de quelque chose que les enfants ne devaient pas entendre. Cette précaution piqua ma curiosité au point de me faire arpenter la maison sur la pointe des pieds pour essayer d'écouter aux portes. J'entendis ainsi mon père dire qu'il en avait déjà assez supporté, qu'il n'en tolérerait pas davantage, puis mes tantes l'approuver.

Cela faisait trop longtemps qu'ils assistaient à la dépression de ma mère et à son alcoolisme :

ce n'était là qu'un nouvel épisode du même problème, déclarèrent-ils.

Mon père s'était rendu au magasin où ma mère achetait ses bouteilles, et lorsqu'on lui indiqua ne pas l'y avoir vue depuis des semaines, il soupçonna les amies de ma mère d'en acheter pour elle. Mais il fallut attendre la longue pause des vacances d'été pour que nous prenions tous progressivement conscience que, cette fois, ma mère souffrait d'un autre genre de maladie. Les premiers temps, elle évoquait seulement de la fatigue et des problèmes de digestion, quoi qu'elle mangeât.

— Ce n'est qu'une légère indigestion, Sally, rien de grave, me rassura-t-elle en s'allongeant sur le canapé lors de mon premier jour de vacance à la maison.

Elle me demanda de garder un œil sur Billy et ferma les yeux le reste de la matinée.

Les jours suivants, je l'entendis vomir dans la salle de bains. Les couleurs quittèrent son visage, son teint était d'une pâleur jaunâtre, et des cernes bleutés apparurent sous ses yeux. Je la regardais évoluer péniblement dans la maison et, lorsque nous allions faire les courses, c'est en traînant les pieds qu'elle avançait, au lieu de marcher de son pas vif habituel.

Sa silhouette, autrefois élancée, devint terriblement émaciée, et elle me repoussait dès que j'essayais de me blottir contre elle, se plaignant de douleurs.

Mon père refusait toujours de croire qu'elle allait mal physiquement et continuait de l'accuser de boire.

— Je t'ai dit ce qui se passerait si je te reprenais à boire, Laura, tu es prévenue.

Affaiblie, vulnérable, ma mère était désormais incapable de mobiliser suffisamment d'énergie pour se disputer avec lui.

— Qu'est-ce que tu as encore ? persiflait-il quand elle lui disait qu'elle n'était pas en état de cuisiner, car la simple odeur de la nourriture lui donnait des nausées.

Je le voyais renifler son haleine, mais c'était l'odeur du vomi qui emplissait alors ses narines, et non les notes éloquentes de l'alcool. Il se mettait de nouveau en quête de cadavres de bouteilles et ouvrait frénétiquement tous les placards de la maison.

Mon père nous questionnait régulièrement, Pete et moi. S'était-elle arrêtée au magasin qui vendait des boissons ? Il m'adressa un regard incrédule lorsque je lui répondis que non.

— S'il te plaît, va prendre un *fish and chips* pour toi et les enfants, lui demandait-elle quand elle se sentait trop malade pour cuisiner.

— Je vais encore devoir demander à ma mère de nous apporter quelque chose de correct à manger, puisque tu ne veux rien faire, répliquait-il avec hargne. On ne peut pas manger que du *fish and chips*.

Finalement, ce fut ma grand-mère qui intervint : elle déclara que cette fois ma mère avait vraiment l'air malade.

— Tu ferais bien d'aller voir un docteur, lui dit mon père après que mamie ait exprimé sa préoccupation. Qu'il te remette un peu en état, et peut-être cette maison redeviendra-t-elle à peu près normale.

Ce fut encore ma grand-mère qui appela le cabinet médical pour prendre rendez-vous et qui s'y rendit avec elle. Pete avait été chargé du baby-sitting et attendait qu'elles reviennent, l'air morose.

— Alors, ils ont trouvé ce que tu avais ? demanda mon père à leur retour.

Elles nous annoncèrent alors que ma mère allait entrer à l'hôpital dans quelques jours.

— C'est juste une petite intervention, pour qu'ils puissent voir ce que j'ai, nous expliqua ma mère lorsque Pete et moi la questionnâmes sur ce que le docteur avait dit.

— Ils vont te soigner, maman ? lui demandai-je, le cœur déjà brisé en songeant à la façon dont les choses se passaient à la maison en son absence.

— Bien sûr, répondit-elle en ébouriffant mes cheveux. Ils l'ont toujours fait, pas vrai ?

Un peu plus tard, alors qu'elle me mettait au lit, ma mère me dit que des dispositions avaient été prises pour que je parte chez sa sœur, ma tante Janet.

— Juste quelques semaines, m'assura-t-elle, le temps que j'aille mieux.

J'étais la seule à partir : mon petit frère irait chez ma grand-mère, et Pete resterait à la maison avec notre père.

— Tu verras, ça te fera de belles vacances, me dit-elle.

J'étais loin d'en être convaincue.

Le lendemain, elle m'aida à préparer mes affaires : trois robes de coton, des sous-vêtements, des chaussures, un maillot de bain et quelques pull-overs furent rangés dans ma valise, ainsi que deux robes à chasuble un peu plus chaudes. Tout cela me donnait l'impression de partir pour des mois entiers.

— On ne sait jamais de quoi on a besoin avec ce temps qui change constamment, Sally, affirma ma mère en me voyant m'inquiéter devant la quantité de vêtements prêts à être emportés.

Je choisis quelques livres et plaçai ma poupée, que j'avais appelée Bella, sur ma valise.

— Je veux rester ici avec toi, maman, déclarai-je.

— Tu seras vraiment bien, là-bas, ma chérie.

Quelque chose dans son expression m'intima de ne plus exprimer ma réticence à me rendre chez ma tante.

Cette nuit-là, lorsque ma mère vint me border dans mon lit, elle me dit qu'elle avait écrit une histoire spéciale, pour que je l'emporte avec moi. Tandis qu'elle me la lisait, je pensai que son héroïne, une jolie blondinette aux yeux verts, me ressemblait étrangement.

La maman de cette petite fille lui disait qu'il y avait un endroit particulier, où elle serait heureuse. C'était une belle maison, dans laquelle vivait une famille épanouie qui allait prendre soin d'elle. Mais tout d'abord, la petite fille devait trouver cette maison, qui était cachée dans une forêt enchantée. Je demandai pourquoi la mère ne pouvait l'y emmener, et elle me répondit que c'était un voyage que l'enfant devait accomplir seule.

— Mais, ajouta ma mère, la maman pouvait voir la petite fille. Elle la regardait tout le temps, pour s'assurer qu'elle allait bien et que rien de fâcheux ne lui arrivait.

Le matin suivant, la petite fille entra dans la forêt où écureuils, renards et lapins vivaient en harmonie. Ils la prirent par la main et la guidèrent entre les arbres, la dissimulant au dragon qui vivait aussi en ces lieux. Lorsque la nuit s'installa, les arbres firent tomber leurs feuilles pour former un matelas moelleux où elle put se coucher, et l'entourèrent de leurs branches pour la protéger.

Quand elle s'éveilla, les écureuils lui apportèrent des noix et des fruits à manger, et le renard lui tendit des feuilles remplies de rosée pour qu'elle se désaltère. Après quoi, elle se remit en route pour trouver la maison et invoqua silencieusement sa mère : si elle pouvait la voir, se disait-elle, alors sûrement pourrait-elle aussi lui montrer le chemin.

On entendit un bruissement dans les buissons, et ce fut non pas sa mère, mais un lapin aux yeux rouges qui apparut soudain. « Suis-moi », dit-il, « et je t'emmènerai où tu veux aller. » Tout le reste de la journée, il fit des bonds devant elle, ne s'arrêtant de temps à autre que pour la laisser grignoter quelques fraises sauvages. Quand la petite fille était rassasiée, il reprenait son chemin, jusqu'à ce qu'ils arrivent soudain à une clairière où se trouvait un beau château, baigné de soleil. « Voici l'endroit que tu cherchais », dit le lapin. « Les gens qui vivent ici t'attendent. » La petite fille demanda si le lapin venait avec elle, mais celui-ci répondit qu'il avait fait ce qu'il avait à faire et qu'il devait retourner dans la forêt enchantée.

— Et après, qu'est-ce qu'il s'est passé ? demandai-je à ma mère, les yeux ronds d'émerveillement.

— Eh bien, elle alla habiter avec eux et vécut très heureuse, bien entendu.

— Et où était sa maman ?

— Elle dut rester dans un endroit magique. De là elle avait pu regarder la petite fille effectuer son voyage et elle la savait dorénavant en sécurité. Elle se sentit heureuse de la voir entre de si bonnes mains, me dit ma mère avec douceur.

— Est-ce que la petite fille pouvait la voir ? demandai-je.

— Non, mais elle savait que sa maman la regardait encore chaque jour. Je t'aime, Sally. N'oublie jamais ça.

— Moi aussi je t'aime, maman.

Je passai fébrilement mes bras autour de son cou avant de plonger sous mes draps et sentis ensuite ma mère relever les couvertures sur mes épaules et passer gentiment sa main sur mes cheveux alors que je sombrais déjà dans le sommeil.

Pendant toutes les années qui suivirent, c'est le souvenir que j'ai gardé le plus intact, sans que le temps ait pu en ternir l'éclat. Alors que j'étais encore une enfant, l'image de cette forêt avec son château, véritable havre de sécurité, me revenait dès que j'en avais besoin.

Dans mon souvenir, ma mère est restée éternellement jeune ; je la revois dans la lumière de ma lampe de chevet, le visage plein d'amour, et j'entends encore sa voix me raconter l'histoire de cette petite fille.

Le lendemain matin, ma tante et mon oncle vinrent me chercher. Ma tante Janet, âgée de deux ans de plus que ma mère, avait son teint mais pas sa minceur, et mon oncle Roy, enseignant, était un homme aux cheveux blond vénitien, relativement ordinaire, sauf quand il souriait. Ses yeux se plissaient alors et son visage s'illuminait, paraissant soudain être celui d'un homme beaucoup plus jeune.

Ma mère leur avait préparé une petite collation mais, dès que celle-ci fut terminée, le couple sembla pressé de partir. Je repense souvent à ce jour, et je crois que ce départ hâtif avait pour motivation d'éviter des adieux trop émouvants. Avant que nous ne partions, ma mère donna à sa sœur un gros bouquet de glaïeuls.

— Ça a toujours été mes fleurs préférées, lui dit-elle. Quand une des fleurs de la tige se fane, tu l'enlèves, et une autre pousse en haut pour la remplacer.

Elles s'étreignirent, les larmes eux yeux, et je me demandai pourquoi les fleurs avaient rendu ma tante triste, d'un seul coup.

Il fut alors temps de partir, et ma mère se pencha pour m'embrasser.

— Tu seras gentille, hein, me dit-elle en m'entourant de ses bras et en posant brièvement sa tête contre la mienne.

Ma valise fut placée dans le coffre et je me retrouvai bientôt installée sur la banquette arrière, regardant derrière moi tandis que la voiture s'éloignait de la maison. J'agitai la main, les yeux rivés sur elle, jusqu'à ce que nous prenions un tournant et qu'elle disparaisse de ma vue.

Ce fut la dernière fois que je vis ma mère.

Deux jours plus tard, elle entrait à l'hôpital, et le chirurgien qui l'opéra constata que le cancer s'était étendu de l'estomac au pancréas et n'était plus curable. Elle fut renvoyée à la maison pour attendre la mort. Verdict qu'elle pressentait déjà en m'envoyant vivre ailleurs.

24

Trois heures après notre départ, nous arrivâmes chez ma tante Janet : elle habitait un ancien cottage en pierre à deux étages dans une jolie petite ville des Midlands. Devant la maison se trouvait un jardin où des bancs en bois équipés de coussins invitaient à la détente sur un gazon bien entretenu.

Mon oncle ouvrit le portail pour nous laisser entrer, et je sentis le parfum du chèvrefeuille et du jasmin caresser mes narines, suivi de peu par celui, plus entêtant, des roses qui bordaient l'allée. Il y avait des arbustes, des parterres de fleurs multicolores ; une cabane à oiseaux était suspendue à un vieux pommier, et je repérai une mare dans laquelle des poissons rouges nageaient paresseusement. Près de la porte arrière, qui menait à la cuisine, étaient disposés de nombreux pots avec de la lavande et d'autres plantes, dont j'appris plus tard qu'elles étaient utilisées pour cuisiner. C'était le plus beau jardin qu'il m'ait jamais été donné de voir.

J'aurais ma propre chambre, comme me l'expliqua ma tante en montant un escalier assez raide, qui jouxterait celle de ma cousine de treize ans, Emily.

Elle posa ma valise sur le lit.

— On rangera tes affaires plus tard, me dit-elle pendant que j'observais le papier peint fleuri.

Sur un lit recouvert d'une couverture rose trônait un énorme personnage rouge et violet en peluche, tout rond, comme je n'en avais jamais vu auparavant. Il avait un visage brodé, avec de longs cils et des cheveux en feutre, coiffés façon Beatles. Deux pieds sans jambes surgissaient de son corps, ainsi que deux bras pour se faire câliner.

— C'est un Gonk, et c'est ton cadeau de bienvenue, me dit ma tante.

J'en oubliai immédiatement toute l'affection que je portais à ma poupée Tiny et serrai mon nouveau compagnon dans mes bras.

Nous descendîmes au rez-de-chaussée, et j'observai ce nouvel environnement, émerveillée. La maison à laquelle j'étais habituée, avec tout son désordre et ses meubles fatigués, n'avait rien à voir avec la pièce dans laquelle je me trouvais.

Il n'y avait là rien de commun non plus avec la maison de ma grand-mère, dont chaque minuscule pièce était remplie d'une collection de bibelots glanés dans des stations balnéaires et amoureusement exposés dans des vitrines. Chez mon oncle et ma tante, tout était propre et rangé, comme sur une photo de magazine.

De petites tables étaient disposées à chaque extrémité d'un grand canapé d'angle. Au milieu de la pièce se trouvait une table basse, avec quelques magazines posés sur sa surface de verre fumé.

Des gravures de scènes de campagne ornaient les murs, les bords de fenêtres étaient agrémentés de plantes vertes fleuries, et des photos de famille dans des cadres argentés étaient posées sur le manteau de la cheminée ainsi que sur une desserte en bois clair.

Ma tante sortit un grand vase jaune et blanc d'un buffet et y mit les glaïeuls que ma mère lui avait donnés, pendant que mon oncle remplissait une théière, coupait de larges tranches de cake aux fruits confits et me servait un verre de jus d'orange. Je le regardai faire avec intérêt, n'ayant jamais vu mon père participer ainsi aux tâches domestiques.

Ma cousine Emily arriva dans le salon et me sourit. Elle avait des cheveux bruns, un teint légèrement hâlé et portait un jean et un T-shirt blanc. Elle commença à raconter à ses parents l'agréable journée qu'elle avait passée chez une amie, puis s'approcha de moi.

— Salut Sally ! Qu'est-ce que tu as grandi ! s'exclama-t-elle.

Elle me proposa ensuite de me faire visiter la maison et le jardin dès que nous aurions fini de prendre le thé.

— Milly a une petite sœur de ton âge, je t'emmènerai chez elles demain, proposa-t-elle.

Elle poursuivit en me disant qu'elle avait remis le nez dans des livres qu'elle avait aimés quand elle était petite, et qu'elle s'était déjà permis de les mettre dans ma chambre.

Face à la gentillesse d'Emily, ma nervosité à l'idée d'être chez des membres de ma famille que je n'avais que très peu vus s'évapora et je commençai à croire que, finalement, j'allais peut-être passer de bonnes vacances.

— Sally, m'interpella ma tante quelques heures plus tard, quel est ton plat préféré ? Je vais préparer le dîner.

— Des toasts au fromage ! répondis-je illico.

Elle me dit qu'elle avait imaginé quelque chose d'un peu plus copieux, mais que puisque c'était mon premier soir ici, c'était d'accord.

— À condition que tu manges un fruit après.

Ce soir-là, ma tante me fit prendre mon bain et observa attentivement mes plaques d'eczéma.

— Tu sais, Sally, il existe de nouvelles crèmes, maintenant, me dit-elle en examinant le tube que ma mère lui avait donné. Je crois qu'elles seraient plus efficaces que celle-ci.

Le lendemain, elle m'emmena à la clinique où elle travaillait comme infirmière. On inspecta mon eczéma, une nouvelle crème me fut prescrite, et elle m'en appliqua scrupuleusement tous les soirs.

Tous les matins, elle me donnait des fruits au petit-déjeuner, et elle me recommanda de manger davantage de fruits et de légumes, ce qui aiderait mon eczéma à guérir.

Plus tard, elle m'emmena faire les boutiques et m'acheta de nouvelles chaussures ainsi qu'une robe.

— Des cadeaux d'anniversaire, avec un peu d'avance, me dit-elle lorsque, rose de plaisir, je lui balbutiai des remerciements.

À notre retour à la maison, une autre surprise m'attendait. Une bicyclette noire étincelante était appuyée contre la porte extérieure de la cuisine.

Mon oncle avait profité de notre absence pour aller la chercher.

— Je me suis dit que ça devrait te plaire. Elle a des petites roues pour les premiers jours, le temps que tu apprennes, mais dès que tu sauras en faire, je les enlèverai, dit-il sous mes yeux ébahis. Ta tante et Emily vont faire du vélo presque tous les week-ends, et je suis sûr que tu auras envie d'y aller avec elles.

C'est Emily qui me donna mes leçons de conduite à bicyclette, et au bout de quelques jours je savais me débrouiller. On enleva donc les petites roues, et c'est d'un air triomphant que je parcourus plusieurs fois la rue devant leur maison.

Ce week-end, nous allâmes nous promener à la campagne. Milly, l'amie d'Emily, et sa petite sœur Charlene – que tout le monde appelait Charlie – se joignirent à nous, et toutes ensemble nous partîmes à vélo sur les étroites routes de campagne. Mes petites jambes devaient pédaler furieusement pour suivre le rythme du groupe, mais elles s'arrêtaient pour m'attendre dès que j'étais un peu trop loin derrière.

Vers midi, alors que je commençais à être bien fatiguée et affamée, ma tante proposa que nous fassions une pause. Nous mîmes pied à terre et poussâmes nos vélos le long d'un chemin de terre qui descendait jusqu'au bord d'une rivière.

Il y avait là de petits groupes assis sous les arbres, en train de pique-niquer, des voitures garées sur une aire recouverte de gravier, et de plus en plus de cyclistes qui arrivaient de toutes parts, comme nous.

— C'est l'heure du pique-nique ! lança ma tante, bien que je ne visse rien à manger.

Mon oncle fit alors son apparition, et sortit un grand panier d'osier du coffre de sa voiture. Les deux adolescentes et ma mère l'aidèrent à acheminer les nappes et coussins qui y étaient aussi rangés. Ils ouvrirent des bouteilles fraîches de limonade et déballèrent du fromage, des œufs durs, des pilons de poulet et des pommes, et les disposèrent dans des assiettes en carton.

— Je me suis occupé de tout ça pendant que vous étiez en train de transpirer, me dit mon oncle.

— Il fait ça à chaque fois que l'on part faire du vélo ! me confia Emily avec un sourire complice.

C'est ce jour-là que je commençai à voir comment vivaient les familles normales. Je regardai mon oncle Roy parler avec sa fille et plaisanter avec Milly et Charlie, et je sus que lui n'avait jamais forcé sa fille à toucher et à tenir cette chose dure.

Je vis la façon dont il aida sa femme à déballer et à remballer le pique-nique, et comme les trois filles étaient à l'aise en sa compagnie.

Je sentis une boule me monter dans la gorge et les larmes me piquer les yeux en repensant à la vie que j'avais eue chez moi : l'impatience de mon père envers ma mère, les larmes qu'elle versait, son manque de compassion, et comment il me forçait à le toucher lorsque nous étions seuls.

J'aurais aimé que ma mère soit là pour que nous puissions vivre heureux, tous ensemble car, si elle me manquait terriblement, les disputes et la tension qui polluaient notre foyer ne me manquaient, elles, pas du tout.

25

Après avoir constaté que mon eczéma répondait bien au nouveau traitement, ma tante décida de s'attaquer ensuite à mon langage. Elle m'emmena consulter un orthophoniste, et lui expliqua que j'avais un défaut d'élocution qui nécessitait d'être corrigé.

— Les gwosses souwis wessemblent à des wats wikikis.

Tel était à peu près mon niveau d'élocution au début des séances, mais au fil des semaines ce problème commença lui aussi à s'améliorer.

Les jours passèrent, chacun m'apportant davantage de bien-être au fur et à mesure que j'adoptais le rythme de la famille. En semaine, j'étais occupée par mes séances chez l'orthophoniste, à lire, à rendre visite à des amis avec Emily, et à explorer le quartier. Nous prenions le repas du soir ensemble, puis nous avions le droit de regarder la télévision pendant une heure ou de jouer.

Tous les week-ends, quand ma tante ne travaillait pas, elle nous organisait différentes activités.

Un samedi, elle décida de nous emmener au fameux centre commercial de Birmingham. Nous partîmes après le petit-déjeuner et empruntâmes une autoroute qui se mêlait à trois autres grandes voies aux portes de la ville. Soutenues par d'immenses piliers s'élevant à des dizaines de mètres du sol, des bandes de route, sur lesquelles camions et voitures avançaient en se touchant presque, s'enroulaient autour, au-dessus, et au-dessous les unes des autres.

— C'est un échangeur à niveaux multiples, expliqua ma tante pendant que je me tordais le cou pour mieux regarder. Et si nous sommes là, c'est que nous sommes presque arrivées.

Après avoir garé la voiture dans l'un des innombrables parkings de la zone, nous entrâmes dans un bâtiment gris où, sur un mur, un immense panneau nous confirma que nous étions arrivées au bon endroit.

Je levai la tête et découvris de nombreux étages regorgeant de restaurants et de boutiques, vivement éclairés et reliés par quelque chose que je n'avais encore jamais vu : un ensemble d'escaliers de verre et de métal qui montaient et descendaient tout seuls.

— On appelle ça des escalators, me dit ma cousine.

J'y montai pour m'élever encore et encore, grisée par cette ascension et le spectacle qui s'offrait tout autour de moi. Nous nous promenâmes dans la galerie et fîmes du lèche-vitrines avant d'aller voir *Robin des Bois* au cinéma, le dernier film de Disney.

Après quoi, nous nous installâmes dans un café où nous pûmes déguster des glaces servies dans de grands verres en buvant des boissons fraîches. Il fut bientôt temps de rentrer chez ma tante.

Ce soir-là, ma tante sortit du papier à lettres et des enveloppes et les posa sur la table.

— Je vais t'aider à écrire une lettre à ta maman, me dit-elle.

En réalité, c'est elle qui l'écrivit, et je me contentai d'y ajouter quelques dessins. Nous lui parlâmes de nos balades à vélo, et de ce que j'avais vu au grand centre commercial, puis je lui dessinai une guirlande de baisers.

Des lettres de maman arrivèrent en retour : elle me disait que je lui manquais, mais qu'elle était heureuse de voir que je m'amusais bien.

Elle joignait des dessins de fées aux ailes transparentes et d'une petite fille dans un décor de forêt à la fin de chacune de ses lettres.

Peu à peu, l'été touchait à sa fin, et je savais qu'une nouvelle année scolaire allait bientôt commencer.

— Quand est-ce que je rentre chez moi ? demandai-je à ma tante.

— Écoute Sally, me répondit-elle, tu vas rester ici un peu plus longtemps que prévu. Ta mère a encore besoin de repos. Je me suis arrangée pour t'inscrire à une très bonne école dans le quartier.

Avant que j'aie eu le temps de lui poser davantage de questions, elle m'annonça que nous partions faire des courses : j'avais besoin de jolis vêtements neufs pour l'école. Nous devions nous rendre à Birmingham pour les acheter, et la pensée d'emprunter de nouveau les escalators de la galerie marchande me fit oublier toutes mes questions.

Nous achetâmes une robe à chasuble gris foncé, des chemisiers en coton blanc, une veste grise, un pull de laine, des sous-vêtements, une tenue de sport et une paire de chaussures à lacets.

— Tu es vraiment jolie, on dirait presque une grande fille, me dit ma tante une fois que j'eus tout essayé.

La fille qui me regardait dans le miroir semblait en effet bien différente de celle qui était arrivée dans les Midlands un peu plus d'un mois auparavant.

Mon eczéma avait quasiment disparu, mes cheveux étaient noués en une longue tresse bien faite, et mon visage légèrement hâlé respirait la santé.

Ma tante m'emmena ensuite déjeuner et commanda un hamburger et un milk-shake pour moi. C'est à ce moment que je pris mon courage à deux mains pour lui poser la question qui me taraudait :

— Combien de temps je vais rester avec vous ? lui dis-je sans préambule.

J'avais beau être heureuse avec ma tante et sa famille, ma mère me manquait toujours terriblement, et j'avais ressenti ce manque de manière aiguë au moment où nous avions acheté l'uniforme scolaire.

— Seulement le temps que ta mère aille mieux, répondit-elle.

Elle tenta ensuite de détourner mon attention en me demandant si je souhaitais un autre dessert. Je n'avais pas encore sept ans, mais je sentis clairement sa réticence à aller plus loin sur ce sujet.

Quelques jours plus tard, ma tante m'accompagna à ma nouvelle école. À la différence de mon frère, qui s'était éclipsé dès que nous avions franchi les portes de l'établissement, elle me prit par la main et me présenta à l'institutrice qui allait s'occuper de ma classe.

On m'attribua une place entre Charlie et une fille aux cheveux roux dont le visage criblé de taches de rousseur s'illumina d'un large sourire en me voyant.

— Ma grande sœur est dans la même classe que ta cousine, me dit-elle.

Pour la première fois, quelqu'un resta avec moi dans la cour de l'école, et m'invita à venir lui rendre visite.

— C'est mon anniversaire la semaine prochaine. Tu viendras à ma fête ? Ça me ferait drôlement plaisir que tu viennes, me confia-t-elle.

D'un seul coup, j'avais des amies, des petites filles qui me disaient que mes cheveux étaient beaux et qui me prêtaient leur corde à sauter pendant la récréation. Après un cours où nous devions faire des dessins, Charlie et ma nouvelle amie Katy déclarèrent que le mien était le plus beau de tous.

Avant la fin de la journée, le sentiment diffus d'appréhension qui me nouait le ventre depuis que je songeais à la rentrée dans cette nouvelle école s'était évanoui.

Personne ne parla dans mon dos ou ne se moqua de mon apparence. Ma peau et mon élocution s'étaient tellement améliorées que j'étais désormais comme tous les autres enfants ici.

C'est en franchissant les grilles pour retrouver ma tante que je me rendis compte à quel point ma mère me manquait pourtant.

26

Les journées d'automne aux teintes chaleureuses touchèrent à leur fin, le ciel s'assombrit, portant avec lui les oiseaux volant vers des climats plus sereins, et les gelées matinales commencèrent à recouvrir les pelouses d'une couche solide et blanche.

Noël approchait à grands pas, et il n'était toujours pas question de mon retour à la maison.

Chaque fois que je demandais comment se portait ma mère et quand j'allais pouvoir la revoir, on me disait qu'elle avait besoin de repos, avant de changer habilement de sujet.

Toutes les semaines, je lui écrivais de longues lettres où je lui parlais de mes nouveaux amis et de ce que j'avais appris à l'école, et elle m'écrivait en retour, mais ses lettres se faisaient maintenant plus brèves, et son écriture ressemblait de plus en plus à des pattes de mouche.

C'est pendant une répétition pour le spectacle de Noël que la directrice entra dans la classe et demanda à me voir. Ma tante allait venir me chercher, je devais rassembler mes affaires, me dit-elle.

Avec cet instinct infaillible propre aux enfants, je sus qu'il était arrivé quelque chose à ma mère.

Lorsque ma tante arriva, je remarquai qu'à l'exception de deux zones rouges sur le haut de ses pommettes, son visage était pâle et ses traits tirés.

Elle me ramena chez elle et, malgré mon envie brûlante de la bombarder de questions pendant tout le trajet, la peur de ses réponses me tint silencieuse.

Ce n'est que lorsque nous fûmes toutes deux assises sur le canapé que ma tante me prit la main et affronta la terrible tâche d'annoncer à un enfant angoissé, qui n'avait pas encore sept ans, que sa mère adorée était morte.

« Morte » était un mot que je refusai de comprendre. Je pouvais en revanche envisager « partie », et m'accrochai désespérément à cette expression.

— Mais où est-elle ? demandai-je à plusieurs reprises.

— Elle est au ciel, Sally, me répondit ma tante.

— Quand va-t-elle revenir ? insistai-je.

Ma tante fit de son mieux pour me faire comprendre que ma mère ne reviendrait jamais. Plus elle parlait, plus je sentais mon cœur battre et ma tête tourner à mesure que ses mots s'ancraient en moi.

Comme pour me réconforter, le souvenir de l'histoire que ma mère m'avait racontée le soir précédant mon départ me revint à l'esprit.

— Est-ce qu'elle peut encore me voir ? demandai-je avec anxiété. Du ciel, elle peut me voir ?

L'espace d'un instant, ma tante eut l'air décontenancée, puis elle me serra dans ses bras.

— Oui, chérie, bien sûr qu'elle te voit. Et elle sera toujours là, à te regarder.

Elle me dit combien ma mère m'avait aimée et que, même si elle n'était plus là, elle souhaitait mon bonheur plus que tout au monde. Elle ne mentionna pas les mois de souffrance que ma mère avait endurés sous les assauts du cancer ni sa déchéance physique ou le fait qu'un simple drap posé doucement sur ses épaules occasionnait des douleurs intolérables à son corps squelettique et ravagé par la maladie. Elle n'évoqua pas non plus le fait que, malgré la morphine, ma mère avait imploré Dieu de la laisser partir.

C'est mon frère qui me fit part de toutes ces choses, bien des années plus tard. Il avait été présent autant que possible, et se ruait à la maison dès sa sortie de l'école pour être auprès d'elle.

Les derniers temps, alors qu'elle était mourante à l'hôpital, il prenait sa main décharnée dans la sienne et faisait couler un peu d'eau sur ses lèvres desséchées, comme elle n'avait plus la force de boire à un verre.

Il me raconta aussi qu'elle savait déjà qu'elle allait mourir lorsqu'elle m'avait envoyée chez ma tante. Elle lui avait dit que j'avais besoin d'une mère, et savait que je serais choyée et aimée chez sa sœur.

Mais ce jour-là, j'ignorais tout cela. Tout ce que je savais, c'était que je ne reverrais jamais ma mère et que je me sentais infiniment triste.

Ma tante m'annonça alors que mon père insistait pour que je revienne vivre à la maison et qu'ils me ramèneraient là-bas dans quelques jours.

Je pensai à cette maison sans mère et m'effondrai dans le canapé, engloutie par un épais nuage de désespoir. Je me détournai lorsque ma tante essaya de me parler encore et de me prendre dans ses bras.

Je ne pus dormir cette nuit-là. J'entendis Emily aller se coucher, et, un peu plus tard, ma tante et mon oncle, à leur tour. Ma porte était ouverte, et ma tante passa la tête dans l'entrebâillement pour me demander si je dormais, en chuchotant. Je retins mon souffle et fis semblant de dormir, ne souhaitant pas parler.

Plongée dans le noir, j'écoutai les craquements de la vieille maison qui s'assoupissait, prête elle aussi à dormir, mais mon esprit refusa de s'apaiser. L'endroit que je considérais autrefois comme ma maison me semblait loin, désormais. J'étais dans cet état intermédiaire entre la veille et le sommeil quand l'image de la maison me vint à l'esprit, et, rêvant à moitié, je me vis y entrer.

Ma mère se trouvait quelque part à l'intérieur, mais, au lieu d'ouvrir la porte de la cuisine, je grimpai l'escalier. Je jetai un œil dans la pièce qui avait été ma chambre et la trouvai froide et nue. Je passai devant la chambre de Pete avec son panneau de sens interdit placardé sur la porte et tout son bazar à l'intérieur.

Enfin, comme je l'avais fait si souvent pendant les mauvais jours de ma mère, je regardai dans la chambre de mes parents, espérant la trouver. Je voyais le lit recouvert de la couverture en crochet que ma mère avait faite, et un foulard de soie posé négligemment sur une chaise, mais la chambre était vide.

C'est en bas que je la trouvai. Ses yeux verts pétillèrent en me souriant, mais, comme je m'approchais d'elle et m'apprêtais à lui parler, son image s'effaça pour être remplacée par celle de mon père.

Grand et beau, je le vis ouvrir ses bras en les tendant vers moi pour que je m'y précipite. Et ce fut sa voix que j'entendis résonner dans ma tête.

— Sally, tu l'aimes, ton papa ? Parce que moi, je t'aime.

J'ouvris les yeux en sursautant. Je savais que je ne voulais pas rentrer chez moi.

— Je ne peux pas rester ici avec toi, tante Janet ? demandai-je dès le matin.

— Non, Sally. Tu as un papa et tu lui manques beaucoup.

Comme ma vie aurait été différente si je lui avais alors dit les choses qu'il me faisait faire. J'aurais grandi dans un foyer aimant où ses actes se seraient réduits à quelques taches sombres dans ma mémoire. Taches que j'aurais peu à peu enfouies dans les profondeurs de mon esprit.

Plus tard, à l'âge de quitter l'école, j'aurais discuté avec des conseillers d'orientation, des professeurs, et me serais formée à un métier qui m'aurait plu.

Ayant connu l'amour d'une famille attentionnée, j'aurais recherché la même chose chez l'homme que j'aurais choisi pour époux.

Mais le silence dans lequel j'allais me murer pendant les prochains jours fit prendre une tout autre direction à ma vie pendant les trois décennies suivantes.

Quelques jours plus tard, ma tante et mon oncle me ramenèrent donc dans une maison, qui, sans ma mère, n'était plus chez moi.

27

À mon arrivée, je découvris un père froid et distant et un grand frère qui, en quelques mois d'absence, était devenu lugubre et renfermé. Billy, qui était encore bébé, nous regardait avec de grands yeux sans rien dire, l'air un peu étonné de nous voir. S'il était trop petit pour comprendre ce qui s'était passé, il était tout de même assez grand pour être malheureux et désorienté par l'absence désormais permanente de sa mère.

Plusieurs jours après mon retour, il me regardait comme s'il ne savait plus du tout qui j'étais. Il ne jouait plus avec ses jouets, et se contentait de les jeter à travers la pièce. Rendu grincheux par le trouble, ce petit garçon autrefois si joyeux ne faisait plus que pleurer de colère et de détresse face à la disparition de sa mère.

Je tentai de le prendre dans mes bras, et sentis son petit corps chaud et moite. Ayant moi-même besoin de réconfort, j'essayai d'en trouver un peu auprès de lui en plongeant mon visage dans ses cheveux humides.

Mais ce n'était pas de mes frêles bras d'enfant qu'il avait envie. Il grimaça et se mit à pousser des cris tellement puissants qu'il était presque impossible de les croire sortis d'un si petit être.

Mais si ma mère lui manquait, il me semblait qu'elle me manquait plus encore et, dès que mon père avait le dos tourné, je fouillais toute la maison pour retrouver ses traces. Je me rendais dans la chambre qu'elle avait partagée avec mon père et me remémorais les fois où je l'avais trouvée couchée là, les couvertures tirées jusque sur sa tête.

Les oreillers situés de son côté du lit avaient été enlevés, et ceux de mon père posés fermement au milieu.

Le couvre-lit qu'elle avait passé tant de temps à faire n'était plus là et avait été remplacé par une couverture d'un gris brun terne.

Voulant toucher quelque chose qui lui avait appartenu, j'avais ouvert le placard, pour découvrir que ses longues jupes flottantes, ses foulards et ses chemisiers colorés avaient tous disparu.

Il ne restait plus que les chemises, les vestes et les costumes de mon père dans la penderie.

La coiffeuse était vide de son maquillage et de tous ses petits bijoux. Même sa brosse à cheveux en argent avait été enlevée.

Dans le salon, des marques pâles sur les murs rappelaient les endroits d'où l'on avait ôté des photos encadrées, et sur la cheminée, là où trônaient auparavant les images du mariage de mes parents, se tenait maintenant une horloge carrée en bois.

Où étaient passés les albums dans lesquels elle avait écrit toutes ces histoires pour moi, les aquarelles qu'elle avait punaisées sur les murs de la cuisine, les images de chiens, de chats, de chevaux, qu'elle avait collées sur le frigo ? La maison entière était vide d'elle.

Dans un premier temps, je me refusai à croire que ma mère ne reviendrait jamais, et je détestai les changements dans la maison, qui me paraissaient nier jusqu'au fait qu'elle ait un jour existé.

— Où est-elle allée ? demandai-je à Pete l'une des rares fois où il était présent à la maison.

Contre toute attente, il s'assit à côté de moi sur le canapé et me prit dans ses bras.

— Elle est morte, Sally. Tu sais ce que ça veut dire, non ? Il y a eu un enterrement. On l'a enterrée, et elle ne reviendra plus jamais.

Soudain, le chagrin le submergea, et je sentis sa poitrine se soulever pendant que de grosses larmes coulaient de ses yeux. Il était secoué de gros sanglots et cacha son visage entre ses mains.

Lorsqu'il releva enfin la tête, je ne le vis plus comme un adolescent maussade, mais comme un garçon malheureux et perdu aux yeux rougis par la peine.

— Mais où sont toutes ses affaires ? lui demandai-je en gémissant.

Il s'essuya le visage du revers de sa manche avant de me répondre.

— Notre salaud de père a tout jeté, dit-il amèrement. Il a dit qu'il ne voulait plus voir tout ça et a emmené toutes ses fringues à l'association caritative du coin. Je n'ose même plus passer devant, de peur de les apercevoir.

Il secouait la tête en parlant, l'air profondément accablé, comme s'il y croyait à peine.

— Il a embarqué toutes ses affaires, pour que même son odeur disparaisse. Tu te rappelles cette odeur ? Celle qu'elle avait avant d'être malade ? J'ai essayé de trouver quelque chose qui l'ait encore, pour pouvoir m'en souvenir toute ma vie. Un jour, je suis rentré dans son armoire, et j'ai refermé la porte derrière moi. Il n'y avait plus rien à elle, mais j'ai senti une petite note qui lui appartenait. Je ne l'oublierai jamais, et tu ne dois pas l'oublier non plus, Sally. Mais lui, il ne parlera plus jamais d'elle. Il fait comme si elle n'avait jamais été là. Je le déteste.

Il se mit alors à pleurer et laissa les larmes se déverser sur son visage. Il essuyait silencieusement ses yeux du revers de la main, mais ils se remplissaient de nouveau pour déborder l'instant d'après, et, perdu dans son chagrin, mon frère sembla avoir oublié que j'étais là.

Ce fut alors à mon tour de le réconforter. Je serrai mon grand frère dans mes bras, et cette douleur partagée fut le premier moment où je me sentis vraiment proche de lui.

28

Le jour suivant, je revins à mon ancienne école. Non seulement je m'étais absentée pendant tout un trimestre, mais les enfants savaient tous que ma mère était morte. Peut-être s'étaient-ils imaginé ce que l'on pouvait ressentir en s'éveillant un matin, pour découvrir que sa propre mère avait disparu. Ou peut-être était-ce juste trop inconfortable pour eux. Quand ils sont trop jeunes pour ressentir de la compassion, une émotion d'adulte, les enfants ressentent seulement de la peur. On avait dû leur dire de ne pas m'embêter et ils se contentèrent de baisser les yeux et de m'ignorer lorsqu'ils me croisaient.

Pendant la récréation, je restais près de l'institutrice. Elle se montra préoccupée par mon cas et même protectrice quand elle prit conscience qu'en dépit de ses recommandations les enfants ne me proposaient pas de me joindre à leurs jeux. Chaque matin, en me réveillant, je désirais ardemment la présence de ma mère et, pendant quelques secondes, je m'attendais à entendre sa voix me dire qu'il était l'heure de se lever, avant que la conscience de son absence définitive ne revienne me frapper de plein fouet. Je m'habillais et descendais prendre mon petit-déjeuner, que Pete avait pris l'habitude de me préparer. Mon frère et moi allions ensuite à l'école ensemble, mais nous échangions peu de mots, et à chaque pas ma tête était pleine de souvenirs de ma mère. Mon père aussi avait changé. Il semblait être en colère et me dit qu'il ne voulait pas que je parle sans cesse de ma mère.

— C'est Dieu qui a choisi de la reprendre, assenait-il avec rigidité.

Je cherchais en vain à retrouver le père qui me disait que j'étais sa petite fille chérie. Non seulement ma mère avait-elle disparu, mais le père qui me disait qu'il m'aimait s'était également évanoui. Devant mes grands-parents ou d'autres personnes, il prenait soin d'avoir l'air d'être resté le même, mais toute son attitude de bon père se volatilisait en même temps que les visiteurs.

C'est moi, alors, qui cherchais à me rapprocher de lui. Je voulais l'entendre me dire qu'il m'aimait, et qu'il remplisse le vide laissé par ma mère. Je n'étais qu'une enfant inconsciente du jeu auquel il se livrait; ce jeu qui consistait à me faire croire que c'était de lui dont j'avais besoin. Jour après jour, il alimenta mon sentiment d'insécurité en me retirant son affection et en me faisant douter de l'amour que ma mère m'avait porté.

— Ta mère buvait pour nous fuir, nous tous, disait-il quand je lui demandais pourquoi elle était morte. Ça prouve bien qu'elle ne t'aimait pas beaucoup, non? Parce que si elle t'avait aimée, elle n'aurait jamais fait ça, et tu aurais encore une maman.

Il me dit une autre chose encore, qui m'effraya terriblement. Il déclara que les services sociaux voulaient nous placer, Billy et moi, dans un foyer. Je devais donc être bien sage et avoir l'air très heureuse lorsqu'ils viendraient nous voir.

— Et à qui la faute, tout ça ? insistait-il. Ta mère, évidemment ! Si elle n'avait pas passé son temps à pleurnicher, à picoler et à végéter dans cet hôpital, ils ne seraient jamais venus surveiller notre façon de vivre. Souviens-toi bien de ça, Sally.

Ce furent les dernières paroles qu'il prononça à son sujet, et je le crus pendant longtemps. Peut-être a-t-il raison, me dis-je quand, pour la première fois depuis mon retour, il m'enlaça en me serrant fort contre lui.

Oubliant les choses horribles qu'il m'avait fait faire avant que je ne parte chez ma tante, je me blottis contre lui. J'avais l'impression que c'était tout ce qu'il me restait dans un monde devenu bien malheureux. Ma grand-mère avait beau faire de son mieux, rien ne pouvait combler le vide que ma mère avait laissé derrière elle.

Quelques semaines après mon retour, il fut instauré que ma grand-mère nous garderait tous les vendredis soirs.

— Votre père travaille dur, dit-elle fièrement, il a besoin de sortir un peu.

La première fois, elle arriva alors que j'étais déjà au lit.

— C'est l'heure du bain, Sally, m'avait dit mon père peu de temps avant.

Même s'il était un peu plus tôt qu'à l'accoutumée, je m'étais docilement rendue à l'étage. À bientôt sept ans, je considérais pourtant être désormais assez grande pour me laver toute seule. J'étais dans mon bain lorsque, sans prévenir, il entra dans la pièce.

— Comme tu grandis, Sally, me dit-il. Tu deviens déjà une petite femme.

J'avais atteint l'âge où l'on est gêné d'être ainsi regardé, et tentai de cacher les parties de mon corps que j'estimai privées à l'aide de mon gant de toilette. Il rit de cette tentative dérisoire et me l'arracha des mains.

— Qu'est-ce tu as, Sally? Tu aimes ton papa, n'est-ce pas?

— Oui, murmurai-je.

— Et tu veux que je t'aime aussi, moi?

— Oui, murmurai-je de nouveau, incapable de le regarder.

Il se pencha et passa un doigt sur mon corps.

— Alors, dans ce cas, tu vas être une gentille petite fille et faire exactement ce que je te demande, d'accord?

Pour la troisième fois, je répondis tout bas:

— Oui.

Il me sortit de l'eau, et je me tendis en me remémorant ce qui s'était passé avant. Ses mains parcouraient mon corps encore trempé.

— Ne bouge pas, m'intima-t-il alors que j'essayais d'attraper une serviette.

Ses mains remontèrent le long de mes jambes, et s'arrêtèrent lorsqu'il entendit la porte s'ouvrir et ma grand-mère l'appeler. Il me lâcha instantanément, m'enveloppa hâtivement dans la serviette et me dit d'enfiler ma chemise de nuit et de me mettre au lit.

— À tout à l'heure, me glissa-t-il en tendant une joue pour que j'y dépose un baiser.

Ma grand-mère me rejoignit ensuite à l'étage pour me lire une histoire et me border avant de dormir. Serrant mon Gonk contre moi, je tombai dans les bras de Morphée.

C'est le son de sa voix disant au revoir à mon père qui m'éveilla. Puis, je l'entendis faire un peu de bruit en bas et monter l'escalier.

Quelques frissons d'appréhension me parcoururent l'échine quand je réalisai que ses pas s'étaient arrêtés devant ma chambre. Je sentis mon ventre se nouer et quelques gouttes de sueur perler sur ma nuque. Je fermai les yeux de toutes mes forces : si je dormais, allait-il partir ? Il ne partit pas.

— Sally, tu es réveillée ? demanda-t-il d'une voix bizarre.

Son intonation était épaisse, mal articulée, et m'effraya davantage encore.

Sans attendre de réponse, il souleva mes couvertures et le lit se pencha sous son poids comme il s'installait près de moi.

— Tu vas être une gentille fille, hein, ma Sally ? dit-il.

Avant que je puisse m'écarter de lui, il me retourna sur le ventre, étouffant ainsi mes cris de protestation dans l'oreiller. Il releva ma chemise de nuit et, comme il l'avait fait peu auparavant, caressa ma peau nue.

Un doigt se glissa entre mes jambes et vint en caresser le creux, tout en haut. Puis la chose dure se frotta contre moi. J'essayais de crier, de lui dire « Non, s'il te plaît, arrête, papa », mais la pression de sa main sur mon cou enfonçait ma tête dans l'oreiller, me réduisant ainsi au silence.

— Ne bouge pas, je ne vais pas te faire mal, me dit-il.

Ses genoux forcèrent mes jambes à s'ouvrir et une main passa sous mon corps pour relever mes fesses. Il poussa alors la chose dure entre mes jambes écartées, et la fit aller et venir contre moi. En se frottant contre le creux en haut de mes jambes, il faisait attention à ne pas la laisser entrer en moi. Je tentai de me débattre, mais son emprise était trop forte et mes bras ridiculement faibles.

Soudain, son corps trembla au-dessus du mien, et je sentis un liquide collant gicler sur mes fesses et sur mes jambes, pendant qu'il grognait de plaisir. Après quoi, il s'allongea sur le dos près de moi et me retourna pour que je le regarde.

J'ouvris la bouche pour pleurer mais ses mains vinrent s'y coller pour m'en empêcher.

— Je croyais que tu allais être une gentille petite fille, me dit-il, sans que je puisse lui répondre. Je fais ça parce que je t'aime, Sally. C'est ça, l'amour, me chuchota-t-il au creux de l'oreille.

C'est à ce moment-là que je commençai à avoir vraiment peur de lui, et, le constatant, il tenta de me rassurer en me persuadant que ce qu'il venait de faire était normal.

— Les papas font toujours ça avec leur petite fille, expliqua-t-il. Et toutes les petites filles le font. Mais c'est un secret, tu ne dois pas en parler. Ça veut dire que tu m'aimes et que tu es ma petite fille chérie. Tu veux que je t'aime, pas vrai ?

J'étais trop choquée et trop jeune pour entrer dans son raisonnement et ne songeai pas à lui demander pourquoi je ne devais pas en parler, s'il était normal que toutes les petites filles le fassent. Déstabilisée par la peur que j'avais ressentie et par la chaleur de sa voix, je restai muette.

— Allez, il est tard. Dors, maintenant, Sally, dit-il en m'embrassant la joue avant de sortir de mon lit pour rejoindre sa chambre.

Je tendis l'oreille pour être sûre qu'il n'allait pas revenir, et lorsque le bruit de ses ronflements satisfaits se fit entendre je me pelotonnai sous mes couvertures et les ramenai par-dessus ma tête, comme j'avais vu ma mère le faire.

Je me mis à pleurer silencieusement, versant les larmes de l'innocence perdue de mon enfance.

29

Tous les soirs, dans mon lit, je redoutais maintenant que mon père ne revienne. Je perdais le sommeil, et les images de ce qu'il m'avait forcée à faire défilaient derrière mes paupières closes comme une bande-annonce télévisée. Les bruits qu'il avait faits résonnaient en permanence à mes oreilles, et j'avais l'impression de retrouver son odeur sur mes draps.

J'essayais d'élaborer une image mentale de ma mère pour remplacer ces pensées, mais en dépit de mes efforts je ne parvenais plus à rien voir – juste un espace vide, là où son image était autrefois présente. Je répétais son nom encore et encore, jusqu'à ce que le mot ne soit plus qu'un son vide de sens. Même le souvenir de sa voix quand elle me racontait des histoires ou qu'elle riait avait disparu. J'avais beau essayer de toute mon âme, je ne parvenais plus à la retrouver. Peut-être était-ce précisément ce que mon frère avait voulu dire en déclarant qu'elle était morte, pensai-je. Morte signifiait donc qu'elle était partie non seulement de la maison, mais aussi de ma tête.

Je tentai d'en parler à Pete sur le chemin de l'école, mais l'émotion qu'il avait manifestée lors de mon retour à la maison était maintenant bien cachée derrière un masque d'impassibilité. Ne trouvant de consolation nulle part, c'est chez ma mamie que je finis par exprimer mes peurs. Je pleurai à chaudes larmes en lui disant que je ne me rappelais plus comment était ma mère physiquement.

— Elle a dit qu'elle pourrait toujours me voir, elle, dis-je à ma grand-mère entre deux sanglots.

— Que veux-tu dire, Sally ? me demanda-t-elle.

— Elle m'a dit qu'elle allait dans un endroit spécial d'où elle pourrait toujours me voir, alors pourquoi je ne peux pas la voir, moi ?

Il me fallut plusieurs tentatives pour lui expliquer l'histoire que ma mère m'avait racontée le soir précédant mon départ chez ma tante.

Ma grand-mère essaya de me dire que ce n'était qu'une histoire, mais je refusai de l'écouter.

— Tante Janet l'a dit aussi ! m'indignai-je.

Face à mes violents sanglots et à ma logique d'enfant, ma grand-mère décida que pour accepter l'idée de la mort de ma mère je devais voir sa tombe.

Le samedi suivant, elle m'y emmena donc. Nous marchâmes main dans la main dans un cimetière presque désert, ce qui me laissa une première impression d'extrême tranquillité. L'épais feuillage de vieux arbres retombait par-dessus les murs de pierre sèche, semblant atténuer les bruits de l'intense circulation alentour, et les rares personnes qui cheminaient entre les tombes paraissaient parler d'une voix étouffée.

Ma grand-mère essaya de me parler un peu de l'histoire de ce cimetière en me montrant de vieilles pierres tombales dont les inscriptions avaient été rongées par le temps. Elle m'expliqua que les premières devant lesquelles nous étions passées étaient vieilles de plusieurs siècles, et que des générations entières de familles ayant habité la région reposaient là. De petits sentiers couverts de mousse nous amenaient entre les tombes mais, en dépit de la conversation que ma grand-mère me faisait, la taille du cimetière et toutes ces pierres tombales pâles comme autant de dents branlantes dans la bouche d'un vieillard me troublèrent profondément et je resserrai nerveusement mon étreinte sur sa main.

La tombe de ma mère se trouvait tout au fond du cimetière. Il était encore trop tôt pour que la pierre tombale ait été mise en place, et je ne vis qu'un monticule de terre fraîchement remuée avec un vase de fleurs fraîches à l'endroit où la stèle serait posée.

— Ton père la fera installer lorsque la terre se sera tassée, me dit-elle lorsque je lui demandai pourquoi sa tombe n'en possédait pas. Elle est là, Sally, essaya-t-elle de m'expliquer, mais c'est seulement son corps qui repose ici. Son âme est montée au paradis.

J'étais trop jeune pour comprendre ce qu'elle me disait. Le paradis, c'était sûrement un bel endroit, au-dessus du ciel? Un peu comme ces images que j'avais vues au catéchisme? Je me souvenais notamment d'un vieil homme à l'air bienveillant, avec une longue barbe blanche et un halo doré autour de la tête. À ses pieds s'agenouillaient des anges aux cheveux blonds et bouclés qui relevaient la tête pour le regarder avec un air d'adoration. Voilà donc à quoi ressemblait le paradis : un lieu où personne n'était malheureux et où les êtres vivaient en harmonie. L'image était teintée d'une chaude lumière jaune. Rien à voir avec ce cimetière froid et silencieux plein de morts invisibles.

Devant mon regard perplexe, ma grand-mère tenta de nouveau de m'expliquer que l'âme de ma mère était au paradis, et que, oui, c'était exactement tel que je l'imaginais, et, oui, ma mère pouvait me voir. Malgré tout, je ne parvenais pas à comprendre ce concept.

Nous quittâmes le cimetière et mamie m'emmena chez elle. Mes questions lui avaient fait comprendre que je pensais que ma mère était morte à cause d'un excès d'alcool, et que je commençais à croire que son décès était peut-être de ma faute car elle ne m'aurait pas suffisamment aimée pour avoir envie de rester.

Sachant qu'il était très important pour moi de comprendre que ma mère ne s'était pas suicidée, elle essaya de m'expliquer la maladie qui l'avait tuée.

Elle me fit asseoir dans sa cuisine, me versa un verre de lait et prit mes mains entre les siennes pour être sûre de capter toute mon attention.

— Sally, ta maman avait des problèmes, c'est un fait, dit-elle, mais elle vous aimait énormément, toi et tes frères. Je sais qu'elle buvait, et, à l'âge que tu as maintenant, tu le sais aussi. Mais ce n'est ni l'alcool ni la dépression qui l'ont tuée. C'est une terrible maladie qu'on appelle le cancer.

Voyant que j'avais encore besoin d'être convaincue, elle finit par me dire :

— Viens, je vais te montrer quelque chose que j'ai gardé pour toi et Pete. Je pensais te le montrer quand tu serais un peu plus grande, mais je crois que tu as besoin de le voir maintenant.

Elle me tendit alors les albums photos de ma mère.

— Je les ai pris dans la maison quand ton père a dit qu'il voulait s'en débarrasser, et je les ai mis de côté pour vous. Il est très important que vous puissiez les voir.

Je sentis confusément la difficulté pour elle de cet aveu, qui la mettait en porte-à-faux vis-à-vis de son fils.

Ma grand-mère me laissa alors seule dans la cuisine, les albums étalés devant moi sur la table. Je tournai la couverture rouge vif du premier, et, au fil des pages, retrouvai enfin ma mère.

Au commencement se trouvaient des photos d'elle très jeune, quasiment à mon âge, mais on l'y reconnaissait pourtant sans l'ombre d'un doute. L'une d'entre elles la montrait en maillot de bain, allongée sur une plage et souriant à l'appareil. D'autres avaient été prises en compagnie de ma tante Janet, montrant les deux sœurs mangeant de la barbe à papa, l'air insouciant. Je me demandai qui avait pris ces photos.

Je passai rapidement sur les pages qui contenaient des photos avec mon père. On y voyait mes parents, la main de mon père posée sur l'épaule de ma mère tandis qu'elle le regardait avec un sourire plein d'amour et de bonheur. Cette image m'attrista quelque peu car ce regard, que je ne lui avais jamais vu semblait lui avoir été exclusivement réservé. J'en découvris ensuite une où elle était dans un parc. Elle portait un pantalon coupé juste sous les genoux et une chemise sans manches, avec à ses côtés un petit garçon que je reconnus comme étant Pete.

En tournant les pages, j'arrivai à une photo où, encore bébé, je lui tenais la main, et à une autre dont je me souvenais que Pete l'avait prise un jour où nous étions tous allés au parc. C'était pendant les vacances d'été, juste avant la naissance de Billy.

Ce jour-là, elle avait préparé sandwiches et boissons, et nous avions lézardé au soleil tout l'après-midi.

L'une après l'autre, je touchais les photos de mes doigts, comme si ma mère pouvait en sortir, pour peu que je m'en donne la peine. Et en même temps que j'y imprimais l'empreinte de mes doigts, ces images perdues d'elle s'imprimèrent de nouveau dans mon esprit. Je savais que sans elles le visage de ma mère se serait totalement effacé de ma mémoire, comme cela s'était passé la nuit dernière, lorsque je l'avais cherchée pour ne plus voir qu'un espace vide à sa place. Ma préférée était une photo où ma mère posait debout, seule, et je la contemplai longuement. Elle portait une robe d'été vaporeuse, et l'une de ses mains retenait une mèche de cheveux que le vent faisait voler vers son visage. Le cliché était en noir et blanc, mais sa blondeur ressortait clairement. Je remarquai que sa peau éclatait de santé et que sa bouche entrouverte laissait apparaître ses dents blanches et régulières.

— Je peux prendre celle-là? demandai-je à ma grand-mère lorsqu'elle revint dans la pièce.

— Je vais plutôt te la garder ici, Sally, comme ça, elle ne risquera pas d'être abîmée, dit-elle. Et quand tu voudras venir les regarder, elles seront toutes là pour toi. Tu peux venir les voir n'importe quand, d'accord? Maintenant, tu sais que ta mère sera toujours vivante dans tes souvenirs et dans ceux de Pete, n'est-ce pas? Elle fera toujours partie de toi.

Pour la première fois de la journée, je compris ce qu'elle voulait dire, et, un peu dépassée par les émotions que je venais de ressentir devant l'album photo, je me contentai d'acquiescer.

Je ne remarquai pas qu'elle n'avait jamais parlé de son fils, à aucun moment de notre échange.

— J'ai également toutes les photos du mariage, ajouta-t-elle.

Mais celles-là ne m'intéressaient aucunement.

— Tu as ses autres albums? demandai-je en pensant aux heures que ma mère et moi avions passé à coller les petits dessins qu'elle me faisait, et à toutes les feuilles où elle avait écrit les histoires qu'elle m'inventait.

— Non, répondit-elle.

Je ne l'interrogeai pas sur ce que mon père en avait fait: d'instinct, je préférai ne pas le savoir.

— Sally, me dit ma grand-mère en me ramenant chez moi, si tu as envie de parler de ta mère, viens me voir. Ton père n'est pas encore prêt pour ça.

Je m'abstins de lui dire que les seuls mots que mon père avait jamais prononcés sur le compte de ma mère étaient si douloureux que je ne voulais plus jamais l'entendre en parler.

30

Notre maison était un endroit froid et sinistre. Pete passait tout le temps qu'il pouvait chez ses copains et, six soirs par semaine, mon père m'ignorait presque totalement. Du samedi matin au vendredi suivant, il ne rentrait dans ma chambre ni pour me dire bonne nuit ni pour me toucher de la façon que je détestais tant. J'avais presque l'impression qu'il me punissait des actes que lui-même perpétrait sur moi. J'allais à l'école avec Pete, et en fin d'après-midi je me rendais chez ma grand-mère où je restais jusqu'à ce que mon père vienne me chercher en sortant du travail. Il ne me parla jamais de ce qui s'était passé ce vendredi soir après le départ de ma grand-mère. Il se contentait de me faire à manger, puis j'avais le droit de monter prendre un bain et d'aller me coucher.

Le dimanche se déroulait toujours de la même façon : d'abord le catéchisme puis la messe et déjeuner chez mamie. Le samedi, je m'amusais seule dans le jardin pendant la journée, et en début de soirée ma grand-mère nous faisait une livraison de produits frais et supervisait mon bain. Après quoi, elle sortait les vêtements qu'elle venait de laver et de repasser, et les rangeait précautionneusement pour que je n'aie plus qu'à les enfiler avant de me rendre au catéchisme le lendemain. Avant de me border, elle écoutait mes prières puis me lisait un court passage de la Bible.

Je redoutais terriblement les vendredis soirs. Pete restait souvent dormir chez des amis, et mon père prit rapidement l'habitude de sortir ce soir-là. Terrorisée à la pensée de son retour, j'enfouissais ma tête sous les couvertures en entendant ma grand-mère prendre congé et la porte se refermer derrière elle. Je commençais alors à prier que cette fois mon père se rende directement à sa chambre, mais ce n'était jamais le cas. J'avais beau faire semblant de dormir, me dissimuler sous les draps ou protester ouvertement, son poids venait toujours faire pencher mon lit comme il se glissait près de moi. Mes narines étaient saturées de relents de bière et de sueur puis, une fois la chose faite, il me laissait seule avec la douleur de cette violence.

Pendant cette période, il prenait soin de ne pas me pénétrer, mais je n'en souffrais pas moins pour autant.

C'est l'un de ces soirs qu'il rentra à la maison avec un chiot. Ce vendredi, ma grand-mère avait fait elle-même le déplacement pour me ramener de l'école à la maison.

— Allons, Sally, arrête de lambiner ! Ton père a été retenu au travail, me dit-elle lorsque je lui demandai pourquoi il ne venait pas me chercher.

Interprétant mon expression maussade comme de la déception vis-à-vis de son absence, elle se hâta de me rassurer :

— Ne t'inquiète pas, ma puce, il sera rentré pour dîner. Et je resterai avec vous comme d'habitude, ce soir – c'est le week-end, tu sais.

Dès notre arrivée à la maison, ma grand-mère s'affaira à préparer le repas du soir.

— Une bonne soupe maison et ton plat préféré, des toasts au fromage ! m'annonça-t-elle joyeusement.

J'entendis le bruit de sa voiture qui se garait, puis des pas dans l'allée, et la porte s'ouvrit. Et là, au lieu du père froid et distant que je m'étais habituée à attendre, c'est celui dont je me souvenais à l'époque où ma mère vivait qui entra : le père qui m'adressait un vrai sourire, rien que pour moi.

— Coucou Sally, dit-il en entrant dans la cuisine. Regarde un peu ce que papa t'a ramené. Je vis alors une petite tête blanche surgir de sa veste. Il la déboutonna, et, bouche bée, je compris que cette petite tête était celle d'un chiot.

— Tiens, prends-la, elle est à toi.

On me plaça une petite boule de poils blancs entre les bras. Je vis un bouton noir brillant à la place du nez, une paire d'yeux marron plonger dans les miens, et sentis une langue chaude et mouillée me lécher la joue avec enthousiasme, comme pour me signifier que j'étais bien sa nouvelle maîtresse. Avec ce sentiment maternel qu'ont les jeunes enfants pour les chiots ou les chatons, je l'entourai affectueusement de mes bras protecteurs.

— Elle est pour moi ? demandai-je, incrédule.

Mon père se mit à rire.

— Mais oui, Sally, elle est à toi. Ta grand-mère et moi avons pensé que tu aimerais peut-être t'occuper de quelqu'un, ajouta-t-il en arborant toujours ce grand sourire de vrai papa. C'est un caniche nain, et comme elle t'appartient, c'est à toi de lui donner un nom.

— Elle est belle…

J'étais submergée de joie à l'idée que cette adorable petite créature m'appartienne, à moi toute seule. En cet instant, j'oubliai tout ce qui s'était passé et retrouvai le père que j'avais aimé. Les coins de la bouche de ma grand-mère se relevèrent jusqu'à ses oreilles et, en voyant son visage se craqueler de plaisir, je compris qu'elle savait déjà très bien pourquoi mon père allait être en retard. Dès que le petit chien s'échappa de mes bras, mamie s'empressa de s'occuper de lui, sortant les récipients et la nourriture pour chiots qu'elle avait emportés en cachette. Un bol fut rempli d'eau, et l'autre de petits biscuits et de viande en boîte.

— Ce sera ton travail, maintenant, Sally, me dit-elle. Elle doit être nourrie trois fois par jour jusqu'à ce qu'elle soit grande. Et une fois qu'elle aura eu tous ses vaccins et qu'elle pourra aller plus loin que le jardin, c'est toi qui devras l'emmener se promener. Ton papa est trop occupé pour la sortir et lui apprendre à devenir propre.

On étala du papier journal en m'expliquant que je devrais l'emmener au jardin pour qu'elle y fasse ses besoins, plutôt qu'à l'intérieur.

Après le dîner, mon père regarda sa montre et déclara qu'il sortait dans quelques minutes.

— Viens là, Sally, dit-il. Tu dormiras déjà quand je rentrerai.

Je pris le chiot dans mes bras et m'approchai de lui. Il m'enlaça et me rapprocha de lui.

— Viens sur mes genoux, dit-il, toujours avec cette même voix de l'ancien papa attentionné. Tu n'es pas encore trop grande pour ça, hein ?

Toujours bouleversée par mon cadeau, lové entre mes bras, j'obéis.

— Un petit bisou à ton papa, quand même ? demanda-t-il.

— Oui, Sally, dis merci à ton père, m'exhorta ma grand-mère.

Disciplinée, je tendis les lèvres et embrassai sa joue.

— Comment vas-tu l'appeler ?

Je songeai à la fois où ma mère et moi avions regardé une jolie chanteuse de musique country à la télévision, et comme elle aimait fredonner ses chansons quand elle passait ensuite la cassette ou l'entendait à la radio.

— Dolly, répondis-je.

Mon père caressa doucement mes genoux et ses doigts firent le tour du haut de mes chaussettes blanches.

— Eh bien, elle sera ton porte-bonheur maintenant, qu'est-ce que tu en penses ? dit-il.

Ma grand-mère sourit de contentement devant ce spectacle attendrissant – un père et sa fille qui s'aimaient tendrement.

— Dolly est mon cadeau pour te récompenser d'être une aussi gentille petite fille, me murmura-t-il à l'oreille.

Il m'adressa alors un sourire de connivence, et d'une certaine manière, je sentis que le cadeau du petit chien m'enfonçait un peu plus dans la complicité qu'il tentait d'instaurer entre nous, afin de s'assurer que notre secret reste bien gardé. Le soir venu, je confectionnai un petit lit à Dolly avec une vieille couverture, et elle se blottit contre moi pendant que je l'entourais d'un bras, redoutant l'heure du retour de mon père.

Je m'éveillai en l'entendant se faufiler dans ma chambre, et sentis qu'on m'enlevait la chaleur réconfortante de Dolly. Il la posa par terre avec sa couverture, et, malgré son jeune âge, elle sut qu'elle devait rester là.

Puis je sentis sa masse emplir mon lit.

— Il est temps de remercier vraiment ton papa, Sally, dit-il.

Ses mains remontèrent le long de mes jambes et sa salive vint mouiller mon menton tandis qu'il tentait de fourrer sa grosse langue entre mes lèvres pincées. Lorsque j'entendis enfin ses grognements de satisfaction et sentis son corps se détendre, il sortit de mon lit et se tint debout près de moi. Sa voix redevint alors celle d'un papa et me souhaita bonne nuit, puis il quitta ma chambre.

Cette nuit-là, mes larmes inondèrent le pelage de Dolly lorsque je la repris pour l'installer près de moi. Sa petite langue essayait bien de les attraper lorsqu'elles coulaient sur mon visage, mais il y en avait bien trop pour elle.

31

Le lundi qui suivit l'arrivée de Dolly, mon père m'annonça que nous allions recevoir la visite des services sociaux.

— Tu sais ce que cherche cette femme, n'est-ce pas Sally ? me demanda-t-il.

Sans me laisser le temps de répondre, il répéta la menace habituelle, qui avait toujours le pouvoir de me terrifier même si je l'avais déjà entendue trois fois auparavant sans que rien ne se passe.

— Elle veut toujours vous emmener dans un foyer, toi et Billy. Tu te rappelles ce que ça signifie ?

Je le regardai, l'œil hagard, tandis qu'un sentiment de panique s'emparait de nouveau de moi.

— Je t'ai déjà expliqué ce qui se passerait si elle faisait ça, Sally. Tu n'as pas oublié, j'espère. Ça veut dire que tu ne reverrais plus jamais ta mamie, Pete ou moi. Et tu n'aurais pas non plus le droit d'avoir un animal, alors il faudrait dire adieu à Dolly. Tu n'as pas envie de ça, n'est-ce pas ?

Cela ne faisait que quelques jours que je l'avais, mais j'aimais déjà follement mon petit chien, et l'idée de le perdre m'était insupportable. Je la pris dans mes bras et la serrai contre moi.

— Non ! S'il te plaît, papa, ne les laisse pas faire ça !

— D'accord, à condition que tu leur dises que tu es heureuse à la maison et qu'on ne te laisse jamais toute seule. Et pas la peine d'en dire plus. Tu as bien compris, Sally ?

J'avais compris. Je savais qu'il ne voulait pas que je parle du secret.

— Donc, tu vas être gentille et continuer à faire tout ce que mamie et moi te demandons, d'accord ? demanda-t-il avec anxiété.

— Oui, répondis-je en contemplant l'adorable tête de Dolly, qui me regardait.

Pete entra alors dans la pièce, et mon père ne me dit rien de plus. Mon frère fut informé du fait que nous allions recevoir une nouvelle visite de l'assistante sociale et qu'il devait lui aussi être présent lorsqu'elle viendrait.

— Elle ne te demandera pas grand-chose. Tu auras bientôt quitté l'école, de toute façon, mais ça donne une bonne impression si elle voit que nous avons toujours une vie de famille.

Pete se contenta d'un « OK » maussade et me dit qu'il était temps d'aller à l'école.

Toute la journée je m'inquiétai de la visite imminente. Comme mon père me l'avait décrit nombre de fois, je croyais qu'un foyer pour orphelins était un immense endroit sinistre avec des rangées de lits étroits et une surveillante autoritaire pour faire régner l'ordre. Les enfants n'y avaient pas le droit de jouer ou de parler et étaient obligés de travailler avant et après l'école, d'astiquer les sols ou de s'acquitter d'autres tâches ingrates. Ils ne revoyaient plus jamais leur famille. Lorsqu'ils étaient en âge de travailler, on les envoyait comme domestiques dans de grandes demeures où ils dormaient dans des greniers froids et délabrés. Et moi qui étais déjà à moitié orpheline !

La visite de ce soir-là fut semblable à la précédente. Ma grand-mère arriva à la maison avec Billy et moi tirés à quatre épingles et Pete rentra scrupuleusement dès sa sortie de l'école et installa ses livres sur la table. L'assistante sociale me parla d'abord de Dolly.

Elle dit qu'elle voyait bien à quel point je l'aimais, et, sans réfléchir, je lui confiai qu'il m'incombait de la nourrir et de la sortir pour sa promenade. Puis je me souvins que mon père m'avait dit que si je partais dans un foyer je n'aurais pas le droit de la garder, et je redevins muette en regardant l'assistante d'un œil méfiant.

Elle me demanda ensuite comment se passait l'école pour moi, et enchaîna sur ce que j'aimais le plus faire, comment je m'occupais le soir, à quelle fréquence je voyais ma grand-mère et combien de temps Billy et moi passions avec elle. Mais son principal souci était de savoir si je restais parfois seule à la maison. Je déclarai que j'étais heureuse à l'école, que j'aimais aller chez ma mamie, et que, non, rien ne m'embêtait dans la vie que je menais.

Je me contentai de dire exactement ce que mon père m'avait demandé. À son tour, il expliqua que sa mère et sa sœur s'occupaient à plein temps du bébé et que je restais chez mamie jusqu'à ce qu'il rentre du travail.

Au bout d'une heure, l'assistante sociale s'en alla. Tout en rassemblant ses affaires, elle me dit qu'elle était heureuse de me voir si épanouie.

Elle ajouta que ce serait là sa dernière visite car elle n'avait plus besoin de me voir, à moins que quelque chose d'important ne se produise un jour.

— Bravo Sally, tu as été parfaite, me dit mon père après son départ.

Je ne savais alors pas que ce que je redoutais le plus allait se produire. Qu'en l'espace d'un an, j'allais être arrachée à tout ce qui m'était familier et qu'une fois encore ma vie allait basculer, pour le pire.

32

Une fois la crainte d'un placement par les services sociaux écartée, mon père trouva un nouveau stratagème pour intimider l'enfant de sept ans que j'étais alors.

Une fois encore, il savait que celui-ci lui garantirait mon silence. Il me parla du paradis, en me disant que si j'étais gentille tout au long de ma vie, je pourrais un jour y aller moi aussi et y retrouver ma mère.

— Qu'as-tu appris au catéchisme ce matin ? me demanda-t-il gentiment l'après-midi où il mit son plan en œuvre.

Agréablement surprise de son intérêt, je lui racontai l'une des histoires que l'enseignante nous avait lue.

— T'a-t-elle aussi parlé du ciel et du fait que seules les bonnes personnes peuvent y monter ?

— Oui, lui répondis-je, même si je n'étais pas encore très sûre du moyen d'y parvenir.

— Tu sais que ta mère y est, n'est-ce pas ?

— Oui, papa.

— Et ta grand-mère a dû te dire qu'un jour, dans bien longtemps, tu la retrouveras là-bas, c'est bien ça ?

Je me souvenais que ma grand-mère m'avait parlé du paradis et du fait que ma mère serait toujours vivante dans mon souvenir, mais pas que je la retrouverais. Me voyant perplexe, il expliqua que lorsque nous mourions toutes les bonnes personnes montaient au ciel. C'était bien ce que l'on avait dû me dire au catéchisme ? me demanda-t-il. Je le lui confirmai.

— Bien. Maintenant, sais-tu ce que veut dire être une bonne personne ?

Je réfléchis avec angoisse à quelle faute j'avais pu commettre, et n'en trouvai aucune. Sans attendre ma réponse, mon père continua.

— Cela signifie obéir aux dix commandements. Tu les as appris au catéchisme ?

Désireuse de lui plaire, je répondis prudemment :

— Oui.

— Cite-m'en quelques-uns, ordonna-t-il.

Je lui dis que je me rappelais qu'il ne fallait pas mentir ou voler, mais c'est tout ce qui me revint en mémoire.

— Écoute bien, dit-il alors en ouvrant sa Bible à une page déjà marquée. Voilà ce que dit la Bible, Sally.

Il commença à lire d'une voix lente et forte, un peu comme le pasteur quand il déclamait son sermon le dimanche.

— « Tu honoreras ton père et ta mère ».

Dans un geste théâtral et triomphant, il referma alors la Bible d'un coup sec.

— Cela signifie que tu dois te plier à tout ce que je te demande de faire, Sally. Si tu ne le fais pas, tu iras droit en enfer lorsque tu mourras.

Je ne savais pas vraiment ce que ce mot signifiait, mais il avait déjà été prononcé dans un sermon à l'église, et j'avais compris que personne ne souhaitait se retrouver dans cet endroit. Mon père se chargea de me détailler l'horreur qui y régnait. Il me parla du diable, des flammes et affirma que les âmes qui y étaient envoyées passaient l'éternité dans la douleur et les supplices.

— Et si tu étais envoyée là-bas à cause de ta mauvaise conduite, poursuivit-il en ignorant les larmes qui coulaient de mes yeux écarquillés par l'horreur, tu ne reverrais jamais ta mère. Comprends-tu maintenant pourquoi tu dois obéir à ce commandement ?

Bouleversée par la monstruosité des images qu'il venait d'instiller dans mon esprit, j'éclatai bruyamment en sanglots. Mais quand mes larmes cessèrent de couler, ces pensées s'enracinèrent profondément en moi, et pour très longtemps.

Des pensées qui allaient assurer mon silence jusqu'à ce que je croie que, de toute façon, il était trop tard pour divulguer ce qu'il avait fait.

J'avais oublié que, lorsque ma mère avait avalé des médicaments, il avait déclaré qu'elle avait commis un péché mortel et qu'à cause de ce geste, elle pourrirait à jamais en enfer.

33

Ma vie était désormais bien réglée : école, église, et promenade avec Dolly, cette dernière habitude étant la seule à me procurer du plaisir.

Équipé de son collier rouge et de sa laisse, le petit chien blanc trottait à mes côtés, relevant la tête vers moi interrogativement dès que je m'arrêtais.

Je passais devant des garçons de l'âge de Pete portant des jeans serrés déformés aux genoux, aux cheveux longs et gras, qui traînaient dans les rues en fumant des cigarettes et nous ignoraient consciencieusement. Les filles, en revanche, avec leurs minijupes révélant leurs jambes pâles et rondelettes, perchées sur des chaussures à semelle compensée, ne manquaient pas d'admirer Dolly à notre passage. Leurs visages qu'elles maquillaient lourdement pour tenter de paraître plus âgés, s'illuminaient toujours d'un large sourire à la vue de ma petite boule de poils blanche.

— Qu'est-ce qu'elle est mignonne ! Comment s'appelle-t-elle ? demandaient-elles avant de se pencher pour la caresser, oubliant d'un coup toutes leurs poses sophistiquées.

Fière de l'attention suscitée par Dolly, je prenais grand plaisir à leur répondre.

Après sa troublante conversation avec moi au sujet du paradis, mon père me témoigna peu d'attention et continua à agir comme si les visites nocturnes désormais régulières dans ma chambre n'avaient jamais eu lieu.

Angoissée à l'idée que l'assistante sociale puisse revenir me chercher et que mon père vienne dans ma chambre la prochaine fois que Pete resterait chez un ami, mon sommeil était perturbé par de fréquents cauchemars.

Je rêvais notamment d'une immense maison ancienne pleine de coins et de recoins où des enfants vêtus de blanc erraient dans les pièces sombres et vides comme autant de petits fantômes. Ces silhouettes m'appelaient en silence et me fixaient, mais quand je les regardais à mon tour il n'y avait qu'un cercle noir et vide à la place de leur visage. Dans d'autres rêves, je tombais et sentais mon corps basculer irrésistiblement vers des horreurs inconnues, et le vent me fouettait à mesure que je me rapprochais du sol. Je me réveillais en sursaut, trempée de sueur.

Le cœur battant, je craignais de me rendormir et de devoir à nouveau affronter les créatures de mes rêves. Je scrutais l'obscurité, redoutant que quelque chose ne soit tapi dans un coin, puis je prenais Dolly contre moi et finissais par retomber dans un sommeil agité.

Ma grand-mère vit les stigmates de ces nuits difficiles dans les cernes que j'avais sous les yeux et me demanda si quelque chose n'allait pas. Mais ma peur de l'assistante sociale, ajoutée à celle de Dieu qui voyait et entendait tout, assura mon silence.

Les soirs de week-ends, c'est toujours avec beaucoup de réticence que j'allais me coucher et je suggérais souvent à mamie que nous restions dormir chez elle plutôt qu'elle ne vienne nous garder. Plus tard, le soir, lorsque j'entendais la porte d'entrée s'ouvrir et mon père lui dire au revoir, la boule que j'avais dans l'estomac se transformait en nausée et en panique. Tandis que j'entendais le bruit de ses pas dans l'escalier, mes paumes devenaient moites, et je serrais Dolly contre moi. Elle semblait avoir conscience de ma peur et savoir qu'elle serait éjectée du lit dès qu'il entrerait. Au lieu de se blottir contre moi, comme elle le faisait toujours quand un cauchemar me réveillait, elle se tortillait alors pour se dégager et se rendait d'elle-même dans le panier posé par terre avant qu'il n'arrive dans la chambre.

C'est peu de temps après la leçon de mon père sur l'enfer et le paradis que je fis ma première crise d'asthme. Elle se déclencha à l'école, un jeudi après-midi où je redoutais particulièrement les événements du lendemain.

Nous étions en cours d'orthographe et, le soir précédent, j'avais laborieusement appris les dix mots imposés par la maîtresse. Mais, en dépit de ma conviction de les avoir bien mémorisés, j'étais également convaincue d'avoir oublié leur orthographe maintenant que j'étais en classe. L'une après l'autre, les mains de mes camarades se levèrent pour épeler les mots que l'institutrice demandait, et chaque fois que l'orthographe était juste, ils recevaient ses félicitations. Les yeux baissés sur mon bureau, je me contentai d'espérer qu'elle ne remarque pas que ma main ne s'était pas levée une seule fois. Et si elle me demandait d'épeler l'un des mots qu'il restait ? Et si j'en avais oublié l'orthographe ?

Soudain, je ressentis une sorte de pression dans la poitrine, un peu comme si on m'entourait d'un gros élastique en serrant de plus en plus fort. J'eus l'impression que ma gorge se refermait et me mis à tousser pour tenter de déloger ce qui pouvait provoquer cette sensation.

Mais ma toux était complètement sèche, et la pression augmentait. Paniquée, je cherchai l'institutrice du regard et ouvris la bouche pour parler, mais à mon grand désespoir seuls quelques sons secs et sifflants en sortirent. J'avais conscience que les autres enfants s'étaient retournés vers moi et me regardaient bizarrement, mais j'avais trop peur de ce qui m'arrivait pour m'en soucier. Dans ma frayeur, je parvins à entendre la voix impatiente de la maîtresse :

— Sally, qu'est-ce que tu fabriques ? demanda-t-elle.

Je ne pus que lui adresser un regard éploré.

— Allons, arrête donc de retenir ta respiration !

Mais j'en étais bien incapable.

Je portai mes mains à mon cou pendant que ma poitrine se soulevait et que des gouttes de sueur commençaient à perler à mon front.

L'expression de l'institutrice passa de l'agacement à l'inquiétude lorsqu'elle réalisa enfin que je luttais désespérément pour respirer et elle se rua vers moi.

— Va vite chercher la directrice dans la classe d'à côté, ordonna-t-elle à un élève d'une voix pleine d'angoisse.

Il y eut de nouveaux bruits de pas précipités et la voix autoritaire de la directrice se fit entendre.

— Elle fait une crise d'asthme ! Vous ne voyez pas que ses lèvres sont en train de devenir bleues ?

D'autres mots, comme « ambulance » et « hôpital », flottèrent autour de moi.

Un bras passa autour de mes épaules et l'on me posa un sac en papier sur le nez et la bouche.

— Essaie de respirer là-dedans, Sally, ça va t'aider.

Je luttais toujours. Des taches noires commençaient à danser devant mes yeux et, terrifiée, j'agrippai sa main de toutes mes forces. J'entendis ensuite le murmure des autres élèves que l'on faisait quitter la classe. Puis il n'y eut plus que le bruit de mes sifflements et la voix de la directrice, qui tentait de m'apaiser. Elle parlait sans cesse, très doucement, m'expliquant que je faisais une crise d'asthme et que je devais continuer d'essayer de respirer dans le sac. Une ambulance était en route, tout allait bien se passer et elle m'accompagnerait à l'hôpital.

— M. Peterson, me dit-elle – c'était un des instituteurs –, est parti avec sa voiture chercher ta grand-mère et il l'emmènera directement à l'hôpital pour qu'elle y soit presque en même temps que toi.

Ces quelques mots me rassurèrent un peu.

L'ambulance me parut mettre beaucoup de temps à arriver, mais en réalité il ne fallut probablement que quelques minutes pour que la sirène retentisse dans la cour de l'école. Une voix d'homme déclara ensuite qu'ils allaient poser un masque sur mon nez et ma bouche, et que je ne devais pas en avoir peur car l'air qui se trouvait à l'intérieur allait m'aider à respirer.

— Ce sont juste les muscles de ta poitrine qui se sont resserrés. Je sais que c'est très effrayant, mais le masque va t'aider à prendre de l'oxygène. Je sais bien que tu ne peux pas parler, Sally, mais essaie juste de me faire un petit signe de tête si tu comprends ce que je dis.

Rassurée par sa voix, je fis ce qu'il m'indiquait. On me posa le masque sur le visage et, presque instantanément, je sentis le soulagement de l'air frais atteignant mes poumons comprimés.

On m'installa précautionneusement sur un brancard avant de me recouvrir d'une couverture puis j'entendis le même homme me dire que le trajet ne serait pas long. Le brancard fut soulevé et l'on me fit entrer dans l'ambulance.

La directrice de l'école monta avec moi et me tint la main pendant que le véhicule démarrait.

La panique que j'avais ressentie s'estompa, et c'est à peine consciente que j'arrivai aux urgences. Je sentis une aiguille me piquer et une main fraîche dégager les cheveux de mon visage puis on me transféra du brancard à un lit et l'on me remit un masque sur le visage.

La directrice, qui n'avait plus rien de la femme sévère que je connaissais, me tenait toujours la main et me parlait d'un ton réconfortant, m'assurant que ma grand-mère allait arriver bientôt.

Lorsque mamie arriva, elle était accompagnée de l'infirmière en chef, qui lui avait expliqué la situation. Malgré son sourire, je lus l'inquiétude sur son visage.

— Eh bien, tu nous as fait une belle frayeur, Sally, dit-elle en se penchant au-dessus de moi. Mais tout va bien maintenant.

Quand l'infirmière ôta le masque de mon visage, j'avais la nausée et une forte envie de dormir. Je souris faiblement à mamie mais n'avais qu'une envie : fermer les yeux, me recroqueviller et dormir, pour que tout le monde me laisse tranquille.

— L'infirmière dit que tu vas rester ici cette nuit, Sally, juste pour s'assurer que tu vas bien. Après, je viendrai te chercher et je te ramènerai à la maison, me dit ma grand-mère avant que mes yeux ne se ferment et que le sommeil ne m'emporte.

Un peu plus tard, après qu'une infirmière m'ait réveillée en m'apportant un plateau-repas, un docteur vint me voir. Il me demanda comment je me sentais et posa ses doigts sur mon poignet pour prendre mon pouls. Puis il plaça son stéthoscope contre ma poitrine pour écouter mes poumons et les battements de mon cœur.

— Je sais qu'une telle crise d'asthme est très effrayante, Sally, me dit-il, mais l'infirmière va te montrer quoi faire si cela se reproduit. Tu n'as pas à t'inquiéter.

J'entendis alors l'infirmière lui dire tout bas que ma mère était morte récemment.

— Pauvre petite, soupira le docteur. Pas étonnant qu'elle se mette à faire de l'asthme.

Ma grand-mère leur parla aussi de mon eczéma, qui s'était certes amélioré depuis l'intervention de ma tante, mais qui me reprenait encore régulièrement.

— Les enfants qui en ont développent souvent de l'asthme en parallèle. La plupart du temps, tout cela s'estompe à l'âge adulte, lui dit-il.

Le lendemain, l'infirmière que j'avais vue à mon arrivée vint s'asseoir au bout de mon lit et me montra comment me servir d'un inhalateur.

— C'est une crise d'asthme que tu as eue, Sally. Tu sais ce que c'est ?

J'avais entendu ce mot un nombre incalculable de fois depuis les dernières vingt-quatre heures mais je ne savais toujours pas ce qu'il voulait vraiment dire.

Voyant à mon visage que je ne comprenais pas ce qui m'était arrivé, elle m'expliqua les choses aussi simplement que possible :

— Ça peut se produire parfois, quand quelque chose t'inquiète ou si le temps est humide. Les muscles de ta poitrine se contractent et tu n'arrives plus à inspirer suffisamment d'air pour respirer convenablement. Alors, dis-moi, est-ce que quelque chose de particulier t'a embêtée, hier ?

— J'étais inquiète à cause de l'interrogation d'orthographe, reconnus-je.

Elle rit gentiment.

— Eh bien, essaie de ne pas t'en faire pour ça à l'avenir. Tu ne voudrais pas faire une crise chaque fois que quelque chose t'embête à l'école, hein ?

Elle me montra comment placer l'inhalateur entre mes lèvres et inspirer en appuyant dessus.

— Seulement deux bonnes bouffées, Sally, me recommanda-t-elle. Il faut faire attention à la quantité que tu prends, alors en attendant que tu sois un peu plus grande, ton école en aura un, ainsi que ton père et ta grand-mère. Nous voulons être sûrs que tu sais l'utiliser avant de t'en confier un.

Elle ne pouvait pas savoir qu'en déléguant ainsi le pouvoir de me donner ou non l'inhalateur, elle venait de placer une nouvelle arme entre les mains de mon père ; une de plus, dont il allait user sans pitié pendant les prochaines années. Le sport, la gym et tous les jeux en équipe furent finis pour moi.

Pendant les récréations ou à la pause déjeuner, je devais désormais rester dans la classe.

— Comme elle est fragile ! J'espère qu'elle ne tiendra pas trop de sa mère, entendis-je un jour dire ma tante célibataire.

Mon frère continua de m'accompagner à l'école tous les matins, et mamie revint me chercher pour m'emmener directement jusque chez elle.

La famille souhaitant réduire tous les risques pouvant déboucher sur une nouvelle crise, je fus également privée de jeux avec les autres enfants.

Il y eut quelques discussions sur ce qui avait pu la déclencher, mais mon père ignora totalement le rapport avec ces soirées du week-end.

Personne ne prit non plus la peine de s'éloigner de moi pour fumer des cigarettes. Et, bien sûr, nul ne connaissait l'existence de la peur qui était désormais ma compagne de chaque instant.

34

À sept ans, j'étais encore dans une totale confusion quant aux sentiments que j'avais pour mon père. Dans ma tête, il était devenu deux hommes complètement différents : un que j'aimais encore, et un dont j'avais peur. D'un côté, le gentil papa aux yeux pétillants qui me souriait d'une manière unique ; je voyais rarement cet homme et il me manquait beaucoup.

De l'autre, l'horrible père que j'espérais ne plus voir, surtout depuis la mort de ma mère.

Celui-là était presque toujours en colère après moi et venait dans ma chambre le vendredi soir pour me faire des choses que je détestais.

Lorsque nous étions seuls, dans la journée ou en soirée, quand Pete était sorti ou dans sa chambre, il évitait mon regard et ne répondait que très brièvement à mes questions – quand il daignait y répondre.

— Qu'est-ce que tu veux, encore ?

Telle était sa réponse standard à la moindre demande d'attention de ma part. Ce que je voulais, c'était me sentir aimée, mais cette chose-là me semblait impossible à formuler. Je scrutais son visage, guettant un signe de chaleur, la moindre manifestation d'attention à mon égard. Je n'avais besoin que d'une lueur de l'espoir qu'il m'aime encore.

— Qu'est-ce que tu regardes comme ça, Sally ? me demandait-il lorsqu'il sentait mon regard posé sur lui.

Je savais que ces mots étaient un reproche, et non une question. Il baissait parfois son journal pour me regarder et me disait :

— Qu'est-ce qui se passe dans cette petite tête ? Tu as des pensées cochonnes, c'est ça ?

Je secouais alors la tête, gênée, et il avait un petit rire cynique.

— Je ne te crois pas. Je le vois dans tes petits yeux vicieux. Tu es bien comme ta mère.

Il reprenait ensuite sa lecture.

J'avais envie de parler de ma mère, mais à part utiliser son nom pour me réprimander, il ne parlait jamais d'elle. Les rares fois où j'avais oublié qu'il ne voulait plus entendre son nom et où je l'avais évoquée, je m'étais pris une volée de bois vert.

— Papa dit que je suis comme maman, dis-je à ma grand-mère.

Croyant que mon père m'avait fait un compliment, elle arbora un air de contentement.

— C'est vrai, tu as ses cheveux et ses yeux.

— Il n'aime pas ça. Ça le met en colère, lui confiai-je, espérant lui faire comprendre qu'il avait changé de comportement envers moi.

Mais quand il s'agissait de son fils, ma grand-mère devenait soudain aveugle. Elle soupira.

— Non, Sally, ça le rend triste. Elle lui manque.

Je ne la crus pas. Si elle lui manquait, il aurait conservé ses photos. Et s'il l'avait aimée, il m'aimerait encore, songeai-je avec tristesse.

35

Quelques mois après la mort de ma mère, ma grand-mère commença à venir nous garder le samedi en plus du vendredi soir. Le samedi soir mon père était souvent de sortie toute la nuit et ne rentrait qu'à l'heure de partir à l'église.

— Où est-ce qu'il va, comme ça ? demanda Pete en voyant mon père partir avec un petit sac fourre-tout.

— Ça ne te regarde pas, répliqua gentiment ma grand-mère. Il a le droit d'avoir des amis. Il a besoin d'avoir une vie en dehors de la maison et des enfants, tu sais.

Pete ne lui dit rien de plus mais je vis qu'il n'approuvait pas les escapades régulières de mon père pendant le week-end.

— Il voit quelqu'un, Sally, je le sais, me dit-il un matin alors que nous allions à l'école. Je parierais même qu'il la voyait déjà quand maman était vivante.

— Qu'est-ce qui te fait croire ça ? demandai-je.

Je n'avais aucune envie d'imaginer mon père avec une autre femme que ma mère.

— En fait, c'était un de leurs sujets de dispute. Il ne s'agissait pas forcément de la boisson, tu sais. J'ai entendu maman dire qu'il était rentré en sentant le parfum d'une femme. Alors, où crois-tu qu'il disparaît toute la nuit du samedi quand mamie reste dormir chez nous ?

J'attendis qu'il m'en dise plus mais, irrité par mon silence, il donna un coup de pied bougon dans un caillou.

— Et puis, tu as vu sa façon de s'habiller, comme s'il allait à un entretien d'embauche. Il ne ferait pas ça juste pour sortir au pub avec ses copains, c'est évident. Sans parler de toute l'eau de toilette dont il s'asperge. Non, il voit quelqu'un, j'en suis sûr.

Je me demandai alors s'il faisait aussi avec cette femme les choses qu'il faisait avec moi. Ne m'avait-il pas dit que c'était ce que les hommes faisaient aux filles qu'ils aimaient ? Cette nouvelle pensée me mit aussi mal à l'aise.

— Pete dit que papa a une copine, déclarai-je ensuite à ma grand-mère.

— Eh bien, Sally, que ce soit vrai ou pas, ce sont des histoires qui ne regardent que les adultes, se contenta-t-elle de me répondre.

Je notai bien qu'elle n'avait pas prétendu que c'était faux, et me mis à observer mon père plus attentivement le samedi soir. Je remarquai notamment qu'il s'était acheté un nouveau costume et qu'une odeur d'eau de toilette restait dans son sillage une fois qu'il avait quitté la maison. Après un rapide coup d'œil dans la salle de bains, je vis que sa brosse à dents et son nécessaire de rasage avaient disparu, et en déduisis qu'il les avait mis dans son sac. Enfin, je sus que mon frère avait raison : ces soirs-là, il ne rentrait pas à la maison.

Et je me demandais à quoi pouvait bien ressembler cette femme.

36

Moins d'un an après le décès de ma mère, mon père nous demanda, à Pete et moi, de nous asseoir, pour nous annoncer qu'il avait l'intention de se remarier et qu'il allait faire venir sa fiancée à la maison pour nous la présenter.

Pete devint blême et regarda mon père avec incrédulité.

— Hors de question ! fulmina-t-il. Si tu la ramènes ici, je quitte cette maison. On n'a même pas encore posé la pierre tombale de maman, et tu veux amener une autre femme ici pour la remplacer !

— Sally et Billy ont besoin d'une mère, rétorqua-t-il en ignorant la colère et la souffrance qui se lisaient sur le visage de son fils.

Pete le fusilla du regard, et la pièce s'emplit de l'hostilité tangible qui grandissait entre eux.

— Et tu ne pouvais pas attendre un peu ? siffla-t-il. Et puis qui c'est, cette fille, d'abord ?

Dans un mélange de justification et de protestation, mon père tenta d'expliquer qu'il l'avait connue sur son lieu de travail. Qu'elle était la fille de son patron, et que non, répondit-il face aux accusations furieuses de Pete, il n'était jamais sorti avec elle pendant que notre mère était encore vivante.

— Et au fait, on peut savoir son âge ? Ton patron n'est pas beaucoup plus vieux que toi, me semble-t-il ! lança Pete avec provocation.

— Même si ça ne te regarde pas, sache qu'elle a vingt-quatre ans, répondit mon père sur un ton de défi.

Pete se gaussa.

— Vingt-quatre ans ! Eh bien, je n'ai absolument pas besoin d'une nouvelle mère qui n'a que sept ans de plus que moi ! De toute façon, je me barre d'ici. J'ai un boulot qui m'attend, alors ne compte pas sur moi pour participer à tes plans lamentables.

Sur ce, il s'empressa de sortir de la pièce et quitta la maison en claquant la porte derrière lui.

— Elle te plaira, Sally. Tu verras, elle est gentille, me dit-il. Ça te fera plaisir d'avoir une nouvelle maman, non ?

Mais la mère que j'avais perdue il y avait moins d'un an me manquait encore beaucoup et, incapable de songer à une réponse acceptable, je le regardai avec tristesse, essayant de comprendre la véritable signification de ses paroles et la réponse de Pete. Que voulait-il dire par « une nouvelle maman » ?

— Je ne sais pas, finis-je par lui répondre.

— Bon, de toute manière, tu vas en avoir une, et puis c'est tout.

Tels furent les mots sur lesquels il conclut la discussion.

Une semaine plus tard, il nous annonça que nous allions la rencontrer car il l'avait invitée à prendre le thé à la maison.

— Elle s'appelle Sue, ajouta-t-il. Tatie Sue pour toi, Sally. Je veux que vous soyez gentils avec elle.

Il me gratifia de l'un de ses anciens sourires.

— Ce sera sans moi, déclara Pete avec fermeté, déclenchant une nouvelle dispute entre eux.

Pour la première fois, le vendredi qui précéda le fameux samedi où Sue devait venir à la maison, mon père ne rentra pas à la maison.

— Je reste chez vous jusqu'à dimanche, me dit ma grand-mère lorsque j'arrivai chez elle, après l'école.

— Ton père ne rentrera pas ce soir, informa-t-elle Pete en arrivant à la maison avec moi, Billy dans sa poussette, et un sac rempli de produits frais.

Pete annonça qu'il n'avait pas l'intention d'être présent lorsque « cette Sue » arriverait, et que mamie n'avait pas à se préoccuper de son repas de ce soir non plus. Avec une touche de dédain, il lui expliqua qu'il s'était en effet arrangé pour passer tout le week-end avec un ami. Il ramassa ensuite son sac et s'en alla. Je sentis que, ce faisant, il exprimait également son ressentiment envers ma grand-mère, qui cautionnait tacitement l'arrivée d'une nouvelle femme dans notre vie.

Ce soir-là, en dépit de l'atmosphère laissée par Pete avant de partir, c'est le cœur beaucoup plus léger que les autres vendredis soirs que j'allai me coucher. Mamie était là, et mon père ne rentrerait pas. Ma Dolly adorée était couchée en rond près de moi, et je me demandai si une nouvelle maman empêcherait mon père de venir me retrouver le vendredi soir. Je l'espérais de toute mon âme.

Le samedi matin, ma grand-mère passa dans toutes les pièces pour s'assurer que la maison était propre et bien rangée. Elle épousseta les meubles, passa la salle de bains et la cuisine à l'eau de Javel, et une délicieuse odeur de gâteau s'échappa bientôt du four.

En début d'après-midi, elle installa un Billy fraîchement lavé et vêtu de ses plus beaux habits au milieu de tous ses jouets, en essayant par tous les moyens de préserver son calme et sa propreté. Elle avait déjà choisi la robe que je devrais porter et, après que j'eus promené Dolly, je passai à mon tour au bain et à l'habillage. Comme Billy, je devais rester à l'intérieur, afin de ne pas me salir.

J'étais assise sur le canapé à essayer de lire un livre lorsque j'entendis la voix de mon père derrière la porte d'entrée. Celle-ci s'ouvrit, et je vis alors Sue pour la première fois. Je la regardai avec stupéfaction, car elle ne ressemblait à aucune des personnes que j'avais vues dans la région.

Grande et mince, elle portait un pantalon rose pâle qui flottait sur de hautes chaussures à semelle compensée. Ses cheveux d'un brun auburn étaient coupés en un carré long et dense, et son visage était maquillé à la perfection. J'observai ses yeux – dont je remarquai plus tard qu'ils étaient d'un gris pâle – tandis qu'elle parcourait la pièce du regard sous de longs cils recouverts de mascara.

Ce regard tomba bientôt sur moi, et sa bouche peinte d'un rose pâle et brillant se transforma immédiatement en un large sourire.

— Salut, dit-elle. Tu dois être Sally. Ton papa m'a beaucoup parlé de toi; je suis sûre que nous allons bien nous entendre.

Elle plongea l'une de ses mains manucurées dans le grand cabas qu'elle portait et en sortit une boîte oblongue.

— Je t'ai apporté un petit cadeau.

J'ouvris le paquet et découvris une poupée Barbie aux longs cheveux blonds. Je me forçai à lui rendre son sourire en lui faisant croire que j'avais toujours rêvé d'en avoir une, alors que j'étais plutôt déçue.

Depuis l'arrivée de Dolly, les poupées m'intéressaient en effet de moins en moins. Même ma poupée Bella passait désormais le plus clair de son temps abandonnée dans mon coffre à jouets. Cette année, j'avais aussi appris à lire, découvrant ainsi le plaisir d'être captivée par les pages d'un livre. Un nouvel ouvrage m'aurait donc beaucoup plus intéressée que cette poupée.

— Qu'est-ce qu'on dit à tatie Sue, Sally ? me demanda ma grand-mère, plus pour établir le fait que je devais employer ce terme de respect devant son prénom que pour m'inciter à lui dire merci.

— Et qui est donc ce petit bonhomme ? gloussa Sue en détournant son attention vers Billy, qui avait vraiment des airs de chérubin avec ses boucles blondes fraîchement peignées et ses joues roses bien rebondies.

Elle lui tendit une petite peluche, qu'il saisit de ses mains potelées avec un grand sourire qui dévoila toutes ses petites dents.

— Qu'est-ce qu'il est mignon ! On a envie de le croquer ! s'exclama Sue en regardant mon père et ma grand-mère avec enthousiasme.

Je remarquai avec étonnement qu'elle n'eut aucun geste pour essayer de le toucher. Habituée à capter l'attention de toutes les personnes qui venaient à la maison, Dolly la regardait avidement en attendant une petite caresse. Ne recevant qu'un regard désintéressé, elle s'éloigna pour revenir s'asseoir près de moi.

À ma grande déception, ma grand-mère s'affairait autour de Sue, ne faisant plus cas de Billy et de moi. Je pris Dolly sur mes genoux pour la caresser et la rassurer sur le fait qu'elle était toujours aimée.

On servit le thé dans le beau service de porcelaine que mes parents avaient reçu en cadeau de mariage. Ma grand-mère empila sur une assiette les scones juste sortis du four et les plaça sur la table avec du café et un cake aux noix qu'elle avait fait le matin même.

Il y avait aussi tout un assortiment de sandwiches – jambon-tomate, saumon-concombre, œufs mayonnaise – dont la croûte avait été enlevée du pain, coupé en de jolis triangles bien nets.

Laissant Dolly sur le canapé, je vins prendre place près de ma grand-mère.

— Tu n'as pas oublié quelque chose, Sally? demanda Sue.

Je ne voyais absolument pas de quoi elle voulait parler, et me creusai la cervelle pour tenter de trouver ce que cela pouvait être. Constatant que l'attention de mon père et de ma grand-mère était aussi focalisée sur elle, Sue partit dans l'un de ces éclats de rire haut perchés qui allaient m'agacer avant la fin de l'après-midi.

— Tes mains, ma puce ! Tu ne te les as pas lavées après avoir touché ce chien, pas vrai ?

Je cherchai du regard le soutien de ma mamie. Elle n'allait sûrement pas laisser Sue prendre ainsi sa place. Mais au lieu de me défendre, ma grand-mère approuva la remarque.

— Fais ce que tatie Sue t'a dit, Sally, dit-elle avec fermeté.

En une phrase, ma grand-mère venait de valider le fait qu'en dépit du peu de temps depuis lequel elle était dans la vie de mon père, Sue allait maintenant avoir le droit d'exercer son autorité sur moi.

Sue eut l'air satisfaite de sa petite victoire et prit ensuite un sandwich, un demi-scone, avant de secouer la tête avec résignation devant une tranche de cake.

— Les femmes doivent penser à leur ligne, dit-elle en tapotant son ventre plat.

Son rire résonna à nouveau lorsque mon père et ma grand-mère lui dirent qu'elle était parfaite comme ça. On servit encore du thé, et un semblant de conversation s'engagea. Je me rendis alors compte que ce n'était pas la première fois que mamie rencontrait Sue et m'en sentis d'un coup très contrariée. Pourquoi avaient-ils attendu si longtemps pour nous en parler? Pourquoi ma grand-mère ne m'avait-elle rien dit? Je me sentis trahie et, quoi qu'elle ait pu dire depuis la mort de ma mère, je me demandai si ma grand-mère avait jamais aimé ma mère. Ces pensées envahirent progressivement ma tête et je me mis à dévisager l'intruse avec suspicion.

— Je trouve que ton père ressemble à Harrison Ford, pas toi, Sally? demanda Sue en surprenant mon regard fixé sur elle.

J'avais entendu des filles plus grandes dire que l'acteur de *La Guerre des Étoiles* était un « canon », et me tortillai sur ma chaise, embarrassée.

Lorsque le thé fut terminé, Sue fit clairement comprendre qu'il était temps de partir. Elle posa sa main fine sur celle de mon père.

— David, il ne faudrait pas qu'on se mette en retard.

Apparemment, ils avaient rendez-vous avec un autre couple.

— On a quand même pas mal de route à faire jusqu'à chez moi, ajouta-t-elle pour se justifier, sans s'adresser à personne en particulier.

Après un bref détour par les toilettes et une retouche de maquillage sur ses lèvres roses, elle prit rapidement congé. Le temps d'une courte étreinte pour moi, d'une caresse sur la tête de Billy et d'un sourire de mon père, et ils étaient partis, laissant derrière eux le parfum capiteux de Sue dans la pièce.

J'avais une boule dans la gorge. En une courte visite, je venais d'appréhender la réalité de la situation : elle était désormais la personne la plus importante dans la vie de mon père et, pour cette raison, ma grand-mère se rangerait toujours de son côté plutôt que du mien.

Sa présence m'enlevait le peu de sécurité qu'il me restait, et je sus dès ce jour que les changements qu'elle allait apporter n'iraient pas dans le bon sens en ce qui me concernait.

Deux choses changèrent en effet juste après cette visite. Comme il l'avait annoncé, Pete quitta l'école et déménagea de chez nous. Il avait un travail, nous dit-il, et ne voulait pas rester là où la femme qui avait causé le malheur de sa mère était bienvenue.

— Ce que Pete croit n'est pas exact, me disait régulièrement ma grand-mère.

Mais je préférais croire mon frère.

Le second changement fut que mon père commença à s'absenter en semaine autant que les week-ends, mais rarement le vendredi soir. J'appris plus tard que ces soirées-là, Sue avait l'habitude de sortir avec ses amies et qu'elle avait refusé d'y renoncer.

Si j'avais espéré que la présence de cette femme dans la vie de mon père allait changer son comportement avec moi, je me trompais lourdement, comme je ne tardai pas à m'en rendre compte. Non seulement il venait régulièrement dans ma chambre mais, maintenant que Pete était parti, il n'avait même plus besoin de faire attention en passant d'une chambre à l'autre. Pis que tout, je ne savais maintenant plus à quel moment il allait venir. Chaque fois que je l'entendais dans l'escalier, je faisais semblant de dormir en priant pour qu'il me laisse tranquille cette fois.

Le jour, en présence des autres, il avait toujours l'apparence d'un père attentionné mais, lorsque nous nous retrouvions seuls, soit il se montrait complètement distant soit il me lorgnait d'un air prédateur.

— Il n'y a plus que toi et moi dans cette maison, ma fille, disait-il alors.

Terrorisée, je me faisais alors toute petite en entendant ces mots au sous-entendu à peine dissimulé.

Quelques mois plus tard, il prit des jours de congé.

— J'ai envie de passer un peu de temps avec ma fille chérie, dit-il à ma grand-mère qui sourit et lui répondit que cette initiative pour se rapprocher de moi était une excellente idée.

Lorsque je rentrai de l'école après les vacances de Pâques, il était déjà à la maison, et m'attendait. Les rideaux étaient restés ouverts dans toutes les pièces car, avant la tombée de la nuit, les voisins auraient été intrigués de les voir tirés. Pete m'avait raconté comment les voisins avaient été informés de la mort de ma mère : mamie avait tiré tous les rideaux ce jour-là.

— Sally, viens dans l'entrée avec moi.

Sans attendre ma réponse, il me prit le bras et m'attira dans le petit espace sombre entre la porte d'entrée et les deux pièces du rez-de-chaussée. C'était le seul endroit de la maison où aucun œil indiscret ne pouvait nous voir depuis les fenêtres, et je sentis une excitation inconnue le saisir comme nous nous tenions là.

Il me retourna et me pencha en avant. Appuyée de tout mon poids contre la deuxième marche de l'escalier, je commençai à me débattre, ne supportant pas d'avoir les fesses aussi indécemment pointées en l'air. Sa main m'attrapa par la nuque et pressa mon visage contre la moquette poussiéreuse des marches.

— Ne bouge pas, ordonna-t-il, tandis que sa main libre s'immisçait sous ma jupe d'écolière.

D'un geste brutal, il baissa ma culotte jusqu'à mes chevilles, et je me mis à hurler, choquée, en l'entendant cracher. Puis je sentis l'un de ses doigts se glisser en moi et criai de douleur et d'indignation.

— Tu vas bientôt être prête, susurra-t-il, ouais, bientôt prête à ce que je fasse de toi une vraie femme.

Je sentis l'habituelle chose dure toucher mes fesses tandis qu'il la manœuvrait entre mes jambes.

— Tu aimes ça, hein, ma petite cochonne ?

Le rythme et la force de ses mouvements augmentaient à chaque mot qu'il prononçait. J'avais l'impression de ne plus avoir de genoux, et sous son effort pour maintenir mes fesses en l'air, ma tête avait basculé en avant et venait frotter ma joue contre la moquette.

La poussière m'emplissait littéralement le nez, et à chaque poussée de sa part, ma respiration devenait plus courte et ma poitrine comprimée.

La pression me donna le sentiment que le fond de ma gorge se refermait ; me voyant manquer d'air, il amplifia ses coups de boutoir contre moi.

Lorsqu'il poussa enfin son grognement de satisfaction, il se releva, laissant quelque chose de mouillé entre mes fesses et le long de mes jambes.

Mon corps défait s'effondra des marches jusqu'au sol, et il me laissa suffoquer par terre, pour revenir un peu plus tard avec mon inhalateur.

— Juste deux bouffées, Sally, comme l'infirmière te l'a montré, dit-il en me le tendant.

Je le pris et le portai immédiatement à ma bouche, aspirant avidement l'air qui pouvait de nouveau parvenir à mes poumons.

— Maintenant, dis « Merci papa. Merci de m'avoir donné mon médicament. »

Je levai les yeux vers lui et, terrifiée par l'expression de son visage, répétai ce qu'il semblait déterminé à me faire dire.

— Merci papa, répondis-je.

Puis, lentement, douloureusement, je me remis debout sur mes jambes qui flageolaient tant qu'elles ne semblaient même plus m'appartenir.

Tremblante, je ramassai ma culotte chiffonnée et montai aux toilettes pour me nettoyer. À l'aide de papier hygiénique, je frottai tous les endroits qu'il avait touchés, jusqu'à en irriter ma peau. Puis je redescendis l'escalier, pris Dolly et l'emmenai au jardin.

Cette nuit-là, il attendit que je sois endormie pour entrer dans ma chambre.

— Non, papa, s'il te plaît, l'implorai-je quand il me réveilla. Je ne veux pas.

Il ne prêta aucune attention à mes paroles et alluma ma lampe de chevet. Pour la première fois, je vis alors le corps nu de mon père.

Sa poitrine était couverte de poils, et la chose dure, qui était considérablement plus grande que celle de Billy, se tenait droit devant son corps, violacée et gonflée.

— Ouvre la bouche, Sally, m'ordonna-t-il.

Comprenant ce qu'il voulait faire, je serrai les dents, et secouai désespérément la tête en le suppliant de ne pas faire ça. Mais les quelques mots qui parvinrent à sortir de ma bouche n'eurent aucun effet sur lui.

Au lieu de quoi, sans un mot de plus, il jeta ses mains sur mon visage et me força à desserrer les lèvres, avant d'y pousser la chose dure.

Je tentai de garder les dents serrées tandis qu'il la frottait contre ma bouche. Il prit mes doigts et les plaça autour de son organe.

— Sally, si tu ne veux pas que je fasse rentrer ça en toi comme je l'ai fait avec mes doigts, dit-il en relevant ma chemise de nuit pour me désigner exactement ce dont il parlait, fais ce que je te dis et ouvre immédiatement la bouche, putain !

Épouvantée par cette menace, je desserrai les mâchoires. Des larmes de rage surgirent de mes yeux, et je suffoquai quand il poussa la chose dans ma bouche ouverte. Ses mains se posèrent sur ma tête et emmêlèrent mes cheveux en l'accompagnant d'avant en arrière. Son odeur envahissait mon nez et je me sentais prête à défaillir.

Puis, juste avant que son corps ne se contracte et ne frissonne, il retira la chose. Un fluide visqueux et odorant gicla sur ma bouche, sur mon visage, et vint couler sur ma chemise de nuit. Sans me soucier de son regard, je crachai et crachai encore pour me débarrasser de l'horrible goût que j'avais dans la bouche. Je voulais être sûre de ne pas avaler ce liquide.

Après son départ, je restai au lit, tremblant de tous mes membres, comme paralysée et malade.

Dolly monta me rejoindre et je la serrai contre moi en sanglotant. Une fois que j'entendis ses ronflements, je me rendis à la salle de bains pour me brosser les dents et me rincer frénétiquement la bouche.

Mais je sentais toujours le goût et l'odeur de la chose, et dans mon désespoir je mâchai un bout de savon jusqu'à me faire vomir.

Malgré tout ce que je tentai de faire ce soir-là ou ceux qui suivirent, rien ne put jamais me donner le sentiment d'être propre.

37

Sue commença à venir régulièrement à la maison; ses visites duraient rarement plus d'une heure, mais c'en était assez pour que je me rende compte de son désir de tout contrôler. Chaque fois qu'elle et mon père s'installaient pour prendre le thé, ma grand-mère s'affairait autour d'eux, et je me retrouvais à faire des comparaisons défavorables avec ma mère.

Alors que ma mère était une personne sensible et fragile, Sue était cassante et pleine d'assurance. Le rire de ma mère était mélodieux, celui de Sue aigu et désagréable. Ma mère me souriait toujours avec des yeux doux et pleins d'amour, quand Sue demeurait dure et indifférente. Elle avait beau m'avoir dit que nous allions bien nous entendre, je ne discernais aucun effort de sa part pour aller dans ce sens. Lorsqu'elle pensait que je ne la voyais pas, elle repoussait brutalement Dolly, et plissait le nez quand elle voyait la petite chienne sauter sur mes genoux pour se faire cajoler. Chaque fois que je me mettais à table, elle vérifiait que je m'étais bien lavé les mains. J'enviais Billy pour son apparente indifférence à ses réflexions, mais il avait appris à garder son énergie pour obtenir ce qu'il voulait vraiment : du jus de fruits ou des friandises – ce qui valait à quiconque les lui donnait un magnifique sourire de sa part.

J'avais l'impression qu'elle avait pris la place de ma mère, et m'en sentais remplie de colère, au point de désirer qu'elle disparaisse de nos vies et ne revienne plus jamais. Je n'appréciais pas ses commentaires et n'aimais pas la fréquence à laquelle elle répétait que les animaux ne devraient pas être autorisés à entrer dans la cuisine pendant qu'on y préparait un repas ou que l'on mangeait. En fait, elle suggérait qu'ils soient cantonnés à l'extérieur, comme je savais que le serait un jour Dolly si elle parvenait à ses fins.

— Je dis ça pour toi, Sally, déclara-t-elle à plus d'une occasion, ton père m'a dit que tu étais d'une santé délicate, et ce serait dommage que tu attrapes quelque chose avec toute cette saleté qu'elle ramène à la maison, non ?

Exception faite de ses réflexions sur Dolly, sa conversation, continuellement ponctuée par ce rire exaspérant, portait exclusivement sur ses projets de mariage.

La première fois que le mot mariage fut prononcé, je me figeai et dévisageai mamie puis mon père, abasourdie.

Ne recevant ni dénégation ni confirmation, je m'enfuis dans le jardin, Dolly sur mes talons. Je m'assis sur le perron en la serrant contre moi et pleurai dans sa fourrure.

Elle colla son petit nez contre mes joues et lécha mes larmes. Je ne voulais pas d'une nouvelle mère, encore moins de Sue, je voulais mon ancien papa rien que pour moi – mais qui sait, peut-être que s'il se mariait ses visites dans ma chambre allaient cesser ?

Ma grand-mère vint me rejoindre dehors et referma doucement la porte derrière elle. Elle tenta de me réconforter et lorsque je lui demandai si c'était vrai elle me répondit :

— Ton papa vous avait bien dit, à toi et Pete, que vous alliez avoir une nouvelle maman, n'est-ce pas ?

Je hochai lentement la tête. Il nous avait effectivement dit qu'il comptait se remarier.

— Tu devrais être contente pour ton père, Sally. Billy et toi avez besoin d'une mère, et je deviens trop vieille pour m'occuper tout le temps de Billy comme il le faudrait. Reviens à l'intérieur et ne fais pas ton bébé.

Je retournai à table et m'assis sans mot dire pendant que Sue continuait de bavarder sur l'organisation du mariage, ignorant tout de ma blessure.

Il se déroulerait dans la ville où ses parents habitaient, au même endroit, dit-elle, que celui où mon père irait bientôt travailler. Cette nouvelle fut glissée de façon anodine dans la conversation, et je regardai ma grand-mère pour voir si le fait était nouveau pour elle.

Elle ne fit aucun commentaire et n'eut pas l'air surprise, et je n'y fis pas plus attention, étant déjà mobilisée par ma tentative d'intégrer l'idée de ce mariage dans la réalité.

— Sally, tu seras l'une de mes demoiselles d'honneur, déclara-t-elle gaiement, avant de me décrire la tenue que je porterais.

Ce serait une longue robe turquoise avec des volants au niveau de l'ourlet.

— Et Billy sera absolument adorable dans le petit costume turquoise que je lui fais confectionner.

Elle lança un sourire dans sa direction, et ajouta :

— Je lui ai aussi prévu un nœud papillon. Ce sera le seul garçon de la bande, et il aura l'air d'un vrai petit homme.

Son rire suraigu résonna de nouveau.

La date du mariage fut posée pour la fin du mois de septembre. Je serais la seule demoiselle d'honneur du côté de notre famille, et les quatre autres, que je n'avais jamais rencontrées, étaient les filles des amies de Sue. Trois semaines avant le mariage, on m'emmena chez la couturière pour mon premier essayage.

Je dus rester immobile pendant qu'on épinglait rubans et volants et malgré un certain ennui je ressentis des émotions mitigées : toutes les petites filles rêvent en effet d'être demoiselle d'honneur – mais pas forcément pour la nouvelle femme de leur père.

— Un dernier essayage la veille du mariage. Billy et toi pourrez vous préparer chez votre grand-mère, dit-elle, et vous viendrez chez moi juste avant notre départ pour l'église. Tu rencontreras les autres demoiselles d'honneur à ce moment-là.

J'avais espéré qu'on m'y emmènerait plus tôt. Mes camarades de classe m'avaient raconté leurs expériences de demoiselles d'honneur, et comme il était amusant de s'habiller toutes ensemble, de prendre la pose pour des photos et d'aider la mariée à se préparer. Je redoutais de me rendre à l'église entourée d'étrangères, mais il était clair que le plan de Sue était bouclé. Déçue, je compris qu'il valait mieux que je ne dise rien.

Une semaine avant le mariage, Sue me dit que nous allions faire une « sortie entre filles » avant qu'elle ne nous quitte pour se coucher de bonne heure.

— La future mariée a besoin d'une bonne nuit de sommeil avant le grand jour.

— Shopping de dernière minute, Sally, annonça-t-elle dans l'un de ces sourires exhibant toutes ses dents et son rouge à lèvres, mais qui ne faisait jamais briller ses yeux. Puis, un petit tour chez le coiffeur !

Elle souleva l'une de mes longues tresses et l'examina d'un œil critique.

— Tu n'y es jamais allée, je me trompe ?

Je secouai la tête négativement et lui répondis, indignée, que ma mère ne voulait pas me les faire couper.

— D'accord, mais ça, c'était bon quand tu étais petite, répliqua-t-elle en dissimulant à peine son agacement face à ce qu'elle devait considérer comme un manque de gratitude de ma part. Tu veux être bien coiffée pour le mariage, non ? Eh bien je vais t'offrir une jolie coupe de cheveux pour que tu sois aussi belle que les autres demoiselles d'honneur, conclut-elle vivement.

Surprise par cette initiative de solidarité et de générosité, je me levai de bonne heure le matin de son arrivée. Mon père dormait encore et, même s'il me laissait tranquille depuis toute cette semaine précédant le mariage, craignant peut-être les cernes bleus qui se dessinaient parfois sous mes yeux, j'avais peur de le réveiller.

Je me rendis à la salle de bains sur la pointe des pieds pour me laver et me brosser les dents et enfilai ma plus belle robe. Puis je m'assis dans le salon pour être prête dès son arrivée.

Elle m'inspecta rapidement et déclara que j'avais encore des nœuds dans les cheveux à l'arrière de la tête. Elle prit ma brosse d'un geste impatient et la passa dans la zone douteuse.

— C'est la dernière fois que je fais ça, maugréa-t-elle.

Je ne compris pas tout de suite ce qu'elle voulait dire par là.

Lorsqu'elle parut satisfaite de mon apparence, elle me fit monter dans sa Mini violette et nous conduisit jusqu'à la grande ville la plus proche. Elle conduisait beaucoup plus vite que mon père, et je me cramponnai au siège à chaque virage sur les étroites routes de campagne.

Lorsque nous arrivâmes, elle se gara devant un grand centre commercial.

— Allez Sally, on a plein de choses à faire !

Nous nous lançâmes alors dans son shopping de dernière minute, qui consistait principalement à essayer différentes teintes de maquillage.

Parfum, fard à joues, ombre à paupières, rouge à lèvres, un fond de teint pâle, divers pots et flacons de produits de beauté furent mis dans le panier puis payés avant que nous ne nous dirigions vers le salon de coiffure. J'étais stupéfiée par la quantité d'argent liquide que recélait son porte-monnaie, et elle rit en attrapant une poignée de billets :

— Cadeau de mon père pour sa fille unique préférée !

Une fois arrivée sous les lumières vives du salon rempli de chrome et de verre, on m'installa dans un grand fauteuil de cuir blanc, une serviette rose vif sur les épaules.

Un tube du moment sortait des haut-parleurs, à un volume qui me surprit beaucoup. Sue prit place près de moi et fredonna la chanson pendant que la manucure se préparait à lui faire les ongles.

— Alors, qu'est-ce qu'on fait à ces cheveux aujourd'hui, petite demoiselle ? me demanda la coiffeuse.

Avant que j'aie eu le temps d'ouvrir la bouche pour dire que je ne voulais pas qu'on me les change trop, Sue sortit une page de son sac et la tendit à la coiffeuse pour lui montrer une image que je ne pouvais pas voir.

— Voilà la coiffure que je veux pour ma future belle-fille, expliqua-t-elle tandis que la coiffeuse soulevait mes longs cheveux blonds pour les examiner.

Ce n'est que lorsque je vis les grands ciseaux chromés dans sa main que je pris conscience de ce qui allait arriver.

Coup de ciseaux après coup de ciseaux, mèche après mèche, mes précieux cheveux tombèrent par terre et je me mis à gémir d'horreur en voyant la longueur qui était coupée. Ce que ma mère aimait le plus en moi venait de m'être enlevé. Je me revis, assise sur ses genoux, pendant qu'elle me disait : « Cent et une caresses pour toi, Sally », avant de me les brosser doucement, son autre main posée sur mon épaule.

— Par pitié, Sally, ne fais pas ton bébé ! me gronda Sue.

Mais plus rien ne pouvait empêcher les larmes de rouler sur mon visage.

— C'est joli, tu ne trouves pas ? Et puis tu verras, ce sera bien plus facile pour toi à entretenir, dit Sue pendant que la coiffeuse tenait un miroir derrière moi pour que je puisse voir l'arrière de ma tête.

Personnellement, je ne trouvais pas ça joli du tout, et je me persuadai qu'elle avait surtout décidé que ce serait plus simple pour elle. À ce moment, je pris conscience qu'elle allait essayer de remplacer ma mère par tous les moyens qui soient.

L'étape suivante était la couturière, chez laquelle je devais procéder à mon dernier essayage.

— Tu es adorable, ma petite, me dit gentiment la dame. Mais en regardant dans le miroir, je ne voyais qu'un visage d'enfant pâle et encore rond, encadré d'affreux cheveux courts.

38

L'été indien dont nous avions profité tout le mois de septembre prit fin le jour du mariage. Au lieu de m'éveiller au spectacle des rayons de soleil filtrant à travers mes rideaux, je ne vis qu'une lumière grise et diffuse. Sortant du lit, je jetai un coup d'œil par la fenêtre et vis que de lourds nuages annonçaient la pluie.

— Allez Sally, il est l'heure d'aller te préparer, me dit mon père avec l'un de ses rares sourires de « l'ancien papa ».

Après un rapide petit-déjeuner, il me déposa chez mamie, où Billy et moi devions revêtir nos nouveaux habits. Dès que je passai la porte, je lus le choc sur les visages de ma tante et de ma grand-mère en me voyant.

— Qu'est-il arrivé à tes beaux cheveux? demanda ma tante quand mon père eut refermé la porte.

— Sue m'a emmenée chez le coiffeur hier, dis-je d'un ton maussade. Elle a dit que ce serait joli pour le mariage et plus facile pour moi à entretenir après.

— Hum, plus facile pour elle, plutôt, entendis-je ma tante grommeler sur un ton que je lui avais connu des années auparavant, lorsqu'elle critiquait ma mère.

Je compris instantanément qu'elle était la seule personne de la famille à ne pas être tombée sous le charme de Sue.

— Bon, ils sont trop courts pour pouvoir te faire des tresses, mais je sais ce qu'on va faire.

Elle disparut dans sa chambre et revint avec un ruban de velours turquoise et un long élastique. Brandissant une aiguille, elle s'affaira tant et si bien qu'en quelques minutes, elle avait en main un beau bandeau.

— Il sera assorti à ta jolie robe, dit-elle en me souriant. On va te refaire une beauté en moins de deux.

On me fit couler un bain moussant et, une fois séchée, je passai les vêtements soigneusement préparés. Ma tante me peigna les cheveux, me mit le bandeau de velours et déclara que j'étais fin prête.

Ma grand-mère amena Billy au rez-de-chaussée, qui était absolument adorable dans sa version miniature d'un costume d'adulte avec nœud papillon. Puis, après nous avoir bien recommandé de ne pas bouger d'un cil, elle monta avec ma tante enfiler leur tenue de cérémonie. Mamie portait un ensemble de crêpe bleu marine, ma tante était en jaune paille, et toutes deux arboraient un large chapeau assorti à leur tenue. Quand le reste de la famille de mon père arriva, la petite maison semblait pleine à craquer de parents de toutes les générations.

Les filles les plus jeunes, apparemment peu soucieuses du changement de temps, étaient vêtues de jolies robes légères. Je regardai avec envie mes cousines, habillées du dernier ensemble de chez Laura Ashley, alors que je détestais mon habit de demoiselle d'honneur. Les garçons, comme leurs pères, portaient de beaux costumes, et mes deux autres tantes étaient habillées d'une façon proche de celle de ma grand-mère et de sa fille célibataire.

Mon grand-père, qui refusait depuis toujours de porter autre chose que son traditionnel costume gris foncé, sortit de la cuisine. Il avait cherché un peu de calme, dit-il, pour lire son journal. C'était lui qui devait conduire la voiture de mon père et nous déposer, Billy et moi, chez Sue, avant de se rendre à l'église avec mamie et ma tante. Mon père devait, lui, se rendre directement à l'église avec mon oncle, qui était son témoin. Le reste de la famille les suivrait en un cortège bigarré de voitures.

Mon père fut le dernier à arriver à la maison, et je restai bouche bée devant son élégance et celle de son frère. Tous deux étaient vêtus de costumes gris clair à larges revers, et de pantalons coupés à la dernière mode. Ils portaient une chemise violette avec une large cravate rose pâle, et leurs chaussures noires brillaient à leurs pieds. Je remarquai aussi que les manches de mon père étaient fermées par des boutons de manchette dorés.

— Un cadeau de Sue, confia-t-il à ma grand-mère en remarquant son admiration à leur sujet.

Il était particulièrement impressionnant ce jour-là, avec ses cheveux bruns lui tombant presque aux épaules et les yeux brillant d'excitation à l'idée de se remarier.

Visiblement, ma grand-mère pensait la même chose que moi.

— Oh, Dave, comme tu es beau ! s'exclama-t-elle. N'est-ce pas, papa ?

— Pas mal, se contenta de répondre mon grand-père.

Ma tante prit le bras de mon père et le regarda, les yeux pleins d'adoration.

— J'espère que Sue se rend compte de la chance qu'elle a, lui dit-elle.

— Bien sûr que oui, répondit-il en riant avant de se répandre en compliments sur son apparence et celle de ma grand-mère.

— Et regarde un peu ta fille, est-ce qu'elle n'est pas belle, elle aussi ? lança mamie.

Sans croiser mon regard, il jeta un coup d'œil rapide sur ma robe et mes cheveux courts.

— Oui, bien sûr, très jolie, dit-il avant de se retourner pour organiser le départ synchronisé vers l'église.

Mon père et son témoin en tête de file, nous sortîmes de la rue dans notre convoi brinquebalant. Seuls les tenues des passagers et les rubans blancs sur les capots des voitures indiquaient que nous étions en route pour une grande cérémonie.

Une fois arrivés à la maison où Sue vivait avec ses parents, Billy et moi fûmes rapidement confiés à sa mère, qui nous emmena dans une pièce où je trouvai les autres demoiselles d'honneur, vêtues d'une robe identique à la mienne. Sans me laisser le temps de parler à qui que ce soit, elle m'inspecta rapidement de haut en bas, tira sur ma robe pour la remettre bien en place et lissa mes cheveux d'un geste avant de nous faire monter dans les grosses voitures noires louées pour l'occasion.

Sue sortit de la maison, tenant dans une main la traîne de sa longue robe blanche, et monta dans le premier véhicule, qui était décoré de larges rubans blancs. Les autres filles bavardèrent sur le chemin de l'église, mais il était évident qu'elles ne s'intéressaient ni à Billy ni à moi.

Arrivés à l'église, j'observai le père de Sue descendre de voiture: c'était un homme grand et mince, avec un large sourire rempli de fausses dents et des cheveux gris clairsemés, soigneusement peignés en arrière au sommet d'un grand front. Il se pencha et tendit le bras pour aider sa fille à sortir du véhicule. La longue traîne que nous devions tenir était en dentelle blanche, et un voile plutôt court recouvrait son visage, mais je vis qu'elle était coiffée d'un chignon banane dont s'échappaient quelques mèches savamment choisies pour venir encadrer son visage et que des pendentifs semblables à des diamants brillaient à ses oreilles. La musique changea soudain pour laisser place à la marche nuptiale. Les dos se redressèrent et Sue se tourna vers nous pour nous indiquer qu'elle était prête à faire son entrée. Je fis comme les autres demoiselles d'honneur et me postai en bordure de sa traîne. Au signal du témoin, nous soulevâmes le lourd tissu de dentelle pour avancer lentement derrière la mariée et son père dans l'église remplie de fleurs.

Billy avait pour mission de tenir un panier de pétales de rose et de les jeter en l'air tout en marchant avec nous – mission qu'il accomplit avec un grand sérieux, à ceci près qu'il jetait les pétales directement par terre.

Nous étions à la moitié de l'allée lorsqu'il s'arrêta, prenant conscience que son panier était vide.

— Billy, continue de marcher! lui intima le témoin de la mariée dans un chuchotement sonore.

Tous les bancs semblaient pleins, et je me rendis compte que l'église était remplie de gens que je ne connaissais pas. La famille et les amis de Sue représentaient plus des deux tiers de l'assemblée.

Je scrutai du regard les visages tournés vers nous, espérant y voir mon grand frère, et compris que Pete avait été fidèle à sa parole: il n'était pas venu assister au remariage de son père. J'en fus infiniment déçue car il me manquait beaucoup. Et il était le seul à pouvoir comprendre ce que l'on ressentait en voyant son père se remarier si peu de temps après le décès de sa mère.

J'entendis le son étouffé des paroles du service et suivis le groupe des demoiselles d'honneur quand il le fallait. Je vis le témoin fouiller ses poches puis passer l'alliance à mon père, qui la glissa au doigt de Sue. Je la regardai lever son voile et redresser le visage tandis qu'il penchait la tête pour l'embrasser.

Que cela me plaise ou non, je sus alors qu'elle venait d'accéder au statut de nouvelle mère pour moi.

Après un temps qui me parut interminable, ils signèrent le registre et, sous les accords d'une musique d'orgue, mon père mena rapidement la procession hors de l'église, au bras de sa nouvelle femme. Les autres demoiselles d'honneur, Billy et moi, restâmes sur les marches avec eux pendant qu'un photographe immortalisait l'instant.

Comme nous fixions notre regard sur son objectif, une forte bourrasque souleva le voile de Sue et le lui envoya en pleine figure. Lorsqu'elle l'écarta, je remarquai qu'une trace de rouge à lèvres rose l'avait taché. Autour de nous, les mains gantées des dames tentaient de maintenir les chapeaux que le vent essayait de déloger de leurs têtes et les filles criaient en plaquant contre leurs jambes les bords de leurs jolies robes légères. Je me dis que cette photo-là ne figurerait pas dans l'album du mariage et regrettai que Pete ne soit pas là pour saisir mon regard amusé. Quelques instants plus tard, nous aurions ri ensemble en voyant finalement un chapeau s'envoler. C'était un modèle beige en forme de roue et orné de fleurs noires.

Il s'élevait puis retombait dans le vent, traversant la moitié de la cour de l'église en une seconde, et il fallut toute l'agilité et la persévérance du témoin de mon père pour le rattraper. Avec une petite révérence, il le rendit à sa propriétaire qui l'avait laissé filer en se concentrant pour empêcher sa jupe de trop se soulever.

Pete et moi ne pourrions malheureusement pas partager ce souvenir. Il avait tenu sa parole en refusant catégoriquement d'être présent.

Les nuages aussi tinrent leur promesse et commencèrent à déverser une pluie battante. Un immense parapluie noir apparut et vint couvrir la tête de Sue pour la protéger des grosses gouttes sur le trajet qui la ramenait à la rangée de limousines garées en file indienne. Nous montâmes à bord des véhicules pour prendre la direction du très chic manoir que Sue avait choisi pour la réception.

Tandis que nous remontions la longue allée bordée d'arbres du domaine, ma grand-mère me dit que cet hôtel avait autrefois été la plus grande demeure ancienne ouverte au public dans la région. Relevant les yeux, je vis plusieurs rangées de hautes fenêtres et d'imposantes marches de pierre menant à d'immenses portes en bois.

L'escalier était flanqué de colonnes blanches de chaque côté, et je me demandai combien de personnes pouvait compter la famille qui avait jadis vécu ici. En entrant dans le hall, on était immédiatement ébloui par un magnifique lustre aux pampilles étincelantes. Les tapis déroulés étaient moelleux sous le pas, et l'air était embaumé du parfum des grands bouquets de fleurs disposés sur chaque table.

Lorsque nous arrivâmes dans la pièce pompeusement nommée la salle du banquet, nous découvrîmes de longues tables recouvertes de damas et décorées de nombreuses compositions florales, disposées en forme de sabot de cheval, où le couvert avait été dressé avec de l'argenterie, des verres de cristal et des serviettes de lin blanc.

Cela me rappela les rares fois où ma mère avait tenté de dresser une table de fête à la maison. Je regardai la foule des gens que cette pièce était sur le point d'accueillir, ébahie par ses dimensions. Ma grand-mère semblait elle aussi assez impressionnée.

— Il doit bien y avoir deux cents invités, murmura-telle à mon grand-père.

— Je te parie qu'elle ne les connaît même pas tous ! railla-t-il.

Je fus placée à table en compagnie des autres demoiselles d'honneur et de Billy, tandis que mes grands-parents étaient avec Sue, ses parents, mon père, les témoins et quelques autres personnes que je ne connaissais pas.

Des serveurs discrets servirent l'entrée du repas. Le vin coulait à flots, mais sur notre table se trouvaient des pichets de jus de fruits. Les autres demoiselles d'honneur, deux couples de sœurs qui se connaissaient depuis leur plus tendre enfance, riaient ensemble, me laissant seule avec Billy pour toute compagnie.

Il avait déjà les yeux fatigués et je me contentai donc de regarder ce qui se passait autour de moi.

C'est sans grand enthousiasme que je mangeai la nourriture qu'on me servit. Lorsque le plat principal fut terminé, on annonça que les discours allaient commencer.

J'entendis le bruit joyeux des bouchons de champagne comme les bouteilles étaient ouvertes pour accompagner les toasts. Le discours du père de Sue me parut interminable, évoquant le fait que non seulement il n'avait pas perdu une fille mais qu'il avait aussi gagné une associée dans ses affaires. Mon oncle, le témoin, raconta quelques anecdotes amusantes de l'époque où lui et mon père étaient jeunes – blagues auxquelles je ne compris rien, malgré les rires de l'assemblée. Il poursuivit en exprimant la joie de notre famille à accueillir Sue en son sein, puis ce fut au tour de mon père de faire l'éloge de sa nouvelle femme, et il renvoya le compliment de son témoin à sa nouvelle famille en leur disant combien il était heureux d'en faire désormais partie.

La pluie avait enfin cessé pour laisser place à un rayon de soleil et nous nous ruâmes dehors pour prendre quelques photos. Il y eut de nouveaux clichés des jeunes mariés avec les demoiselles d'honneur et Billy, puis le photographe regroupa les deux familles ensemble avant de s'en aller. Plus tard, en les regardant dans l'album de Sue, je vis une photo où ma grand-mère souriait gaiement tandis que mon grand-père avait l'air de s'ennuyer presque autant que moi, quand le témoin de mon père avait l'air un peu ivre avec sa cravate de travers et ses cheveux décoiffés.

Nous retournâmes ensuite dans la salle du banquet, où nous pûmes constater que ceux qui y étaient restés avaient désormais le teint plus rouge, qu'ils riaient plus fort, et que l'air était devenu plus chargé en fumée de cigares et de cigarettes. La musique fut lancée, et le chanteur de l'orchestre nous demanda de tous nous lever pendant que mon père accompagnait Sue sur la piste de danse pour ouvrir le bal. Les autres demoiselles d'honneur s'éclipsèrent pour rejoindre leurs familles respectives tandis que je demeurai paralysée d'ennui, attendant que quelqu'un remarque que j'étais seule avec Billy. Ce fut ma grand-mère qui vint nous chercher. Sue et mon père étaient tout entiers à leur couple et à leurs invités et semblaient avoir oublié jusqu'à notre existence. Quelque temps plus tard, Sue et mon père disparurent pour se changer, elle en ensemble crème et mon père en pantalon beige foncé avec une chemise bleu clair au col ouvert.

— Viens, il faut sortir pour leur dire au revoir ! s'exclama ensuite ma grand-mère.

Elle prit la main de Billy et nous entraîna hors de la salle, emboîtant le pas à de nombreux convives, jusqu'aux marches du perron.

Là, au milieu des rires, des gens lançaient des confettis pendant que mon père, un bras autour de la taille de sa nouvelle épouse, courait vers la voiture sous une pluie de papiers multicolores. J'entendis le bruit des boîtes de conserve attachées à l'arrière du véhicule et les regardai s'éloigner avec un dernier geste de la main en direction de leur famille et de leurs amis.

C'est à ce moment-là que je réalisai qu'ils étaient partis, pas juste pour rentrer à la maison, mais en lune de miel, sans prendre la peine de me dire au revoir, à moi ni à Billy. J'enroulai mes doigts autour de ceux de ma grand-mère et me serrai contre elle.

— Je crois qu'il est temps que vous rentriez à la maison tous les deux, dit mon grand-père.

Je compris que lui aussi avait remarqué l'indifférence de son fils et de sa nouvelle femme à notre égard.

39

Comme mes grands-parents ne possédaient pas de chambre d'amis pour m'héberger, il fut convenu que mamie dormirait chez nous et que Billy resterait avec elle. Quelque part au fond de moi je rêvais que la lune de miel de mon père dure aussi longtemps que possible. Ma grand-mère s'organisa pour que j'aie un petit-déjeuner chaud tous les matins et, même si j'étais assez grande désormais pour m'y rendre seule, elle m'emmenait ensuite à l'école avec Billy. Elle me laissait prendre Dolly avec nous en laisse, puis c'est elle qui s'en chargeait une fois arrivée aux grilles de l'école. Quand la journée était finie, elle revenait avec mon frère et ma petite chienne, qui se dressait pour brasser l'air avec frénésie de ses pattes avant dès qu'elle m'apercevait.

Les deux semaines d'absence de mon père et de Sue passèrent trop vite pour moi, et c'est un dimanche, après notre retour de l'église, qu'ils rentrèrent à la maison. Ma grand-mère avait décidé de faire le repas du midi chez elle, car « il vaut toujours mieux faire un rôti dans son propre four », et en outre, sa table possédait des rallonges qui permettaient d'accueillir plus de monde que notre petite table de cuisine. En plus de sa fille et de mon grand-père, elle avait invité mon oncle, témoin au mariage, sa femme et leurs deux enfants, un peu plus âgés que moi. On m'avait chargée de mettre le couvert et j'étais en train d'installer fourchettes et couteaux lorsqu'ils arrivèrent.

Il y eut une bouffée soudaine de bonjours et de baisers de leur part pour Billy et moi, au milieu de leurs commentaires enthousiastes sur le Lake District, où ils venaient de passer leur lune de miel.

Malgré le temps froid, l'endroit était magnifique, dirent-ils. Puis nous nous pressâmes épaule contre épaule autour de la table qui croulait sous la nourriture.

— C'est dommage que tu aies manqué la messe, Sue. Le pasteur a fait un sermon tout à fait admirable aujourd'hui, lança ma grand-mère.

Sue écarquilla les yeux, l'air étonné.

— Oh, vous savez, moi et l'église, ça fait deux, dit Sue avec ce petit rire qui me tapait sur les nerfs. Évidemment, j'y vais quand même à Noël et à Pâques, ajouta-t-elle en voyant le regard réprobateur de ma grand-mère. Mais le dimanche est le seul jour que David et moi pouvons vraiment passer ensemble, pas vrai, chéri ?

Elle tourna son regard plein d'admiration vers mon père, qui avait l'air gêné. Non seulement toute sa famille se rendait régulièrement à l'église, mais lui-même prenait plaisir à lire la Bible et, comme je l'avais appris à mes dépens, aimait en utiliser certains passages pour conforter ses désirs.

— On en parlera plus tard, chérie, lui dit-il doucement, avant de s'adresser aux autres. Sue travaille très dur toute la semaine. Le fait d'être l'assistante de son père ne signifie pas qu'elle bénéficie de faveurs spéciales, et elle doit parfois y retourner le samedi matin. Le dimanche est donc son seul véritable jour de repos.

Je songeai à sa Mini violette flambant neuve aux sièges en cuir avec lecteur de cassettes intégré, à ses vêtements de marque, à ses bijoux, à leur fastueux mariage, et me demandai ce que mon père voulait dire en prétendant qu'elle ne bénéficiait d'aucune faveur. D'après ce que j'avais pu entendre, un salaire normal de secrétaire ne suffisait pas à payer ce genre de choses.

Quelle que fût la teneur de leur conversation lorsqu'ils en parlèrent en privé, ce ne fut pas Sue qui remporta cette bataille : le dimanche suivant, elle était présente à la messe. Mais je n'étais pas encore au courant de ses autres projets au sujet de notre famille.

Ce fut ma grand-mère qui vint me chercher à la maison pour m'emmener au catéchisme ce jour-là. Mon père et Sue devaient nous rejoindre à l'église un peu plus tard. Ce fut aussi ma grand-mère qui signala à mon père que je grandissais vite et que j'avais besoin de nouveaux vêtements pour l'école. Remarque qu'il répéta ensuite à Sue.

— Tes enfants ont suffisamment de vêtements et de jouets, déclara-t-elle. Tu travailles assez dur pour gagner ta vie, ce n'est pas la peine de gaspiller ton argent, pas vrai, David ?

Sans lui laisser le temps de répondre, Sue, connaissant sa réticence à aller contre les conseils de sa mère, enlaça mon père et se pencha pour poser sa tête contre la sienne.

— Tu sais bien que je te dis ça parce que je t'aime, hein ?

Il lui adressa un sourire d'approbation.

— De toute façon, j'ai déjeuné avec papa aujourd'hui, et j'ai de très bonnes nouvelles à t'annoncer. Alors pour l'instant, ne te lance dans aucun achat de vêtements pour Sally.

Je vis le visage de mon père s'éclairer, comprenant de quoi elle parlait.

— Ah, David, et puisqu'on parle de tes enfants, je pense que Sally doit nous aider davantage maintenant. Elle passe tout son temps à jouer avec ce chien.

Il me regarda pour voir si je les écoutais, mais ne prit nullement ma défense.

J'étais écœurée des critiques de Sue. Je faisais déjà tout ce que je pouvais pour aider en rentrant de l'école et le week-end. Billy dormait maintenant à la maison, dans l'ancienne chambre de Pete, et ma tante et ma grand-mère s'occupaient encore de lui toute la journée.

Je l'aidais à s'habiller et à se déshabiller soir et matin et prenais le temps de jouer avec lui pendant que Sue, elle, se faisait les ongles ou feuilletait un magazine féminin.

40

Quelques semaines plus tard, je découvris pourquoi mon uniforme scolaire devait attendre. La très bonne nouvelle était que nous allions déménager.

Le père de Sue leur avait acheté une maison neuve, dont la construction venait de s'achever. Elle était maintenant presque prête à être habitée.

Bien entendu, une partie de son affaire se trouvait à proximité de son domicile et, comme il avait besoin de quelqu'un pour la gérer, Sue l'avait convaincu en lui affirmant que non seulement David serait la bonne personne pour ce travail, mais encore qu'elle serait plus heureuse de vivre près de chez ses parents. Il devint clair que mon père savait tout cela bien avant le mariage et qu'ils attendaient seulement que leur maison, située dans un lotissement, soit terminée. Ni Pete, ni moi, ni nos grands-parents n'en avaient été informés au préalable.

Lorsque j'appris que nous allions vivre dans une nouvelle maison, je crus d'abord que mon père voulait dire dans une autre partie de notre commune.

— Où c'est ? demandai-je, en pensant à toutes ces vilaines maisons qui poussaient comme des champignons en bordure de notre petite agglomération.

À ma grande consternation, on m'annonça que nous allions quitter de façon imminente tout l'univers qui m'était familier pour emménager à proximité du lieu de leur mariage.

— Tu verras, ça va te plaire, Sally, m'assura mon père sur le même ton que celui qu'il avait employé pour me dire que j'allais adorer avoir une nouvelle maman.

Il s'était trompé sur ce point, et j'étais persuadée qu'il se trompait aussi sur ce nouveau sujet. Remarquant que je n'étais pas tout sourire à l'annonce de la nouvelle, Sue vint y mettre son grain de sel. Son ton résolu m'indiqua une fois de plus qu'il était inutile de discuter avec elle.

— Sally, c'est là que ton papa va travailler, maintenant, c'est donc tout à fait logique. De toute façon, je suis sûre que tu auras une bonne surprise en la voyant. La maison est magnifique et tout sera flambant neuf.

Malgré tout leur enthousiasme, je ne pouvais m'empêcher de les regarder avec horreur. Nous allions quitter notre maison, celle que ma mère avait aimée, la seule que Billy et moi ayons jamais eue pour foyer.

— Mais... et pour l'école ? demandai-je sans trop savoir pourquoi, comme s'il n'y avait pas des écoles partout et que ce problème était mon principal souci.

Sue me répondit que j'étais déjà inscrite dans un nouvel établissement, et Billy sur la prochaine liste de la maternelle.

— Il sera assez grand pour y aller dans quelques mois, ajouta-t-elle.

C'est à ce moment-là que leurs paroles prirent sens pour moi. Et l'idée de ne plus avoir ma grand-mère à deux pas me terrifia.

— Tu te feras plein de nouveaux amis, là-bas, déclara-t-elle avec assurance, ignorant le fait que je jouais exclusivement avec mes cousines, pas avec mes camarades de classe.

— Et mamie ?

— Eh bien, tu pourras aller la voir, et elle aussi.

Je sentis mon cœur se briser, car mamie était la seule personne dans ma vie dont j'étais sûre de l'amour. Je songeai au trajet que nous avions fait pour aller au mariage et au temps qu'il avait pris. Mes grands-parents ne possédaient pas de voiture ; il leur faudrait des heures pour venir nous voir en bus.

L'idée que désormais seuls Sue et mon père allaient s'occuper de moi me donna la sensation qu'un gouffre noir s'ouvrait sous mes pieds. Prétextant aller chez ma grand-mère, je fis le pied de grue devant le travail de Pete en attendant qu'il sorte.

— Je parierais qu'elle avait prévu ça dès le début, dit-il avec hargne quand je lui appris la nouvelle. Elle ne voulait pas vivre ici, près de nos grands-parents, parce qu'elle veut papa rien que pour elle. C'est une salope, et une égoïste ! Et elle se fiche bien de toi et de Billy. Je suppose qu'elle pense que tout ça n'est pas assez bien pour elle. Et une fille de son genre n'a certainement pas envie qu'on la voie habiter dans un logement social.

Même si mon frère avait refusé de parler à mon père depuis l'annonce du mariage et qu'il n'avait jamais rencontré sa nouvelle belle-mère, il l'avait observée à distance et s'en était déjà forgé sa propre opinion, très peu flatteuse.

C'est beaucoup plus tard que je me rendis compte à quel point Pete avait raison sur toute la ligne. Le père de Sue avait proposé que le mien soit responsable des affaires locales et les aidait à acheter la nouvelle maison. La seule chose qui préoccupait mon père était les effets que pourrait avoir sur son mariage le fait de déraciner deux jeunes enfants qui venaient de perdre leur mère, pour les emmener loin de leur famille. Il savait maintenant que Sue n'avait pas la fibre maternelle et s'inquiétait de nous éloigner de la grand-mère qui s'était toujours occupée de nous.

C'est Sue elle-même qui me le dit un jour, lors de l'une de ses crises vachardes, mais bien plus tard. Elle avait considéré dès le début que ma grand-mère se mêlait de tout, et que le reste de la famille était vulgaire et arrogant. Et elle avait décidé de commencer sa vie conjugale loin d'eux tous, même si cela impliquait de devoir s'occuper de Billy et de moi.

Mais à l'époque, bien entendu, j'étais trop jeune pour comprendre et j'ignorais tout cela au moment où j'en parlai à mon grand frère.

— Il faut te faire une raison, Sally, me dit-il en voyant mon visage atterré. Elle ne voudra jamais rester ici, et papa s'est plutôt bien remis, tu ne trouves pas ? Dès qu'il a eu enterré maman, il a fallu qu'il exhibe cette Sue. Je ne suis pas étonné que son père leur ait acheté cette maison – il est bourré de fric, à ce qu'on m'a dit au boulot. Je suis sûr qu'elle obtient tout ce qu'elle veut de lui. C'est son unique fille, et apparemment il lui mange dans le creux de la main.

Devant les larmes qui me montaient aux yeux, mon frère tendit les bras et m'attira contre lui.

— Ne t'en fais pas, Sally, on se verra toujours quand tu viendras rendre visite à mamie, dit-il en me serrant brièvement. Toi et Billy me manquerez, mais je dois dire que je suis bien content de ne pas être du voyage.

Il me serra de nouveau puis se dirigea vers la porte de la maison de l'ami chez qui il logeait. Je le regardai marcher, les mains dans les poches, mais il ne se retourna pas. Je me rendis alors compte que lui aussi était seul, et que ce n'était pas seulement ma grand-mère qui allait me manquer.

— Je ne peux pas rester ici avec vous ? demandai-je à ma grand-mère d'un ton plaintif dès que je la revis. Je ne veux pas habiter loin de toi. J'ai besoin de toi, mamie, et Billy aussi !

— Sally, tu sais que tu dois aller avec eux, se contenta-t-elle de me répondre.

— Bon, eh bien si tu ne veux pas de moi, pourquoi pas tante Janet ? Je sais qu'elle serait d'accord, elle me l'a dit.

— Sally, arrête ces bêtises ! Ton papa veut que tu vives avec lui, et Sue aussi.

À ces mots, je me mis à pleurer en répétant que je ne voulais pas déménager.

— Je ne te verrai jamais, dis-je. Pourquoi est-on obligés de déménager ? Elle n'est pas bien, notre maison ?

Ma voix se cassa sous les sanglots, laissant mon corps tremblant de désespoir : je ne pouvais m'ôter de la tête qu'avec ce déménagement je n'aurais plus personne au monde.

Mamie me demanda fermement de ne pas faire l'idiote et de sécher mes larmes. Bien sûr que je la verrais souvent. Je viendrais la voir, et elle viendrait aussi dans notre nouvelle maison.

Je la regardai d'un œil dubitatif. Ses mots manquaient de conviction et semblaient être faits pour la convaincre, elle, autant que moi.

— Mais ce ne sera pas pareil, continuai-je en gémissant.

À cela, elle n'avait pas de réponse car il était évident que tout serait différent. Elle avait conscience que je quittais tout ce qui m'était familier et tout ce qu'il me restait de ma mère.

— Tu sais, Sally, le père de Sue les a aidés à acheter une belle maison neuve. Elle a un grand jardin, et je suis sûre que Dolly appréciera d'avoir plus de place pour galoper. Tu ne crois pas ?

— Oui, sûrement, marmonnai-je en essayant de contenir mes larmes.

Le fait que Dolly m'accompagne était ma seule consolation.

C'est ce jour-là qu'elle me donna la photo de ma mère ; celle où elle souriait dans le vent. Elle l'avait mise dans un joli cadre doré, exprès pour moi.

Je caressai le verre du bout des doigts, effleurant ses traits et sentis combien elle me manquait toujours.

41

Un samedi matin, j'étais assise à la table de la cuisine, traînant mon cafard, pendant que Dolly restait dans le jardin, Sue l'ayant bannie de la pièce lorsque nous mangions ou y préparions les repas.

Tout en buvant son café et en grignotant un toast, elle lâcha une nouvelle bombe sur moi.

Son miroir grossissant était posé contre la boîte de céréales et elle plissait les yeux, pince à épiler en main, traquant le moindre poil qui aurait pu venir troubler l'harmonie de ses fins sourcils.

Fascinée, je la regardais attentivement, n'ayant jamais vu ma mère se livrer à un tel exercice de précision. Au bout d'un moment, elle me décocha un regard.

— Au fait, Sally, dit-elle d'un ton léger, je voulais te parler de Dolly.

À peine avait-elle prononcé son nom que ma chienne commença à gémir pour entrer. Sue l'ignora scrupuleusement.

— Je pense que nous allons devoir lui trouver une autre famille quand nous aurons la nouvelle maison.

— Non ! m'écriai-je, indignée.

— Sally, je sais que tu l'aimes beaucoup, mais elle risque de ne pas apprécier le déménagement.

Je ne pouvais pas croire que Sue se préoccupe le moins du monde du bien-être de Dolly, quand elle ne se souciait même pas du mien.

— Elle aime être avec moi, dans n'importe quel endroit, répliquai-je obstinément.

Ses yeux gris clair fixèrent les miens et une main fine se posa brièvement sur mon poignet. Je ne pouvais pas la laisser remporter cette bataille.

— Je ne peux pas la quitter. C'était un cadeau de papa, rien que pour moi. Il me l'a donnée, et il l'aime, lui aussi ! argumentai-je.

— Il te l'a donnée quand tu étais encore triste à cause de ta maman, répondit-elle rapidement, mais maintenant que nous emménageons dans une nouvelle maison pour commencer une nouvelle vie, les choses vont être différentes pour toi. Et puis, tu m'as comme nouvelle maman, désormais.

Mon instinct me dicta de rester calme et d'attendre le bon moment pour régler l'affaire. C'était à mon père que je devrais m'adresser, et je décidai d'attendre que nous soyons tous à table pour le prendre de court.

Mettre Sue dans une colère noire ne jouerait pas en ma faveur ni en celle de Dolly.

Croyant que mon silence signait sa victoire, Sue posa sa pince à épiler et s'attela à recouvrir ses ongles d'un vernis rose pâle en de longs et lents coups de pinceau.

— Papa, dis-je quand il fut assis à table avec nous, je ne veux pas que Dolly soit donnée à quelqu'un d'autre quand on déménagera. C'est impossible.

Je vis à l'expression presque coupable de son visage qu'il avait déjà dû convenir du destin du petit chien avec Sue.

— Mais, Sue pense que…

Je ne le laissai pas répéter les mots qu'elle m'avait dits et tournai la tête vers lui pour le regarder droit dans les yeux.

— Mais papa, c'est toi qui me l'as donnée. Tu te souviens du jour où tu m'as annoncé qu'elle était à moi, dis ?

Je soutins son regard.

Eh oui, il s'en souvenait. Je vis qu'il se rappelait très bien le jour où il l'avait amenée à la maison, et ce qui s'était ensuite passé dans ma chambre.

Depuis le mariage ses mains ne m'avaient pas touchée, mais ses yeux l'avaient fait.

Je l'avais trop souvent surpris en train de regarder mes jambes sous mes jupes courtes pour ne pas savoir à quoi il pensait.

Et je ne quittai pas son visage des yeux, car je savais qu'il se souvenait de la véritable raison pour laquelle Dolly avait intégré notre famille.

J'entendis Sue dire « David » pour essayer de regagner son attention. Je l'entendis encore maugréer quelque chose au sujet des moquettes beiges toutes neuves et des microbes, mais pour une fois il ne lui prêta pas attention et resta concentré sur moi.

— Bon, d'accord ! Elle peut rester, mais tu as intérêt à bien t'en occuper. Sue a déjà assez de choses à faire comme ça, déclara-t-il enfin.

Un sentiment nouveau, proche du pouvoir, m'envahit alors. Pour la première fois, je venais de le manipuler pour faire basculer la situation en ma faveur.

— Oh, Dave chéri, je croyais qu'on s'était mis d'accord, déplora Sue, dissimulant à peine sa déception.

— Oui, mais Sally est vraiment très attachée à elle. Je ne pensais pas que ça l'embêterait autant.

Mensonge évident. C'était juste qu'il n'aurait jamais cru que je puisse lui tenir tête.

— Du moment que Sally s'en occupe et qu'elle n'ait pas le droit de tout faire, bien entendu, ajouta-t-il.

Je vis un éclair de rage traverser le visage de Sue et compris qu'elle ne me pardonnerait jamais d'avoir perdu une bataille contre un chien.

Mais le jeu en valait la chandelle : j'allais pouvoir garder ma petite chienne adorée.

42

Nous déménageâmes le week-end suivant. La veille au soir, j'avais emballé toutes les affaires de ma chambre et de celle de Billy, serrant mes habits dans des valises et ses jouets ainsi que mes livres dans deux boîtes en carton. Puis nous étions tous allés dîner chez ma grand-mère. Tout comme Sue avait autrefois monopolisé la conversation avec l'organisation de son mariage, elle en faisait maintenant autant avec la nouvelle maison.

Comme à l'accoutumée, mon grand-père ne parlait pas beaucoup, se contentant de dire que tout avait l'air très bien, mais ma grand-mère, habituellement plutôt bavarde, était cette fois anormalement silencieuse.

Lorsque nous les quittâmes pour rentrer à la maison, je me sentis triste et déprimée. Je me demandais si j'aurais de nouveau l'occasion de faire un repas avec tous ces membres de ma famille que j'aimais tant.

Le lendemain matin, après un rapide petit-déjeuner, on entassa les valises dans la voiture de Sue et dans celle de mon père. Ma grand-mère arriva pour nous dire au revoir et, après une tasse de thé, Sue regarda sa montre et annonça qu'il était temps d'y aller.

— Mais... et le reste ? demandai-je.

— Oh, quelqu'un va venir s'en charger, répondit-elle évasivement.

Je regardai le canapé où j'avais passé tant de temps avec ma mère, les coussins que je l'avais vue fabriquer et me rappelai la jolie couverture bleue sur mon lit, qu'elle aimait enrouler autour de moi le soir.

Sue ne pouvait pas vouloir dire que rien d'autre de nos affaires ne viendrait nous rejoindre ?

— Mais, et les...

Je pensais à toute la porcelaine et aux bibelots que ma mère adorait, et au service en argent que j'avais poli avec elle.

Elle fit un geste de la main qui m'intimait de ne plus discuter.

— Sally, on va avoir plein de nouvelles choses. On n'a pas besoin de tout ça, décréta-t-elle avec impatience.

Nous sortîmes alors et je contemplai la maigre somme de nos possessions que Sue nous avait autorisés à mettre dans les voitures. Ma belle-mère derrière nous, je pris place près de mon père pour entamer le long trajet jusqu'à notre nouvelle maison.

Celle-ci se trouvait au bout d'un cul-de-sac, à côté de cinq autres parfaitement identiques. Avec ses briques rouges et ses tours de fenêtres en bois, on eût dit une version réduite de celle des parents de Sue.

Il y avait une pelouse à l'avant, un double garage sur le côté et, en faisant le tour, je vis que les portes-fenêtres donnaient sur une terrasse couverte et un grand jardin à l'arrière.

Sue était gonflée d'orgueil quand mon père ouvrit la porte d'entrée.

— Première règle de la maison, les enfants : tout le monde enlève ses chaussures en entrant. Allez, dépêchez-vous, je vais vous faire visiter, dit-elle alors que mon père dénouait déjà ses lacets.

Tout près de la porte, sur un tapis impeccable, se trouvait un assortiment de chaussons en coton. Montrant du doigt la deuxième petite paire, Sue me dit :

— Ce sont les tiens, Sally. Aide Billy à mettre les siens, s'il te plaît.

C'était la maison la plus immaculée que j'aie jamais vue. Une moquette crème tapissait les marches de l'escalier et le sol de l'entrée, et celui du grand salon en L était recouvert d'un épais tapis à poils blancs.

En le voyant, je me dis que si Sally parvenait un jour jusque-là – ce qui était évidemment interdit –, on ne l'y distinguerait qu'à peine.

— Deuxième règle de la maison… Tu te souviens de ce qu'on t'a dit, Sally ? Pas de chien. Et pas de jouets, de nourriture ou de boisson dans cette pièce non plus, claironna Sue.

Visiblement, il allait y avoir un règlement particulier pour chaque pièce. Le nouveau mobilier était déjà installé. Deux gros canapés en cuir blanc, une table basse en métal et en verre, des étagères portant des figurines de cristal et des personnages de porcelaine blanche et grise, dont Sue me dit avec fierté que c'étaient des « Lladro ».

Dans un coin se trouvait un bar en forme de globe, que mon père ouvrit pour me montrer l'assortiment de bouteilles qu'il contenait. Il y avait encore une rangée d'étagères contre le mur sur lequel se dressait une imitation de cheminée en pierre, avec un ensemble stéréo à la pointe de la technologie. Sur le tapis trônait enfin une télévision complètement ronde, campée sur un pied blanc. Je n'avais jamais rien vu de tel et me demandai si Billy et moi aurions un jour le droit de la regarder.

Une longue table en bois clair et brillant meublait la salle à manger, avec ses six chaises à l'assise tapissée de tissu crème. Le buffet coordonné était recouvert de photos de Sue et de ses parents.

Il y en avait également du mariage, même si aucune photo de groupe ne montrait notre famille.

Les murs étaient décorés de gravures pastel et de miroirs dorés, et les fenêtres encadrées de lourds doubles rideaux de velours beige tombant jusqu'au sol, retenus par des embrasses à glands dorés.

Billy sur nos talons, Sue nous montra fièrement le reste de la maison. La cuisine étincelait de tout l'éclat des casseroles en inox posées sur la gazinière, la salle de bains était carrelée d'un vert pâle, et la chambre de Billy avait un lit une place recouvert d'une couette aux couleurs vives.

— Tu laisseras tous tes jouets ici. Rien ne doit traîner ailleurs, lui recommanda-t-elle en ouvrant un placard sous ses yeux ébahis par ce nouvel environnement.

Je savais déjà que nous n'aurions pas le droit de jouer en bas. Puis, à quelques pas de sa chambre, elle s'arrêta pour ouvrir une porte en annonçant que celle-ci était la mienne.

Elle était entièrement décorée en rose et blanc. Mon lit était recouvert d'un édredon fleuri rose pâle et avait sa petite table de nuit assortie avec une lampe émettant une douce lumière rosée. Sur un mur se trouvaient des placards incorporés, des étagères et un bureau.

— Pour que tu puisses faire tes devoirs tranquille, me dit-elle. Plus besoin de t'installer dans la cuisine pour travailler.

Elle s'assit alors sur le lit et fit un geste pour m'inviter à prendre place à côté d'elle.

— Sally, dit-elle, je veux que tu m'appelles maman à partir de maintenant. Tu ne vas pas tout le temps m'appeler Tatie Sue, quand même ?

Elle passa ses bras autour de moi, m'inondant de son parfum capiteux que je n'aimais pas. Gênée par cette proximité, je me tortillai légèrement sur le lit.

— Alors, tu l'aimes, ta chambre ? J'ai choisi moi-même le papier peint.

Je regardai les murs habillés de rayures blanches et roses et murmurai timidement :

— Oui.

Je savais qu'elle en attendait davantage, et qu'un flot d'expressions enthousiastes de petite fille eût été de bon ton, mais cette chambre, avec ses aménagements intégrés et sa moquette impeccable, ne ressemblait à rien de ce que j'avais connu, et je ne m'y sentais pas à l'aise.

Son regard parcourut la pièce.

— Je ne connais pas une petite fille qui ne serait pas ravie d'avoir une telle chambre pour elle toute seule.

Je parvins finalement à articuler les mots qu'elle attendait.

— Merci. C'est très joli.

— Merci qui ? me reprit-elle.

— Maman, dis-je en me forçant.

— Sally, je suis sûre que nous allons être très heureux ici, dit-elle avant de sortir pour me laisser déballer mes affaires.

J'installai mes livres sur les étagères avec ma poupée Tiny. La maison de poupées, que mon père venait d'apporter dans ma chambre, fut placée juste en dessous. Ensuite, je suspendis mes vêtements dans la petite penderie blanche. La dernière chose que je sortis de ma valise fut la précieuse photo de ma mère.

Je la gardai entre mes mains quelques instants : son visage s'estompait dans mon esprit et pouvoir voir son image en ravivait le souvenir. Je placerais le cadre sur ma table de chevet de telle sorte que ce soit la première chose que je voie le matin en m'éveillant.

Perdue dans mes pensées, je n'entendis pas Sue revenir et sursautai en réalisant soudain qu'elle se trouvait derrière moi.

— Qu'est-ce que tu regardes, Sally ? demanda-t-elle en me retirant le cadre des mains.

— Ma maman, répondis-je, avant de lui expliquer que c'était ma grand-mère qui me l'avait donné.

Je me figeai en voyant la bouche de Sue se pincer et ses yeux briller de colère.

— Sally, je croyais qu'on venait de convenir que c'était moi ta maman, maintenant, alors je ne veux plus t'entendre parler d'une autre. Est-ce que tu t'es bien mis ça dans la tête ? Je ne veux pas avoir à te le redire. C'est bien compris ?

— Mais quel autre nom dois-je lui donner, alors ? lui demandai-je, plus déroutée qu'alarmée par sa réaction.

— Je croyais que ton papa t'avait déjà dit de ne pas parler d'elle. C'est exact, oui ou non ?

— Oui. Mais mamie a dit que c'était parce que ça le rendait triste. Et il n'a pas dit que je ne devais pas en parler aux autres.

Consciente de ne pas avoir répondu ce qu'il fallait, ma voix s'éteignit soudain, puisque je ne pouvais plus retirer les mots que je venais de prononcer. Je sentis une vague d'appréhension monter en moi devant la colère qui envahissait visiblement le visage de Sue.

— Eh bien, je ne veux plus jamais entendre son nom. Tu ne dois plus parler d'elle. En fait, je veux même que tu oublies que tu as eu un jour une autre maman.

Je la fixai, complètement abasourdie. Comment pouvait-elle me demander cela ?

— Je ne veux pas, lui répondis-je avec provocation. Je ne veux pas oublier ma maman. Elle m'aimait.

— Sally, si je n'avais pas été là, toi et Billy auriez fini dans un foyer, tu es consciente de ça ?

Je commençai à lui opposer que ma mamie nous aurait pris chez elle, mais elle balaya l'argument d'une seule phrase :

— Ta mamie devient trop vieille pour pouvoir s'occuper de jeunes enfants, Sally. Elle te l'a dit elle-même, non ? Il ne tient qu'à moi que vous restiez habiter ici… ou pas. Tu m'as bien comprise ?

— Oui, bougonnai-je, même si ce n'était pas tout à fait vrai.

— Bien ! Alors à partir de maintenant, tu ne me répondras plus jamais comme ça. Jamais. Tu m'entends ?

Je l'entendais, et les mots qu'elle venait de prononcer ravivèrent la peur que j'avais eue à l'idée d'être coupée de tout ce que j'aimais. En quelques semaines, Sue avait réussi à concrétiser mes pires craintes. Je voulus m'éloigner d'elle et fis un mouvement pour quitter cette chambre, qui me donnait soudain un sentiment de claustrophobie.

— Sally, avant que tu partes, je veux que tu me promettes que c'est la dernière fois que j'ai à te parler de ce sujet.

Je la regardai d'un air rebelle et restai muette.

La façade de belle-mère aimante qui voulait faire de son mieux pour nous disparut alors, et je sentis la force de sa détermination remplir la pièce. Je sentis également sa poigne se resserrer sur mon épaule, et son regard se durcir. Je reculai d'un pas.

— Dis-le. Dis que tu ne parleras plus jamais d'elle. Je veux l'entendre avant que tu sortes de cette chambre ! hurla-t-elle.

On aurait pu croire que ma langue avait gonflé dans ma bouche, bloquant les mots qu'elle essayait de me faire prononcer. Tout ce que je pouvais faire, c'était la regarder silencieusement pendant que mes lèvres bougeaient sans qu'un son n'en sorte.

— Sally, je te préviens ! Dis-le ! vociféra-t-elle.

À contrecœur, je parvins enfin à faire sortir ces mots :

— Je ne parlerai plus d'elle devant toi.

— Et qui suis-je ?

— Maman, répondis-je avec soumission.

— Alors si je suis ta maman, la seule que tu aies, qui est cette femme en photo ?

Là, je ne comprenais plus ce qu'elle voulait que je dise.

— Sally, ça me fait beaucoup de peine que tu gardes cette photo dans la chambre que j'ai décorée spécialement pour toi. Ton attitude me semble particulièrement ingrate.

— Non, non, ce n'est pas vrai, protestai-je tandis que les larmes me montaient aux yeux.

— La seule chose que j'attends de toi, Sally, continua Sue sans tenir compte de ma détresse, c'est que tu me témoignes ta gratitude et que tu me traites avec le respect que je mérite. Tu comprends ? À ce moment-là, on pourra de nouveau s'entendre. Bon, tu n'as pas envie de gâcher notre première journée dans cette maison, n'est-ce pas ?

Je secouai la tête négativement, ne sachant toujours pas ce qu'elle voulait que je fasse. J'allais vite le découvrir.

Elle me rendit la photo et j'allai la ranger dans ma valise, hors de sa vue.

— Oh non, Sally, ce n'est pas du tout ça que je veux, dit-elle abruptement. Tiens, redonne-la-moi.

Elle releva mon visage de l'une de ses mains blanches et fines et, enfonçant ses ongles dans ma joue, me força à la regarder dans les yeux.

— Tu peux me montrer ta reconnaissance en faisant exactement la chose qui me ferait plaisir. C'est bien ce que tu veux faire, non ?

— Oui, répondis-je faiblement.

— Eh bien, ce que je veux que tu fasses, c'est sortir cette photo de son cadre et la déchirer immédiatement, dit-elle.

— Non ! Je t'en prie, c'est la seule que j'aie !

— Sally, si tu te soucies un tant soit peu de mon opinion, tu vas faire ce que je te demande.

Elle retourna le cadre, souleva les petits crochets qui maintenaient la photo en place et l'enleva.

— Je ne quitterai pas cette chambre avant que tu le fasses.

Le cœur brûlant de haine contre elle, je m'exécutai. Je regardai une dernière fois le visage de ma mère et essayai de toutes mes forces d'imprimer pour toujours son image dans ma mémoire.

Mes doigts déchirèrent alors la photo, et je contemplai avec horreur son visage se réduire à un tas de petits bouts de papier. Malgré une profonde envie de pleurer, je parvins à retenir mes larmes.

Ce fut le début du mur invisible et impénétrable que j'allais ériger, pierre après pierre, entre moi, Sue, et tout ce qui pouvait me faire du mal.

Je me jurai intérieurement que Sue ne me verrait plus jamais pleurer, ce qui fut le cas pendant toutes les difficiles années qui suivirent.

43

À l'exception de ces premiers jours malheureux dans la nouvelle maison, tout ce qui s'est déroulé jusqu'à ce Noël et les quelques jours suivants a été effacé de ma mémoire. Il ne me reste que quelques images fugaces de ces mois où j'avais environ huit ans, dont celle d'un grand sapin blanc artificiel dans notre nouveau salon.

Sue ne pouvait tolérer que des aiguilles de sapin tombent sur ses beaux tapis, et la collection de décorations de Noël de ma mère avait été abandonnée à notre ancien domicile. Elle rentra donc plusieurs fois à la maison les bras chargés de boîtes et de sacs contenant de nouvelles décorations, toujours dans les tons blanc, argent ou rose. Il dut bien y avoir des cadeaux à ce Noël, mais je n'en ai gardé aucun souvenir.

Sue et mon père organisèrent des fêtes qu'elle appelait « cocktails » ou « apéritifs », avec les nouveaux voisins ou ses nombreux amis. Cantonnés à nos chambres, Billy et moi pouvions entendre son rire et la musique de Noël qui remontaient du salon.

Je sais que nous sommes allés dîner chez les parents de Sue pour le réveillon, mais je ne me rappelle plus du tout de ce repas.

La seule chose dont je me souvienne parfaitement est la terrible dispute qui eut un jour lieu entre Sue et mon père.

Quand mon grand-père mourut, tout changea de nouveau dans ma vie. Il avait beaucoup neigé ce fameux vendredi soir. Des tourbillons de gros flocons blancs avaient recouvert les pelouses et transformé les branches dénudées des arbres en chefs-d'œuvre naturels.

Noël était passé, et la nouvelle année venait juste de commencer lorsque nous apprîmes la terrible nouvelle. Nous étions en train de prendre le petit-déjeuner quand le téléphone sonna, et mon père se leva pour aller répondre dans l'entrée. Je sus que quelque chose n'allait pas avant même qu'il ne nous dise ce qui s'était passé. Il avait le dos voûté et le teint blême en revenant dans la cuisine.

— Mon père est mort, dit-il à Sue, oubliant que c'était aussi la disparition de notre grand-père qu'il annonçait aussi abruptement. Une crise cardiaque. Ma mère a cru que c'était une indigestion et est allée lui chercher un médicament, et à son retour il était déjà mort. Ça s'est passé en quelques minutes.

Sue lui demanda quand c'était arrivé, et il lui répondit que le décès remontait à la veille au soir, et que ma grand-mère avait attendu le matin pour l'appeler.

— Elle s'est dit que nous étions peut-être sortis, avec le nouvel an, tout ça, dit-il, et elle ne voulait pas avoir à l'annoncer aux enfants ou à une baby-sitter.

Pour la première fois de ma vie, je vis les yeux de mon père se mouiller d'émotion ; la culpabilité et le remords ne tardèrent pas à s'ajouter au chagrin.

— On aurait dû y aller pour Noël, Sue. Ils nous l'avaient demandé. Maman et papa avaient tellement envie de voir les enfants, et ils voulaient nous donner nos cadeaux en main propre, pas nous les envoyer par la poste.

La réponse de Sue fut typique d'elle, c'est-à-dire dénuée de toute compassion. En substance, il ne pouvait pas savoir que c'était le dernier Noël de son père et il n'avait aucun reproche à se faire pour ne pas y être allé.

Il haussa le ton en disant que ce n'était pas à lui-même qu'il faisait des reproches mais à elle. C'est alors que la dispute éclata.

Elle voulait tout contrôler, elle était ingrate, et comme le ton montait de plus en plus, Billy et moi descendîmes de nos chaises pour rejoindre nos chambres respectives.

Un peu plus tard, mon père m'informa que les funérailles auraient lieu dans trois jours et que, la différence de celles de ma mère, je pouvais y assister.

Je ne lui dis pas que j'avais déjà capté cette information pendant leur querelle.

— Sue ne vient pas, se contenta-t-il de dire.

J'en avais entendu assez pour savoir qu'il ne souhaitait plus l'avoir à ses côtés pendant ce pénible moment, pas plus qu'elle-même ne désirait y aller. Je l'avais entendue lui dire d'une voix complètement hystérique qu'elle ne voulait pas l'accompagner et qu'elle savait que sa famille ne l'aimait pas. Ils l'accusaient d'avoir fait partir mon père loin d'eux avec les enfants et de ne pas se rendre à l'église.

À la question « Comment veux-tu que je justifie le fait que tu ne viennes pas ? », Sue lui dit de répondre qu'elle s'occupait de Billy et qu'elle était trop jeune pour aller à un enterrement. Il répliqua qu'elle ne pouvait guère espérer être appréciée de sa famille quand elle ne parlait que d'elle et de l'argent de son père et qu'elle lui mettait toujours des bâtons dans les roues chaque fois qu'il voulait aller voir ses parents.

Il y eut de nouvelles insultes, et je l'entendis dire qu'elle ne voyait pas pourquoi il voulait m'emmener à l'enterrement. Sur ce point, mon père se montra inflexible.

— Elle vient avec moi. Sa grand-mère veut la voir. Alors tu lui prépares un truc convenable à se mettre, tu m'entends ?

C'est donc seule avec mon père que je partis quelques jours plus tard pour rejoindre la maison de ma grand-mère. Nous restâmes tous deux silencieux pendant tout le temps du long trajet. Il était perdu dans ses pensées et je me sentais mal à l'aise de me retrouver seule avec lui pour la première fois depuis son mariage. J'avais envie de lui dire combien j'étais attristée de la disparition de mon grand-père mais son expression fermée me découragea d'essayer d'entamer une conversation.

À notre arrivée, la maison était déjà pleine de monde, principalement mes oncles et mes tantes. Ma grand-mère, petite silhouette rabougrie toute de noir vêtue, me parut soudain vieille et fragile.

Ses yeux grossis par ses lunettes illuminaient autrefois son visage, mais ils étaient maintenant tristes et perdus dans le vague. Je voulus courir vers elle et lui jeter mes bras autour du cou, mais sa peine formait comme une barrière invisible qui m'en empêcha. Je me contentai donc de rester derrière ma tante, qui faisait de son mieux pour retenir ses larmes, essayant de se montrer courageuse pour sa mère.

Lorsque le corbillard et les grandes voitures noires qui devaient nous emmener jusqu'à l'église arrivèrent, ma pauvre grand-mère se leva et prit le bras de mon père, s'y appuyant comme si la douleur lui avait pris toutes ses forces. Bras dessus, bras dessous, la grande main gantée de mon père couvrant celle de sa mère, ils sortirent ensemble de la maison. Nous leur emboîtâmes tous le pas pour atteindre le cortège des voitures.

Ce n'est qu'au moment où elle ouvrit la procession dans l'allée centrale de l'église que je la vis repousser le bras de mon père. Elle prit une grande inspiration, se redressa, puis avança la tête droite avec un petit sourire pour les gens qui se retournaient en la reconnaissant.

Le seul son que j'entendais tandis que nous rejoignions nos places devant était celui des pas traînants et des feuilles de prières distribuées à l'entrée. Je regardai autour de moi et vis des membres de la famille, des amis, des voisins et quantité d'hommes âgés arborant des médailles, qui avaient fait la guerre avec mon grand-père. Certains avançaient par deux, d'autres marchaient seuls, et, un à un, tous vinrent présenter leurs condoléances à ma grand-mère. Des têtes chenues vinrent s'incliner devant elle en murmurant quelques mots de sympathie, et elle resta debout sans flancher tout ce temps, les remerciant d'être venus en dépit du froid et des routes dangereusement verglacées.

Mon regard était irrésistiblement attiré par le cercueil recouvert de fleurs près de la chaire, dans lequel je me représentais mon grand-père allongé. Quand le vicaire annonça le début de la cérémonie, les bancs étaient tous remplis, et après son mot d'accueil le chœur entraîna l'assemblée dans un chant après que nous nous fûmes tous relevés en entendant le son de l'orgue, emplissant l'église des notes claires de « Le Seigneur est mon berger ». Je vis la tête de ma grand-mère se relever et des larmes ruisseler sur ses joues. Puis, ses lèvres commencèrent à s'animer pour se joindre au chant, les mots du psaume préféré de mon grand-père la réconfortant quelque peu.

— « Je suis la résurrection et la vie », a dit le Seigneur...

Ces mots me dépassaient, ainsi que le reste du court sermon. Ma tante garda un mouchoir mouillé sous son visage pendant la quasi-totalité de la cérémonie, mais une fois le premier hymne chanté, ma grand-mère ne pleura plus. Mon père fut appelé par le pasteur pour lire un court passage de la Bible et parler de son père, ainsi que le meilleur ami de mon grand-père.

Ce furent mon père et ses frères qui poussèrent le cercueil dans l'allée sur un dispositif à roulettes, avant de le prendre sur leurs épaules pour le déposer dans le corbillard.

Le convoi de voitures se rendit jusqu'au cimetière, aux bordures de l'agglomération – le même que celui où ma mère reposait. Je me tins tout près de ma grand-mère et inclinai la tête quand le pasteur entonna la prière qui accompagnait la descente du cercueil en terre :

— Le Seigneur a voulu rappeler à lui l'âme de David East, qui vient de nous quitter...

Enfin, il prononça les derniers mots :

— Nous confions maintenant son corps à la terre.

Le cercueil fut alors descendu dans le profond espace rectangulaire qui avait été creusé pour accueillir mon grand-père.

Tout était fini, et ma grand-mère reprit le bras de mon père pour s'éloigner péniblement de la tombe fraîchement creusée dans laquelle elle laissait son mari, son compagnon de tant d'années.

Les femmes du village s'étaient arrangées pour utiliser une salle paroissiale afin d'y offrir des rafraîchissements. De nombreux camarades de guerre de mon grand-père avaient parcouru de longues distances pour assister aux funérailles, et la maison de mes grands-parents n'était pas assez grande pour recevoir tout le monde.

Nous partîmes donc du cimetière pour rejoindre cette salle où du thé, des gâteaux et des sandwiches nous attendaient. De petits groupes se formèrent, chacun évoquant la mémoire de mon grand-père, des épisodes de sa vie, ou comment ils s'étaient rencontrés. Je me glissai près de mamie, qui me prit la main.

Même si je n'avais jamais été aussi proche du taciturne vieil homme que de ma grand-mère, je sentis les larmes envahir mes yeux : c'était une nouvelle mort, ce qui voulait dire que je ne le reverrais plus jamais.

Elle m'attira près d'elle.

— Il n'a pas souffert, Sally, me dit-elle. C'est allé très vite.

Je songeai alors qu'il avait peut-être rejoint l'endroit magique où était ma mère.

— Mais il peut nous voir, dis ? demandai-je.

Elle sourit, chassant momentanément la tristesse de ses yeux.

— Oui Sally, répondit-elle, il peut nous voir.

Je compris qu'elle se souvenait de l'histoire que ma mère m'avait racontée.

Pete vint vers nous, et je fus frappée de constater qu'en quelques mois, depuis notre dernière rencontre, il était devenu un homme. Il échangea d'abord quelques mots avec mamie puis me demanda si je me plaisais dans la nouvelle maison, mais mon esprit était obnubilé par l'idée que la famille de mon père me manquait et je ne parvins qu'à bredouiller :

— Elle est jolie, oui, enfin, ça va, à peu près…

Quelque chose me retint de parler de la dispute entre Sue et mon père. Ce matin-là, j'avais reconnu l'expression qui se lisait sur le visage de ma belle-mère, un regard dont la confiance avait disparu.

C'était encore celui d'une femme amoureuse de son mari, mais qui n'était plus sûre de lui.

À ma grande surprise, je ressentis alors un élan de pitié pour elle. Sentiment qui n'allait pas durer.

44

Mon père et moi restâmes sur place jusqu'à ce que tous les invités soient partis, puis nous rentrâmes à la maison de ma grand-mère. Je l'entendis promettre que nous reviendrions la voir dans une semaine.

Le soir s'annonçait lorsque nous prîmes la route ; fatiguée par les émotions de la journée, bercée par le ronronnement et le chauffage de la voiture, tourné à fond, je m'endormis bientôt sur le siège passager. Peu après, je sentis le véhicule tressauter et entendis les changements de vitesse du moteur. Ouvrant les yeux, je constatai que nous n'étions plus sur la grande route, mais sur un chemin étroit plein d'ornières, qui traversait une zone boisée.

Des tracteurs avaient dégagé la neige de la route, mais on voyait dans la lumière des phares que les bords étaient encore recouverts d'une neige épaisse et intacte, à l'exception des traces de pattes d'oiseaux et d'autres petits animaux. Mon père s'enfonçait de plus en plus profondément dans la forêt, dont la densité avait réduit l'accumulation de la neige au sol.

Des ronces et des buissons bordaient l'étroite allée qu'il empruntait, et de chaque côté, les troncs élancés de grands pins étaient maintenant si serrés qu'il faisait de plus en plus noir, à mesure que la nuit tombait. Nous arrivâmes dans une petite clairière et mon père coupa le moteur et les phares, nous plongeant dans une atmosphère sinistre.

Il alluma la lampe du plafonnier dont la faible lumière jaune projeta des ombres sur son visage.

Nous nous retrouvâmes dans un monde obscur et silencieux, tandis que les vitres se recouvraient rapidement de la buée provoquée par nos respirations.

— Je venais souvent là quand j'étais petit, dit mon père. La journée a été longue, je vais me reposer un peu mais je dois aller pisser d'abord.

Il ouvrit sa portière et descendit de la voiture. Je le regardai s'éloigner et entendis le bruit de l'urine tombant dans les buissons. Après quoi, il demeura le dos tourné, mais je vis la lueur rouge d'une cigarette dans le noir.

Il portait la main à sa bouche et je distinguai vaguement les volutes blanches de fumée qui s'enroulaient puis s'évaporaient non loin de sa tête.

Pendant tout le temps où il fuma sa cigarette, son visage me resta caché. Il prit une dernière bouffée, jeta la cigarette par terre et l'écrasa lentement sous son pied avant de revenir vers moi.

Dans la pénombre, son visage formait un halo pâle qui se rapprocha progressivement jusqu'à ce qu'il remonte dans la voiture. Je le dévisageai avec perplexité et vis que ses yeux étaient comme deux trous noirs, dénués de toute expression, comme s'il ne me regardait pas vraiment, mais qu'il regardait à travers moi, me dis-je alors. Une boule d'appréhension se forma dans mon ventre.

D'instinct, je compris que les mois de répit pendant lesquels il ne m'avait pas touchée étaient terminés et que, quoi qu'il ait pu me faire faire auparavant, cette fois, dans cet endroit sombre et lugubre, cela allait être pire.

— File à l'arrière, Sally, m'ordonna-t-il.

Je secouai la tête, déjà consciente de l'inutilité de mon geste. À huit ans, je ne faisais évidemment pas le poids contre lui. Il n'eut aucune forme de réponse aux larmes et aux supplications qui suivirent. Au lieu de quoi, il sortit de la voiture, ouvrit ma portière et celle de l'arrière pour ensuite m'attraper le bras et, d'un mouvement sec, m'extirper de ma place pour me jeter tête la première sur la longue banquette arrière. Il ne prononça pas un mot en tirant sur mes jambes pour les faire dépasser de la banquette jusqu'à presque toucher le sol. Pas plus qu'il ne le fit en baissant ma culotte et mes collants de laine avant de m'écarter violemment les jambes.

Je tremblais en sentant le froid de la nuit mordre ma peau nue et en entendant son souffle rauque ignorant mes faibles plaintes :

— Non, papa, non ! S'il te plaît !

Je sentis ses mains passer sous mes fesses, la chose dure se presser contre moi, et l'entendis cracher dans ses doigts avant de les introduire en moi.

— Tu es prête, maintenant, dit-il, parlant pour la première fois depuis qu'il était revenu à la voiture.

C'est à ce moment-là que mon père me viola vraiment. Dans cette forêt glaciale où les rayons blêmes de la lune dansaient entre les feuilles pour nous envoyer quelques taches de lumière pâle.

Je sentais l'odeur de mon père et celle du cuir de la banquette sur laquelle ma joue était pressée. Je sentais aussi l'air froid sur mes jambes mais, par-dessus tout, je le sentais lui s'engouffrer en moi.

L'épais tissu de son pantalon frottait contre mes jambes, et j'entendais ses râles et le grincement de la voiture qui bougeait en même temps que lui.

Et avec chacun de ces coups de boutoir, de ces râles, de ces soupirs et de ces grincements, je sentais l'âme de mon enfance s'étioler et mourir.

Avec elle s'envolèrent les graines semées par une bonne éducation que l'amour parental fait croître ; les graines de la conscience, de la gentillesse, et de la capacité à aimer avec désintéressement. Ces graines me quittèrent en même temps que la conviction que les adultes étaient là pour protéger les enfants.

À leur place, il ne resta plus qu'un espace rempli par le besoin : le besoin d'éloges, le besoin d'être acceptée et aimée, mais la capacité d'aimer en retour était anéantie.

Ce soir-là, ce n'est pas seulement mon enfance que mon père tua : il détruisit aussi la femme que j'aurais pu devenir.

Je ne me souviens pas de ce qu'il me dit cette fois-là, mais je me rappelle nettement ses paroles les nombreux autres soirs où il me viola, et je n'ai aucune raison de croire qu'ils furent différents. Chaque fois qu'il venait d'abuser de moi, c'était toujours à peu près la même chose :

— C'était bien, hein, Sally ?

Je ne pouvais que secouer la tête en entendant ces mots, incapable que j'étais d'articuler le moindre son dans les premiers temps.

Mais cette expression de dénégation ne me valait qu'un rire de sa part ; un rire sans joie.

— Je sais que tu voulais que je le fasse, Sally, décrétait-il. Je t'ai vue me regarder avec tes grands yeux de petite cochonne.

Comment pouvais-je lui dire que quand je le regardais, c'était pour essayer de retrouver mon ancien papa ? Celui que j'avais encore envie de voir. C'était son amour qui me manquait quand, me croyant à l'abri des regards, je guettais son visage, espérant voir un sourire s'y dessiner – celui qu'il me réservait jadis.

Je me souviens affreusement bien de cette période, que des souvenirs persistants ne m'ont jamais permis d'oublier. La nuit, ils s'immiscent dans mes rêves jusqu'à ce que je me force à m'éveiller. Puis, révoltée, j'essuie les larmes de petite fille qui mouillent le visage de la femme mûre que je suis maintenant. Plus de trente ans ont passé, et mes rêves ne me laissent toujours pas oublier ces arrêts du soir dans les bois et, plus tard, quand Sue reprit ses sorties avec ses copines, les visites de mon père dans ma chambre rose et blanche.

Je suis encore pleine du mépris et de la colère qu'il affichait à mon égard, mais en revanche, je ne me souviens pas de la douleur physique que je ressentais. La douleur qui déchirait mon corps devait être si violente et envahissante que j'en restais probablement tremblante pendant des heures après les faits. Mais si je me revois encore, enfant, pleurant à chaudes larmes pendant que le sang et le sperme coulaient sur mes jambes glacées, je ne me rappelle pas la souffrance physique.

En revanche, je me souviens bien du sentiment de violation que je ressentais au moment où il entrait en moi, je sens presque encore ses soubresauts au moment où l'acte s'achevait dans ses grognements ; et derrière mes paupières closes je revois encore le pâle préservatif usagé qu'il abandonnait dans l'herbe ou dans les buissons après que j'aie eu mes règles. Mais je suis sûre que cet autre souvenir doit se nicher quelque part.

Peut-être que, le trouvant trop insupportable, je l'ai refoulé dans un coin reculé de mon esprit. Il est là, enfermé dans une boîte minuscule et, craignant qu'il ne s'en échappe un jour, j'ai refermé le couvercle de la boîte avant de l'enfouir très loin, sous d'autres souvenirs.

Chaque fois que l'acte était terminé, il passait son bras autour de mes épaules et m'attirait contre lui. Cet unique geste de tendresse transformait alors l'homme qui m'avait violée en celui qui me réconfortait.

Puis, la voix de l'homme que j'avais aimé quand j'étais plus petite emplissait mes oreilles.

Alors que les sanglots secouaient tout mon corps, il essuyait mes larmes et sa main me caressait le dos dans un geste apaisant.

— Chut, chut, Sally, là, voilà... murmurait-il jusqu'à ce que mes pleurs se tarissent. C'est ce que font les papas aux petites filles qu'ils aiment, tu sais bien. Ils leur apprennent à devenir des femmes. Arrête de pleurer. Tu es une grande fille, maintenant.

Mais dès que j'avais cessé, sa voix changeait et reprenait les accents durs et méprisants qu'il avait presque toujours avec moi. Et il me repoussait.

— De toute façon, je sais que c'est ce que tu voulais.

Telle était l'une de ses accusations récurrentes.

— Ce n'est pas vrai, m'offusquai-je.

— Eh bien, tu apprendras bientôt à aimer ça, me disait-il brusquement.

Je savais que ce ne serait pas le cas. Pourtant, chaque fois que cela se produisait, je m'appuyais toujours contre lui à la fin, pendant que ses mains me caressaient et que sa voix me murmurait quelques mots de réconfort.

Une fois que j'étais calmée, il me donnait un tissu qu'il gardait dans la boîte à gants, quand nous étions dans sa voiture, ou un mouchoir lorsque nous étions dans ma chambre.

— Tiens, nettoie-toi un peu avec ça.

Et systématiquement, je lui obéissais, avant de remettre ma culotte.

— Sally, me répétait-il régulièrement, c'est quelque chose de spécial entre nous. Tu ne dois pas en parler, c'est bien compris ?

— Oui, répondais-je à l'âge de huit, neuf et dix ans.

Après cet âge, alors que je ne le croyais plus, il était trop tard : mes propres actions avaient fait de moi une menteuse et créé un monde dans lequel il était préservé de tout ce que j'aurais pu dire contre lui.

Mais jusqu'alors, j'étais réceptive aux subtiles menaces d'être emmenée par les services sociaux, et à sa promesse de ne jamais laisser cela arriver tant que je serais gentille avec lui. Il y avait aussi cette autre menace qui m'effrayait davantage encore – et il n'avait nul besoin de la répéter : si je ne lui obéissais pas, je passerais l'éternité en enfer et ne reverrais jamais ma mère.

— Je ne le dirai pas, lui disais-je.

— Allez, on rentre à la maison, disait-il alors d'une voix posée comme si rien de spécial ne s'était produit – ou « Dors maintenant », s'il était venu dans ma chambre.

Souvent, les jours suivants, je recevais un cadeau, un paquet de bonbons ou des chocolats.

— Pour ma fille chérie, disait-il toujours, sous le regard réprobateur de Sue.

— Tu la gâtes trop, l'accusait-elle.

Mais il se moquait bien de ses remarques.

45

Après la mort de ma mère, lorsque notre ancienne maison était devenue un endroit triste et désolé, il n'y avait plus guère de surveillance et de règles à respecter, mais la nouvelle demeure était tenue de façon stricte, selon un règlement imposé par Sue, qui la considérait comme sa propriété. Après tout, comme elle le faisait remarquer à mon père pendant leurs disputes, c'était sa famille à elle qui l'avait achetée, et lui et ses enfants qui en profitaient.

Tout signe de la présence de Dolly devait être éliminé du jardin dès l'instant où je rentrais de l'école.

Près de la porte arrière, à l'extérieur, se trouvaient une petite pelle et des sacs plastiques, et avant d'avoir le droit d'entrer à la maison, je devais inspecter la pelouse. Pliée en deux, je passais scrupuleusement le gazon en revue, craignant de provoquer une nouvelle querelle sur le fait de garder ou non ma petite chienne si j'avais le malheur de laisser quelque chose derrière moi.

Il fallait enlever ses chaussures avant d'entrer à la maison, ne jamais sortir nos jouets des chambres, faire nos devoirs à l'étage, et Dolly n'avait le droit à aucune pièce autre que la cuisine. Dans les semaines qui suivirent l'emménagement, les maigres efforts de Sue pour gagner mon affection et celle de Billy cessèrent totalement. L'attraction d'une famille toute faite disparut visiblement, et nous fûmes vite délaissés. J'avais entendu dire qu'on devait voir des enfants bien élevés sans les entendre, mais Sue ne voulait même pas de ce premier point.

Si je m'installais au salon avec un livre, elle me demandait d'aller lire en haut. Si je demandais l'autorisation de regarder quelque chose à la télévision, elle déclarait que ce n'était pas bon pour moi, et si je me rendais dans la cuisine quand elle préparait le repas, elle me disait de ne pas traîner dans ses jambes.

J'allais alors au jardin pour jouer avec Dolly ou l'emmener faire une petite promenade, Billy s'efforçant de trotter derrière moi.

— Ne va pas trop loin, me recommandait-elle toujours lorsque nous partions.

À part quelques instructions et des réprimandes, Sue n'avait pas grand-chose à nous dire. Elle avait arrêté de travailler pour son père peu après le déménagement.

— C'est déjà assez de travail que d'entretenir cette maison et m'occuper de tes enfants, l'entendis-je dire mon père.

Billy et moi entrâmes à l'école du quartier, et c'était désormais mon tour d'y accompagner un plus petit que moi tous les matins. Au début, j'appréciai ma nouvelle école. Je recevais quantité de bons points et, désireuse d'en récolter davantage, je passais de longs moments dans ma chambre, plongée dans mes livres, à préparer studieusement les leçons du lendemain. Je me concentrais tout particulièrement sur l'orthographe.

J'essayais de mémoriser chaque lettre jusqu'à ce que mes yeux brûlent et que je ne distingue plus qu'une suite de gribouillis noirs, mais j'étais récompensée dès le lendemain quand je recevais les félicitations de l'institutrice; et je devenais de plus en plus avide de félicitations.

À l'inverse de mon établissement précédent, les enfants de cette école étaient gentils avec moi. Ils ne savaient rien de ma mère, de son alcoolisme et de sa dépression, et quelques semaines après mon arrivée, je fus invitée à des fêtes ou à me rendre chez des camarades.

Pourtant, lorsque je demandai à Sue la permission d'y aller, au lieu de se réjouir du fait que j'étais acceptée par mes nouveaux camarades de classe, elle se montra seulement préoccupée de savoir qui ils étaient. Une enquête sur la famille et le quartier dans lequel elle vivait suivait systématiquement la mention du nom d'un enfant de mon école.

— Je ne crois pas, Sally, répondait-elle lorsque je lui disais le nom de chaque nouvelle amie que je me faisais.

Les prétextes qu'elle fournissait variaient. Parfois, c'était parce que les parents travaillaient pour sa famille, et donc mon père. D'autres, c'était parce qu'elle n'appréciait pas l'endroit où ils vivaient, ou la profession du chef de famille. Quand l'invitation était pour le week-end, elle soupirait :

— Non, pas cette fois, Sally. Il n'y a personne pour t'emmener et aller te chercher. Ton père travaille dur toute la semaine, on ne va quand même pas lui demander ça en plus, tu comprends ?

Une fois, je lui demandai si je pouvais inviter une amie à me rendre visite à la maison ; ma requête fut accueillie par un regard horrifié.

— Non, Sally. J'en ai déjà assez à faire pour vous nourrir et nettoyer derrière vous, alors il n'est pas question de ramener d'autres enfants à la maison. Ton père a besoin de repos après le travail, pas d'une bande de gamins turbulents qui courent dans tous les sens.

Elle se ruait toujours vers la porte en entendant les aboiements de joie de Dolly qui m'accueillait à mon retour de l'école. Son visage prenait une expression exaspérée en voyant la petite chienne japper d'excitation en remuant la queue avant de sauter tout autour de moi.

— Sally, fais taire ce chien tout de suite ! Je ne veux pas de problème avec les voisins.

Billy, autrefois souriant et vivant, avait maintenant l'air abattu. Habitué à être entouré de l'attention de ma grand-mère et de ma tante, il s'ennuyait de son ancienne maison et des personnes qui l'avaient élevé depuis la mort de ma mère.

— Veux mamie, répétait-il constamment, régressant dans l'évolution de son langage.

Il commença à sucer son pouce, ce qui énervait Sue au plus haut point.

— C'est antihygiénique et affreux à voir. Sors ça tout de suite de ta bouche ! lui criait-elle.

Les jeux qui faisaient du bruit, comme le petit tambour offert par ma tante, étaient confisqués, et il était désormais interdit de jouer à cache-cache ou à d'autres jeux que nous affectionnions auparavant. Elle avait même refusé que Billy emporte mon vieux ballon sauteur, qu'il adorait, dans la nouvelle maison.

— Je n'ai pas envie que ça bousille ma pelouse, avait-elle décrété quand il pleurait pour ne pas s'en séparer.

Les formidables affaires neuves dont Sue avait promis que la maison regorgerait n'incluaient donc pas de jeux. Billy était à l'âge où les petits garçons ont du mal à rester tranquilles, et étant désormais privé de ses cousins pour s'amuser, il tomba dans l'ennui et la déprime. À cinq ans, sa rondeur poupine avait disparu et son grand sourire plein de confiance s'était évanoui. Sue en avait peut-être fait un enfant bien élevé, mais certainement pas heureux.

Elle pensait que j'étais la chouchoute de mon père et savait que j'étais assez grande pour lui dire si jamais elle levait la main sur moi. Cela dit, elle semblait aussi savoir que, pour bien me punir, il suffisait de m'ignorer. Billy, lui, n'avait pas cette chance, et s'il avait le malheur d'oublier une ligne du règlement intérieur ou de ne pas obéir immédiatement à ses ordres, les foudres de Sue s'abattaient sur lui, sous forme d'invective ou d'une bonne claque. Après la mort de mon grand-père comme avant, elle cherchait systématiquement des excuses pour ne pas aller voir la famille de mon père. Une soirée chez des amis, une invitation chez ses parents ou une simple visite à l'une de ses copines passaient toujours avant toute proposition de sa belle-famille. Le week-end, c'était toujours elle qui décidait de ce que mon père et elle allaient faire, surtout s'il y avait des gens importants à impressionner. Billy et moi étions alors brièvement exhibés puis envoyés dans nos chambres.

— Sue, entendis-je un jour une amie lui dire, je trouve que tu as vraiment du courage d'avoir ainsi accueilli les enfants d'une autre femme.

— Oh, répondit-elle avec désinvolture, ce n'est pas grand-chose, et puis ils sont tellement mignons.

Les exigences de Sue augmentèrent encore, à notre détriment. Ainsi, les repas de famille du samedi soir furent soudain supprimés.

— Je pense qu'il est mieux que toi et Billy mangiez ensemble le samedi, me dit-elle. Comme ça, après le repas, vous pourrez monter jouer dans votre chambre.

Elle acheta une petite télévision et l'installa dans ma chambre.

— Tu vas pouvoir la regarder ici, maintenant, dit-elle d'un ton joyeux. Tu te rends compte de la chance que tu as d'avoir ta propre télé ?

Cet achat fut suivi de celui d'un magnétoscope et de nombreuses cassettes.

— Quand on reçoit du monde, Dolly peut rester dans ta chambre jusqu'à ce que les gens partent, me soudoya-t-elle encore.

— Les enfants ont déjà mangé, dit-elle à mon père quand il découvrit avec surprise la table dressée avec seulement deux couverts.

Billy et moi n'avions mangé que des raviolis en boîte dans la cuisine, et j'avais l'eau à la bouche en sentant la bonne odeur de viande mijotant dans du vin rouge qui se répandait dans la maison.

— David, nous devons nous réserver des moments pour nous, se justifia-t-elle le week-end suivant après nous avoir renvoyés dans nos chambres alors qu'il faisait encore jour. La chambre de Sally contient tout ce qu'une petite fille pourrait désirer, et je l'ai même laissée prendre ce stupide petit chien avec elle. On a besoin d'un peu d'intimité, tu ne crois pas, chéri? susurra-t-elle.

Elle avait raison : ma chambre avait tout ce qu'une fille de mon âge pouvait espérer avoir. Le seul problème était que, à part Billy et Dolly, je n'avais personne avec qui en profiter. Billy était trop petit pour rester tranquille très longtemps et sa façon de tripoter mes affaires m'énervait rapidement. D'un autre côté, il avait l'air si malheureux du changement de ses conditions de vie que j'avais trop pitié de lui pour le gronder. Une fois passée l'excitation initiale d'avoir ma propre télé avec magnétoscope, les murs de ma chambre commencèrent à se refermer sur moi, jusqu'à me donner l'impression de vivre davantage dans une prison que dans une chambre où un enfant était susceptible de se détendre.

— Sally, montre donc ta chambre à tatie ceci cela... me disait Sue chaque fois qu'une de ses nombreuses amies venait à la maison.

Quelle que soit la personne, je devais alors lui montrer tout ce que Sue m'avait offert.

— Eh bien, tu en as de la chance !

Telle était toujours la remarque que l'on me faisait, suivie de peu de l'éloge de Sue.

— Ne les gâte pas trop, tout de même, ajoutait la « tatie » en revenant au salon.

Je remontais alors à l'étage avec Billy.

46

Pendant les quelques mois qui suivirent, mon père et moi retournâmes voir ma grand-mère trois fois, et trois fois il arrêta la voiture dans les bois sur le chemin du retour.

— Pourquoi n'emmènes-tu pas Billy aussi? demanda Sue avec irritation.

Personne à la maison, c'était la possibilité pour elle de passer sa journée à prendre un long bain dans de l'eau parfumée, à se vernir les ongles et à se recouvrir le visage d'argile.

— J'avais envie d'aller chez le coiffeur, dit-elle d'un ton mécontent. Je ne t'ai pas épousé pour être la baby-sitter de tes enfants.

De nouvelles disputes s'ensuivirent, mais elle obtint gain de cause, et Billy fut du voyage pour les vacances de Pâques.

Dès lors, excepté les fois où il eut les oreillons et la rougeole, il nous accompagna à toutes les visites, pour le plus grand plaisir de mamie et de ma tante, mais surtout du mien.

Sans le savoir, il était devenu le chaperon qui me préservait.

C'est à cette période que Sue, fâchée des longues journées que mon père passait sans elle, recommença à sortir avec ses copines.

— J'en ai besoin, David, lui dit-elle.

Mais je notai qu'elle n'eut pas l'air très contente devant l'absence de protestation de mon père.

C'est l'un de ces fameux soirs où Sue était de sortie avec ses amies que mon père me fit comprendre toute l'emprise qu'il avait sur moi.

J'avais presque dix ans. La soirée de sortie de Sue lui donna l'occasion qu'il attendait. Sachant qu'elle ne rentrerait que très tard et que Billy dormait déjà dans sa chambre, il s'aventura dans la mienne.

J'étais en train de lire à la lumière de ma lampe de chevet quand j'entendis ma porte s'ouvrir. Levant les yeux, je le vis avancer vers moi.

— Salut Sally, dit-il. Ça fait longtemps qu'on n'a pas été seuls tous les deux, hein ?

Relevant mes couvertures jusque sous mon menton, je le regardai avec appréhension. Sa bouche avait ce sourire prédateur que je reconnaissais lorsque ses yeux parcouraient les lignes de mon corps.

— Arrête donc de te cacher sous tes draps, je sais bien ce que tu veux. Une petite cochonne comme toi en a toujours envie.

— Non, pas du tout, murmurai-je en me cramponnant aux couvertures comme si elles pouvaient me protéger.

— Sally, qu'est-ce que je t'ai dit à propos du mensonge ? Tu seras punie pour ça, vu ?

Je le dévisageai sans comprendre ce qu'il voulait dire, mais sachant déjà que quelque chose d'affreux allait se passer.

Il bougea très rapidement, me prenant par surprise. De ses mains fortes, il me saisit par les épaules et me dégagea de mes couvertures. Puis il me plaqua sur le dos, s'empara d'un de mes oreillers et me le pressa contre le visage. Je sentis son poids appuyer sur moi ; ma poitrine se serra, et j'entendis le sang battre dans mes oreilles.

Je battais des jambes, mais mes bras étaient empêtrés dans les draps et les couvertures, m'empêchant d'atteindre ses mains. Je n'avais aucun moyen de m'extirper de là et les faibles gesticulations de mon petit corps ne pouvaient rien faire pour déloger l'oreiller, qui m'étouffait littéralement.

Probablement cela ne dura-t-il que quelques secondes mais, dans mon état de panique, j'eus l'impression qu'il mit des heures avant de me libérer. Quand il retira l'oreiller, je ne pus tout d'abord pas respirer. J'avais la poitrine en feu, des taches noires dansaient devant mes yeux et mon souffle était court et rauque tandis que j'essayais en vain de faire rentrer de l'air dans mes poumons. Je l'implorai du regard pour qu'il aille chercher mon inhalateur.

Depuis ma première crise d'asthme, j'avais toujours peur d'aller quelque part où je ne pourrais avoir accès à mon précieux médicament. Les crises se produisaient maintenant régulièrement, et ce n'est que lorsque je l'avais en main, prêt à être utilisé, que ma panique, qui augmentait avec l'intensité des crises, cessait enfin.

Si j'avais désormais le droit de l'emporter à l'école, à la maison, l'inhalateur était sous le contrôle de Sue ou de mon père.

— Et si j'en ai besoin en pleine nuit? avais-je demandé avec inquiétude quand mon père m'avait annoncé qu'il le gardait dans sa chambre. Que se passera-t-il si je ne peux pas vous appeler, ou si vous ne m'entendez pas?

Mon père m'avait répondu que ce n'était pas la peine de dramatiser à ce point: bien sûr que je pourrais appeler ou frapper à leur porte. L'asthme ne me paralysait pas, autant qu'il sache? Et utiliser l'inhalateur trop souvent était dangereux, comme le docteur me l'avait dit.

Mais ce soir-là, j'en avais besoin, et mon père était le seul à pouvoir me le donner. Il resta debout à me regarder tandis que je tentais de reprendre mon souffle. Les yeux exorbités de panique, je vis alors qu'il le tenait dans sa main.

— C'est ça que tu veux, Sally? demanda-t-il pendant que je tendais désespérément le bras pour l'atteindre.

Il rit et fit un pas en arrière pour mettre l'objet hors de ma portée.

— On dit « s'il te plaît », d'abord.

Mais mon souffle était coincé dans ma gorge, m'empêchant de prononcer le moindre mot.

Je sentis ma poitrine se serrer davantage encore, tandis qu'il continuait de me regarder en souriant et en exhibant l'inhalateur pour me narguer.

— Quoi? Peux pas parler?

Il l'agita dans sa main.

— S'te plaît, parvins-je à articuler entre deux quintes de toux.

— Voilà, c'est mieux, dit-il en me tendant l'objet.

Je l'attrapai, le portai à mes lèvres et sentis la pression redescendre en inspirant la première bouffée. Petit à petit, ma respiration devint plus facile, et je pris une deuxième bouffée.

— Ça suffit, Sally, dit-il en reprenant l'inhalateur.

Je restai sur le lit, vidée de mes forces. L'oreiller qu'il avait pressé contre mon visage était maintenant sous ma tête. Je sentais mon corps devenir chaud, puis froid.

Ma tête était trempée de sueur et de larmes, et mon pyjama, moite, me collait au corps.

Il quitta la pièce et revint avec un gant de toilette humide et un verre de lait. Il essuya doucement mon visage, puis posa mes doigts autour du verre.

— Bois. Ça va te faire du bien, dit-il de sa voix de gentil papa.

Je l'avalai avec reconnaissance.

— Voilà, chuchota-t-il tendrement. Papa a arrangé ça. Qu'est-ce qu'on dit, Sally ?

— Merci, répondis-je, sachant que la partie n'était pas terminée.

— Maintenant, reconnais que tu as envie de moi.

Devant mon regard hagard, il tendit la main vers ma table de nuit, où il avait posé l'inhalateur.

— Dis-le, Sally.

Terrorisée à l'idée qu'il recommence, je lui dis les mots qu'il voulait entendre. Je sentis ensuite mon lit plier sous son poids quand il vint m'y rejoindre.

47

Après ce soir-là, je commençai à créer un univers secret dans ma tête, un endroit imaginaire où je pouvais m'évader quand la réalité devenait trop cruelle, un monde dans lequel ma mère était encore vivante et où je pouvais lui parler.

J'avais oublié que de son vivant elle n'avait pas su me préserver de mon père. Dans mon nouveau monde, c'était la raison pour laquelle elle m'avait fait quitter la maison, et sa conscience des faits était inscrite dans l'histoire qu'elle m'avait racontée : c'était lui, le dragon.

Et les gens qui avaient accueilli la petite fille étaient ma tante et son mari. Mais, bien sûr, la petite fille n'avait pas vécu heureuse toute sa vie avec eux. Ma mère était morte sans savoir cela.

Le soir, alors que je commençais à m'endormir, je me confiais à ma mère. Je lui faisais part de mes peurs, et elle me réconfortait.

Je m'éloignais peu à peu de mes camarades de classe : en quoi ma conversation aurait-elle pu les intéresser ? En regardant les filles rire dans la cour de récréation, je me sentais bien loin d'elles. Elles parlaient de leurs sorties en famille – nous n'en faisions aucune; d'aller jouer les unes chez les autres, de faire des fêtes – je n'avais ni le droit de m'y rendre ni d'en organiser. Après avoir lancé des invitations qui avaient toutes été refusées, elles considéraient désormais mon attitude comme inamicale. Peu à peu elles arrêtèrent de m'inclure dans leurs jeux et les invitations à leur rendre visite cessèrent.

Mon esprit était constamment habité par ma mère et mon désir qu'elle fasse à nouveau partie de mon monde était tel que j'en ressentais de la douleur. Mon imagination s'était emparée de la personne que j'avais aimée, en éradiquant tous les mauvais souvenirs pour la transformer en mère parfaite. Les espoirs, les rêves et les souhaits irréalistes devinrent le matériau de base d'histoires sans fin dont j'étais l'héroïne, et que, comme un film, je me repassais encore et encore mentalement.

Je pouvais ainsi être une célèbre chanteuse devant une foule de fans en délire, une athlète remportant une compétition sous les applaudissements de l'école, ou être entourée d'amis qui buvaient la moindre de mes paroles. Dans chacun de mes rêves j'avais un teint de porcelaine et je pouvais respirer sans craindre l'asthme.

Petit à petit, le monde de mes rêves devint de plus en plus vrai, jusqu'à ce que fiction et réalité s'entremêlent totalement et je pris l'habitude de m'y retrancher.

Mon imagination débridée ramena ma mère à la vie. Je commençai à croire qu'elle s'était enfuie et qu'elle se cachait de mon père – pas de moi, jamais, uniquement de lui. Lui avait-il fait les mêmes choses que celles que je subissais ? Je me demandai si telle pouvait être la raison de son départ. Je me mis aussi à la voir apparaître dans des endroits étranges, mais je ne pouvais pas la toucher. Dans les rues, je croyais souvent l'avoir repérée dans le lointain. Il suffisait que je voie le mouvement ample d'une jupe à fleurs, un nuage de longs cheveux blonds, et ma bouche s'ouvrait pour l'appeler.

Au dernier instant, je me rendais compte qu'il ne s'agissait que d'une étrangère qui lui ressemblait.

Ce fut la première étape de l'histoire que j'inventai – mi-rêve, mi-désir.

Et lorsque je fus bien convaincue que tout cela était vrai, j'en parlai aux autres filles de ma classe :

— Ma mère n'est pas vraiment morte, leur dis-je. Pour l'instant, elle se cache mais elle ne va pas tarder à revenir.

Elles me regardèrent avec incrédulité, mais c'étaient de gentilles petites filles et, quand elles rapportèrent à leur mère ce que je leur avais dit, on leur recommanda de se montrer indulgentes :

— Ce n'est pas facile de perdre sa maman quand on est petite, leur dit-on, comme je l'appris plus tard.

Ces histoires étant sans danger, personne n'en parla à la directrice d'école ou à mon père. C'est un peu plus tard que le sujet vint réellement sur le tapis.

48

Lors d'une des rares occasions où l'on me laissait seule à la maison, je succombai à la curiosité. Je quittai ma chambre et descendis au rez-de-chaussée pour me glisser jusqu'à celle de Sue et de mon père.

Poussant la porte, je me contentai d'abord de regarder à l'intérieur pendant quelques secondes.

Puis, toute pensée du règlement intérieur interdisant l'accès à leur chambre fut oblitérée, ainsi que l'interdiction formelle de toucher aux affaires de Sue : mes yeux venaient de s'arrêter sur sa coiffeuse.

Les produits de beauté et de maquillage qui y étaient posés exerçaient un attrait irrésistible sur moi.

Mes pieds, comme mus par une volonté propre, me firent traverser la moquette crème et je me retrouvai bientôt assise sur sa chaise blanche et or, en face du miroir.

J'y vis le reflet de mon visage d'enfant. Des cheveux blonds toujours coupés juste sous les oreilles, un visage pâle avec un reste de rondeur enfantine et de grands yeux verts aux longs cils clairs.

À quoi pourrais-je ressembler avec du maquillage ? Sue se montrait rarement démaquillée, mais en ces quelques occasions j'avais remarqué comme elle était différente.

Ses yeux, qui semblaient grands et pétillants avec les cosmétiques, étaient alors petits et quelconques, avec peu de cils. Au naturel, son teint était assez terne et ses traits mal définis. C'étaient les objets rassemblés sur sa coiffeuse qui lui faisaient des pommettes hautes.

Sans le rouge à lèvres rose pâle encadré d'un trait plus foncé qui débordait savamment, sa bouche était petite et ses lèvres fines. Bref, sans l'aide de ces artifices, elle était tout à fait banale.

Lentement, un par un, je pris les petits pots, en dévissai les couvercles et respirai le parfum qui s'en dégageait. Je plongeai le doigt dans l'un d'entre eux, pour le ressortir recouvert de fond de teint beige.

Avant de me rendre compte de ce que je faisais, j'étais en train d'étaler la crème pâle sur mon visage. Un autre pot révéla une poudre légère et orangée pour les joues, et je m'en appliquai un peu. Je crachai ensuite sur le bloc de rimmel, comme je l'avais vue faire à la table du petit-déjeuner, et à l'aide de la petite brosse je commençai à en enduire mes cils d'une main maladroite. Je parvins à m'en étaler jusque sur les joues, ainsi que le fard à paupières que j'appliquai ensuite avec un doigt.

J'étais si concentrée sur ma transformation que je n'avais pas entendu la porte d'entrée s'ouvrir ni les pas de Sue dans l'escalier. Ce n'est que lorsque j'entendis sa voix derrière moi que je me rendis compte qu'elle était dans la chambre.

— Sally, bon Dieu, qu'est-ce que tu fiches ici? hurla-t-elle.

J'eus un mouvement instinctif de recul.

— J'essayais juste d'être jolie, répondis-je, penaude.

Sa réponse fut lapidaire.

— Ce n'est même pas la peine d'essayer. Avec la peau que tu as, tu ne le seras jamais. Allez, file te laver maintenant!

Je courus hors de sa chambre jusqu'à la salle de bains. Là, je regardai de nouveau la personne qui apparaissait dans le miroir. Mon visage, avec ses joues trop rouges, ses traînées de mascara et ses paupières tachées de bleu, me fixait avec gravité. Non, me dis-je. Elle a raison. Je ne serai jamais jolie. Je pris le gant de toilette et effaçai lentement toute trace de maquillage sur mon visage.

Sue décida un jour que pendant les week-ends et les prochaines vacances d'été, je devrais avoir une amie avec qui m'amuser. Elle annonça alors qu'elle avait trouvé la compagne idéale pour moi.

— Ça te fera sortir un peu, et comme ça, tu auras quelque chose à faire, dit-elle.

J'interprétai la chose comme l'occasion pour elle de ne pas avoir à s'occuper de moi.

— Qui est-ce? lui demandai-je.

Elle me répondit qu'elle s'appelait Jennifer, et qu'elle avait le même âge que moi. En poussant un peu le questionnement, j'appris qu'elle était la fille d'une des amies de Sue et que, comme elle était en pension dans une ville éloignée, elle ne connaissait pas les enfants de son quartier. Jennifer avait deux grands frères qui ne trouvaient guère d'intérêt à jouer avec leur petite sœur.

Me rappelant de l'indifférence de Pete à mon égard quand j'étais plus jeune, je ressentis une forme de sympathie pour elle.

— C'est exactement le genre de fille avec qui tu dois bien t'entendre, me répéta Sue.

Je ressentis une pointe de colère devant sa certitude que je n'avais pas d'autres amies, ce dont je ne lui avais jamais parlé. Ma fierté me poussa à protester, déclarant qu'il y avait d'autres filles que j'avais envie de voir pendant les vacances.

— Oh, ajouta-t-elle avec ruse, j'allais oublier : sa mère est d'accord pour que tu emmènes Dolly.

La ruse fonctionna.

Le jour prévu, je brossai la fourrure de ma petite chienne et mis le collier de cuir rouge autour de son cou laineux. Je la serrai dans mes bras en lui murmurant dans les oreilles le plan pour la journée.

Elle me donna des coups de langue enthousiastes et bondit jusqu'à la voiture. Sue nous conduisit en bordure de l'agglomération, non loin de l'endroit où vivaient ses parents. C'était là qu'habitait la famille de Jennifer.

En arrivant, je découvris une maison très proche de celle dans laquelle Sue avait grandi : un grand bâtiment de brique rouge posé au milieu d'une pelouse impeccable, entouré d'une petite forêt de grands arbres. Plein de place pour faire courir Dolly, me dis-je. En même temps que cette idée, une autre me vint à l'esprit : il était probable que Sue cherchât à se mettre en bons termes avec la riche famille qui vivait ici, plus qu'à rompre mon isolement.

Ce premier jour, ce fut la mère de Jennifer, une femme d'une dizaine d'années de plus que Sue, qui ouvrit l'imposante porte d'entrée. On me demanda d'appeler « tante Anne » cette femme à l'allure impeccable. Ses cheveux bruns et brillants étaient coupés en un carré très court qui venait doucement lui effleurer les joues.

Son visage, aux traits fins et doux et aux grands yeux bruns, était maquillé avec discrétion, et elle portait une robe bleu pâle en lin qui semblait fraîchement repassée, dont Sue me confia plus tard que c'était la dernière création à la mode.

Elle me dit que Jennifer avait hâte de me rencontrer et nous fit entrer dans une pièce dont trois des murs ainsi que le plafond étaient en verre, et qu'elle appelait la véranda. Elle était meublée de fauteuils en osier blancs avec des coussins aux rayures roses et blanches, et d'innombrables plantes fleuries de ces mêmes couleurs étaient suspendues ou posées sur des sellettes de hauteur variées. J'entendis Sue s'extasier, alors que l'endroit me rappelait simplement la serre de mon défunt grand-père. Cette pièce était juste plus grande, plus chic et, à la différence de mon grand-père et de ses pieds de tomate, aucune des plantes qui poussaient ici ne me paraissait vouée à être mangée.

Jennifer était déjà là lorsque nous entrâmes, et ma première impression fut celle d'une petite fille replète au visage rond et poupin. Elle portait un short de coton jaune et des chaussures de tennis d'un blanc immaculé.

Comme les miens, ses cheveux, d'un châtain ordinaire, étaient coupés juste sous les oreilles, et maintenus sur le côté par une barrette marron.

Intimidées par la présence des adultes, aucune de nous deux n'osait engager la conversation, et nous nous regardâmes prudemment jusqu'à ce que Dolly brise la glace. Dès qu'elle vit la petite chienne, Jennifer s'accroupit pour la caresser.

— Ne la laisse pas te lécher le visage, entendis-je sa mère dire à Jennifer avant de se tourner vers Sue. Quelle adorable petite bête, n'est-ce pas ?

— C'est vrai, répondit Sue comme si elle n'avait jamais songé à s'en débarrasser.

Une jeune fille entra alors avec un plateau chargé d'une théière en argent, de tasses de porcelaine et d'une assiette de gâteaux. C'était une jeune fille au pair, appris-je un peu plus tard, qui était arrivée de France quelques semaines auparavant. Elle était là pour progresser en anglais, apprendre le français aux enfants et faire quelques tâches ménagères à la maison.

Jennifer et moi eûmes droit à du jus de fruit et à quelques gâteaux, puis ma nouvelle « tante » demanda à sa fille de me faire visiter les lieux pendant qu'elle et Sue prendraient le temps de papoter. Sans nous faire prier davantage, Jennifer et moi laissâmes les deux adultes pour filer dans le jardin, Dolly gambadant à mes côtés.

Ce jour-là, nous explorâmes le verger, dont les fruits étaient encore trop verts pour être cueillis. Chacune à notre tour, nous nous amusâmes à lancer une balle à Dolly, riant de la voir courir de toute la vitesse de ses petites pattes pour ramener ensuite la balle entre ses dents, prête pour un nouveau lancer. Après le déjeuner, que nous prîmes dans le jardin, nous enfilâmes nos maillots de bain pour passer le reste de l'après-midi à jouer dans la piscine toute neuve de la maison. Je dus porter des brassards gonflables, mais tante Anne me dit que la prochaine fois la jeune fille au pair pourrait commencer à m'apprendre à nager.

La jolie piscine était entourée d'impatiens fuchsia, un peu partout. Jennifer me dit que sa mère en faisait venir chaque année cinq cents pieds de la pépinière locale, au début de l'été. Je me souvins soudain de notre ancien petit jardin, que ma mère était trop déprimée pour entretenir, et mon visage dut quelque peu s'assombrir.

Prenant cette expression pour autre chose, Jennifer se mit à m'éclabousser et nous reprîmes nos jeux dans l'eau.

Assise au bord de la piscine, Dolly nous regardait en remuant la queue et en aboyant de temps en temps.

Avant la fin de l'après-midi, Jennifer et moi étions devenues très amies et, lorsque Sue m'appela pour rentrer, je partis en me réjouissant à l'idée qu'une nouvelle visite chez Jennifer était prévue pour le prochain samedi.

Malheureusement, cette amitié n'allait pas durer, mise à mal par certains de mes actes durant les semaines suivantes. Ce jour-là pourtant, ne sachant rien du futur, j'étais heureuse à l'idée d'avoir quelqu'un avec qui Dolly et moi pourrions nous amuser pendant les longues vacances d'été.

49

C'était un vendredi après-midi. J'étais dans la cuisine, captivée par l'agilité des mains expertes de Sue qui coupaient différents légumes en petits cubes réguliers à l'aide d'un couteau bien aiguisé. Je remarquai soudain le bracelet accroché à son poignet : un large bandeau d'argent orné de cuivre avec, en son centre, une gravure représentant un oiseau aux longues jambes.

Il me parut quelque peu familier, et plus je le regardais, plus j'étais convaincue de l'avoir déjà vu.

En me creusant les méninges pour essayer de retrouver ce souvenir, une image me revint peu à peu en mémoire. C'était dans une autre cuisine : une femme blonde était debout devant une table d'où un petit enfant la regardait. Je vis ensuite un sourire malicieux, des yeux verts pétillants, avant d'entendre une voix familière et rieuse : « Je prépare quelque chose de délicieux pour ce soir, Sally ». Le bras de la femme se tendait alors pour saisir un couteau, et les yeux de l'enfant tombèrent sur ce joli bracelet autour d'un poignet gracile.

— Où as-tu eu ce bracelet ? demandai-je.

Surprise que je lui pose une question en rapport avec son apparence, Sue leva les yeux vers moi.

— Ton père me l'a donné pour mon anniversaire. Il est joli, hein ?

Je sentis une vague de colère déferler en moi, jusqu'à enflammer mes joues. Comment le bracelet de ma mère pouvait-il se trouver au bras de Sue ?

— Il était à ma mère ! criai-je, remplie d'indignation.

Le visage de Sue se durcit d'un coup, et elle riposta :

— Ne dis pas n'importe quoi, Sally, c'est impossible ! Ton père l'a acheté chez le bijoutier, en ville.

Je vis le doute traverser son visage au moment même où elle prononçait ces mots.

— C'est moi qui devrais l'avoir, pas toi ! continuai-je à vociférer.

— Ça suffit maintenant, arrête de dire des bêtises, Sally ! cria-t-elle. Monte dans ta chambre !

Furieuse d'avoir vu un objet ayant appartenu à ma mère sur Sue, je claquai la porte derrière moi en sortant de la cuisine. Lorsque mon père rentra du travail, je me faufilai en haut des marches et entendis Sue lui faire part de mon accusation.

— S'il était à elle, je n'en veux pas, David, l'entendis-je dire.

La voix grave de mon père s'éleva ensuite, niant tout en bloc. À la fin de leur querelle, tous deux étaient très en colère contre moi : mon père parce que j'avais créé des problèmes, et Sue parce que je l'avais fait douter de lui.

Je fus contrainte de passer toute la soirée dans ma chambre. Sue me monta un plateau-repas, en m'indiquant bien de rester où j'étais. Blessée et hors de moi, je me réfugiai dans un nouveau rêve, dont l'idée avait déjà germé dans ma tête. Le lendemain matin, je pris place à table en boudant et chipotai dans mon assiette.

— Il était à maman, dis-je soudain avec défiance, avant que mon père me dise qu'il ne voulait plus jamais m'entendre parler de ce bracelet.

— Ça suffit comme ça, Sally ! tonna-t-il, comme Sue l'avait fait la veille. File à l'école, maintenant !

Toujours en colère, j'attrapai mon cartable et quittai la maison en traînant le pauvre Billy derrière moi. Chacun de mes pas m'emplissait davantage de haine envers eux. Je voulais que mon père me laisse tranquille et que Sue disparaisse de mon existence. Je me demandais s'ils étaient suffisamment fâchés pour me renvoyer vivre chez ma grand-mère ou même pour me laisser habiter chez tante Janet. Au fond de moi, je savais pourtant que cela n'arriverait jamais : même si j'étais persuadée que Sue aimerait se débarrasser de moi, j'avais pleinement conscience que mon père ne me laisserait pas partir.

Ne comprenant pas ce qui s'était passé, Billy était perturbé par les cris et l'atmosphère houleuse de la maison et marchait sans mot dire à mes côtés.

En arrivant à l'école, il fut trop heureux de pouvoir me fausser compagnie et disparut vers un groupe de petits dès que nous franchîmes les grilles.

Toute la journée, je ruminai sur ce que je pourrais faire pour les blesser, et une idée me vint à l'esprit. Sue était passionnée par les polars, et en possédait toute une collection, éparpillée en plusieurs endroits de la maison. À son insu, je les ramenais peu à peu dans ma chambre et dévorais leurs histoires sanglantes. J'étais fascinée par les cadavres découverts dans les bois, ceux qu'on trouvait en train de flotter dans des eaux saumâtres ou enterrés dans des lieux improbables. L'arme du crime était souvent un fusil, un couteau ou une corde mais, dans quelques livres que j'avais lus, c'était le poison qui avait été utilisé, donné à faible dose sur de longues périodes. Les mobiles des meurtres étaient souvent les mêmes : ils étaient financiers ou amoureux, parfois les deux.

Celle qui me marqua le plus était l'histoire d'un homme qui voulait récupérer l'argent de son assurance-vie en même temps que la liberté d'épouser sa maîtresse et qui avait lentement empoisonné sa femme. Il pensait que les faibles doses qu'il lui avait administrées pendant des mois seraient indétectables mais avait sous-estimé la perspicacité du détective qui avait fini par le démasquer. Je décidai que c'était exactement ce qui était arrivé à ma mère.

Mon imagination tournait à plein régime quand je me souvins que Pete m'avait dit que mon père avait fréquenté Sue avant la mort de ma mère. Après tout, sa mort ne lui avait-elle pas profité ? Je fis une rapide comparaison entre le modeste logement social que nous occupions auparavant et la demeure que nous habitions dorénavant.

Les jours suivants, gonflée par la rage, la douleur et le désir de rendre vraie cette histoire, j'enjolivai encore mon scénario jusqu'à ce qu'il prenne vraiment forme, et commençai à y croire. C'était la raison pour laquelle j'avais été envoyée chez tante Janet, décidai-je, ignorant le fait que c'était ma mère et non mon père qui avait fait les démarches pour que je parte là-bas.

Je ne pris pas plus en considération l'âge que j'avais alors – six ans –, trop jeune pour avoir pu me faire une idée fiable de la situation. C'était Pete qui était resté à la maison et, en tant qu'adolescent, était apte à juger de ce qui était arrivé à ma mère. Mais dans son désir de réalité, mon raisonnement ne s'encombrait guère de logique.

Pendant presque une semaine je gardai ces pensées pour moi, chérissant ce délire et l'embellissant un peu plus chaque jour. J'attendais le bon moment pour m'en ouvrir aux autres.

50

Le lendemain du jour où j'avais parlé du bracelet à mon père était un samedi, et je me demandai si pour me punir Sue me priverait de sortie chez Jennifer.

À mon grand soulagement, elle ne le mentionna pas en me voyant le lendemain matin. J'interprétai son silence comme un signe que le sujet était clos, voire oublié.

En outre, je ressentis une bouffée de satisfaction en constatant que le bracelet n'était plus à son poignet. Après avoir englouti mon petit-déjeuner, je passai sa laisse à Dolly et me mis donc en route vers la maison de Jennifer, qui n'habitait pas très loin. À une semaine des vacances d'été, nous avions évoqué les choses que nous voulions faire pendant ces six semaines de congés.

Pour la première fois, je rencontrai les frères de mon amie. Comme elles, ils étaient en pension, mais leur établissement avait déjà fermé ses portes pour l'été.

Ils se trouvaient dans le verger lorsque nous les vîmes.

Les deux garçons aux cheveux blonds, presque blancs, étaient debout côte à côte, tenant en main les versions miniatures de la chose dure de mon père.

À notre arrivée, plutôt que de tenter de se cacher, ils tournèrent la tête pour nous regarder.

— Qu'est-ce qu'ils font? demandai-je pendant que Jennifer, toute rouge, essayait de m'entraîner plus loin.

Entendant ma question, le plus grand des deux donna un coup de coude à son frère et éclata de rire.

— On fait un concours de pisse, cria-t-il. Tu veux participer? J'aimerais bien voir si une fille peut atteindre cet arbre.

— Viens, Sally, ne fais pas attention à eux. Ce ne sont que des malpolis, dit Jennifer en essayant de me prendre la main pour m'emmener ailleurs.

— Poules mouillées! lança le plus jeune des frères.

Moi? Je n'avais rien d'une poule mouillée, et ne comptais pas me laisser traiter ainsi par deux garçons.

— Non, Sally, s'il te plaît... commença à dire Jennifer.

Mais j'étais déjà déterminée à relever leur défi. Je voulais effacer ces sourires moqueurs de leur visage et les voir remplacés par un air d'admiration.

Je marchai vers eux d'un pas résolu en ignorant leurs engins miniatures, retirai ma culotte et levai ma jupe sans hésiter, juste assez haut pour viser, mais en prenant garde à ce qu'ils ne puissent pas voir mon intimité. Me penchant en arrière, je me forçai alors à uriner. Mais, loin d'atteindre l'arbre, le liquide atterrit directement sur mes chaussures. Les moqueries fusèrent pendant que les deux garçons se tordaient de rire devant mes jambes trempées.

— Ah, tu vois bien ! Les filles ne peuvent pas faire ça ! se gaussèrent-ils à l'unisson.

— Sally, remets ta culotte, murmura Jennifer, choquée par la scène.

Son visage était rouge de honte. D'un coup, je me sentis soudain aussi gênée qu'elle et fis ce qu'elle me demandait.

Si j'étais déjà honteuse, je le fus davantage encore lorsque les garçons nous rejoignirent dans le jardin à l'heure du déjeuner. Ils me jetaient des regards moqueurs avec de petits sourires entendus, et je ne savais plus où me mettre. Pourquoi avais-je donc fait ça ? me demandais-je encore et encore. Remarquant mon embarras, Jennifer m'entraîna loin de la table dès que ce fut possible.

— Allons dans ma chambre, dit-elle. Je vais te montrer ma nouvelle poupée.

Nous montâmes dans sa chambre, une vaste pièce meublée et décorée principalement dans les tons rose et blanc, qui ressemblait fort à la mienne.

Elle me montra sa collection de poupées et je fus étonnée de découvrir toute une rangée de Barbie habillées de différentes tenues sur une étagère, mais c'est une autre, installée sur un petit fauteuil d'osier, qu'elle tenait à me faire remarquer. Je me fis la réflexion qu'elle était un peu grande pour être aussi passionnée par des poupées mais fis semblant de m'y intéresser autant qu'elle.

— Celle-là, c'est ma préférée entre toutes, dit-elle.

Force était d'admettre que c'était une belle poupée, de la taille d'un petit bébé, avec des boucles dorées, des yeux bleus qui s'ouvraient et se refermaient et une longue robe blanche.

— Elle s'appelle Pénélope, continua fièrement Jennifer en soulevant la petite robe pour dévoiler une culotte de dentelle et un minuscule maillot de corps. Changeons-lui ses vêtements. Choisis quelque chose qui lui ira bien.

Elle retira la robe blanche de la poupée et me montra une boîte remplie de petites robes, de chemises de nuit, de chaussures miniatures, de sacs à main et même de maillots de bain, destinés à toutes les poupées qui remplissaient sa chambre. C'est à ce moment-là que je formulai à Jennifer la question que je brûlai de lui poser depuis un moment; celle à laquelle j'avais désespérément besoin d'une réponse. Nous sommes amies, me dis-je. Elle me dira la vérité.

— Est-ce que ton papa te touche là, des fois? demandai-je en plaçant mon doigt entre les jambes de la poupée.

Je voulais lui dire que le mien le faisait et que je n'aimais pas ça. Il m'avait dit que tous les papas le faisaient aux petites filles et j'avais besoin de savoir, si la réponse de Jennifer était oui, si cela lui faisait mal et l'effrayait aussi. Je devais enfin savoir si tout cela n'était que mensonges – auquel cas j'étais sûrement responsable du fait que cela m'arrivait, à moi.

Toutes ces autres questions se bousculaient déjà dans ma tête tandis que j'attendais sa réponse.

Ses yeux s'écarquillèrent, une expression de dégoût remplaça d'un coup son sourire et elle secoua lentement la tête, comme si elle ne pouvait pas croire aux mots que je venais de prononcer.

— Tu dis des trucs dégoûtants, répondit-elle enfin. Je ne suis plus ta copine.

Je sus alors sans l'ombre d'un doute que mon père me mentait. Elle se détourna de moi, et, dépitée, je la quittai en regardant une dernière fois la poupée déshabillée.

J'appelai Dolly sans faire trop de bruit et sortis de la maison sur la pointe des pieds, ne voulant pas que sa mère me demande pourquoi je partais déjà. Jennifer avait été ma seule amie, et j'étais consciente de l'avoir perdue.

Plus tard, sa mère téléphona à la mienne pour dire que sa fille ne voulait plus jouer avec moi. Jennifer ayant refusé de lui relater notre discussion, elle ne parla pas à Sue de la question que j'avais posée, mais elle mentionna en revanche l'épisode du pipi avec les garçons.

Par malchance, son coup de fil fut le deuxième que Sue reçut au sujet de mon comportement ce jour-là.

51

Le lundi suivant, je fus incapable de garder pour moi l'histoire du meurtre de ma mère. Après avoir quitté la maison de Jennifer de façon si abrupte, j'avais ruminé et ruminé pendant tout le week-end, pleine d'un mélange de rage, de souffrance et d'un espoir secret, si bien que mon délire autrefois embryonnaire était devenu réalité pour moi. Je brûlais maintenant de le raconter à quelqu'un et d'observer la réaction qui suivrait.

J'attendis la récréation du matin pour raconter mon histoire aux filles de ma classe. Je rassemblai un groupe de camarades autour de moi en leur disant que j'avais besoin de leur confier un secret.

— On a été obligés de déménager et de venir ici, leur dis-je, parce que mon père a empoisonné ma mère.

— Je croyais que tu avais dit qu'elle l'avait quitté, répliqua une fille pendant que les autres prenaient des expressions horrifiées – dans ce petit milieu le divorce ou la séparation, sans parler du meurtre, étaient encore rares.

— C'est ce que je croyais ! C'est ce qu'ils m'ont dit, en tout cas, répondis-je en improvisant. Mais ce n'était pas vrai. Ils m'ont menti.

En quelques secondes, qu'elles eussent cru à mon récit ou non, les filles étaient pendues à mes lèvres. Je les entendais réagir, absorbant le moindre détail glauque comme autant de petites éponges. Je fus assaillie de questions et pris dès lors un grand plaisir à détailler, à broder et à embellir ma création.

Je leur parlai de Sue, ma méchante belle-mère ; comment mon père avait eu une relation avec elle avant même que ma mère ne tombe malade. Elle avait été sa « maîtresse », leur dis-je, ayant appris ce mot dans l'un des polars que je lisais en cachette.

Cette remarque suscita de nouvelles exclamations car, même si les filles ne connaissaient pas vraiment le sens de ce mot, elles savaient qu'il y avait là quelque chose de choquant. Je poursuivis en leur racontant la manière dont j'avais été éloignée pendant les semaines où la nourriture de ma mère était peu à peu empoisonnée, omettant de préciser que c'était elle, et non mon père, qui avait souhaité que j'aille chez ma tante Janet.

— Mon père a touché un gros paquet d'argent de l'assurance quand ma mère est morte, dis-je au cercle de mes amies, captivées.

J'ignorais bien sûr totalement si cette nouvelle accusation avait le moindre fondement, mais je me délectais de l'attention que mes mots suscitaient.

Portée par l'excitation d'être ainsi le centre d'intérêt, je proférai accusation sur accusation, chacune plus grave et plus fantaisiste que la précédente.

Ce n'est que lorsque la cloche sonna, marquant la fin de la récréation et que nous rentrâmes toutes en classe, que je pris conscience de l'énormité de ce que je venais de faire et que la peur des conséquences de mon acte commença à m'envahir. Je me demandai ce qui se passerait si les filles en parlaient et si l'histoire remontait jusqu'aux oreilles de Sue, ou pire de mon père. Je n'allais pas tarder à être fixée. J'eus beau supplier chacune de mes camarades de ne rien divulguer, leur dire que si elles en parlaient et que Sue et mon père l'apprenaient, ils pourraient m'empoisonner à mon tour, il n'y eut rien à faire : mon histoire était trop sensationnelle pour qu'elles puissent la garder pour elles. En deux jours seulement, des parents inquiets avaient contacté la directrice de l'école, qui vint me chercher en classe.

— Prends ton cartable et toutes les affaires qui sont dans ton pupitre et viens dans mon bureau, déclara-t-elle sèchement.

Tremblantes, mes camarades me regardèrent rassembler mes affaires et quitter la salle de classe avec la directrice. À chaque pas que je fis dans le long couloir menant à son bureau, je sentais l'angoisse monter en moi. Elle me signala qu'elle venait d'informer Sue de mes accusations, et que celle-ci avait appelé mon père à son travail pour lui en faire part. Tous deux étaient en route pour l'école.

Sue et mon père durent arriver au même moment car c'est ensemble qu'on les fit entrer dans le bureau. Terrifiée par la perspective de leur réaction, j'étais incapable de les regarder, et la directrice prit immédiatement les choses en main.

La mort de ma mère m'avait vraisemblablement beaucoup perturbée, dit-elle d'abord, non sans une certaine gentillesse. Elle poursuivit en déclarant que j'avais beaucoup inquiété les autres enfants avec mes histoires, et que par conséquent elle avait dû s'emparer de l'affaire. Je devais rentrer à la maison avec Sue et mon père, et elle ajouta qu'il serait préférable que je ne revienne pas à l'école avant que l'on ne décide de mon sort.

Je ne fus présente qu'à une partie de l'entrevue. Dans un second temps, on me demanda d'aller attendre sur un banc à l'extérieur du bureau, dans le couloir désert. Je m'assis aussi près de la porte que possible pour essayer d'entendre ce qui se disait, mais en dépit de mon entraînement à espionner les conversations à la maison, je ne pus saisir que quelques bribes de leur échange.

Le fait d'avoir été éloignée juste avant la mort de ma mère avait dû me perturber et stimuler considérablement mon imagination d'enfant, indiqua la directrice. Elle demanda si j'avais assisté à l'enterrement.

— Non, elle était chez ma belle-sœur pendant tout le temps où ma femme était mourante, répondit mon père.

La directrice suggéra que cette décision n'avait peut-être pas été la bonne. Il lui semblait clair que je n'avais pas été en mesure d'accepter sa mort. Des murmures d'approbation firent écho à ses commentaires.

Je l'entendis prononcer le mot « thérapie », ce à quoi mon père éleva la voix pour dire que ce n'était pas nécessaire, en lui opposant un « non » catégorique.

— Elle avait déjà tendance à raconter des histoires. Quand ma femme est morte, sa grand-mère l'a trop gâtée, et maintenant elle se rebelle contre toute sorte de discipline.

Une poussée de colère m'envahit : je n'avais jamais raconté d'histoires avant cette fois. Pourquoi mentait-il ainsi à la directrice et à Sue ? J'entendis que la conversation se poursuivait entre eux trois, mais sans pouvoir en comprendre les mots, jusqu'à ce que la voix de mon père monte à nouveau d'un cran :

— Ce tissu de mensonges n'a été inventé que pour faire du mal à sa belle-mère, qui s'échine pourtant à essayer de lui créer un beau foyer.

La discussion continua avec la voix haut perchée de Sue, puis les accents plus durs de mon père :

— Je vais m'occuper de ça, madame la directrice, dit-il en avançant vers la porte.

Mon père et Sue sortirent alors du bureau, et l'on m'ordonna de prendre mes affaires. Tête basse, traînant les pieds, je les suivis dehors avec appréhension.

— Monte dans la voiture de Sue, dit mon père, écumant de rage. Je m'occuperai de toi plus tard. Pour l'instant, il faut que je retourne au boulot.

Il claqua la portière de sa voiture et partit en trombe. Trop effrayée pour parler, je montai dans la Mini de Sue, et nous n'échangeâmes pas un mot pendant le court trajet qui nous séparait de la maison.

— Je ne sais plus quoi faire avec toi, Sally, dit-elle une fois que nous fûmes rentrées. Je sais que tu ne m'as jamais aimée, mais ces histoires horribles, c'en est vraiment trop. On va attendre que ton père rentre, et voir ce qu'il a l'intention de faire de toi.

Je montai dans ma chambre et m'assis sur mon lit, atterrée. J'essayai de lire un peu, mais aucun mot n'avait de sens sur les pages que je tournais machinalement. Je songeai à ce que j'avais fait, et me maudis de la stupidité dont j'avais fait preuve et qui me mettait dans une telle situation. Je savais que j'allais devenir la risée de toute l'école, et, par-dessus tout, je redoutais la colère de mon père.

À ma grande surprise, mon père parla peu de l'incident en rentrant – là encore, il se montra assez malin pour attendre le moment propice. Le reste de la semaine, je restai confinée dans ma chambre la plupart du temps et, en guise de punition, on me retira la télévision et le magnétoscope, en me disant que je pouvais toujours lire pour m'occuper. Mais ce calme apparent n'était qu'un prélude à la tempête qui n'allait pas manquer d'arriver. Je savais pertinemment que mon père n'allait pas me laisser m'en tirer à si bon compte, après ce que j'avais fait.

Ce fut lors de la prochaine soirée de sortie de Sue que je compris l'ampleur qu'allaient avoir sur moi les conséquences de cette histoire.

52

Je n'avais pas entendu les pas furtifs dans l'escalier ni le léger grincement de ma porte de chambre en train de s'ouvrir. Ce ne fut que lorsqu'il arriva près de mon lit que je pris conscience de la présence de mon père.

Il se pencha au-dessus de moi, si près que je sentis son haleine. Elle était chaude et fétide, et cette sensation me hérissa tous les poils du corps. Je sentis l'odeur de la bière et de la sueur, mais il y avait aussi autre chose, de plus difficilement descriptible : l'odeur du danger.

On aurait dit que sa fureur possédait sa propre odeur, laquelle se répandait dans ma chambre par tous les pores de sa peau. Un frisson me parcourut l'échine et mes doigts s'agrippèrent au bord du lit sous l'effroi.

Mon corps entier était en proie à la peur – ce genre de peur qui vous paralyse pratiquement. Retenant mon souffle, je sentis mes jambes commencer à trembler et mon ventre se nouer. Ma crainte de ce qui allait survenir étouffa complètement mes supplications habituelles. Elle m'empêcha de lui dire que je n'avais pas voulu blesser qui que ce soit et que je ne pouvais pas supporter qu'il me touche. Mais alors même que ces pensées me traversaient l'esprit, je savais déjà qu'elles seraient vaines.

Ses mains attrapèrent mon crâne, me forçant à tourner le visage vers lui, mais il ne disait toujours rien, et ce silence me terrifiait.

Dans une sorte de réflexe enfantin, je gardai les yeux fermés, comme si le fait de ne pas le voir allait aussi me rendre invisible.

Mais quand il finit par parler, plus rien ne pouvait m'empêcher d'entendre le son de sa voix, et j'écoutai le sifflement de chaque syllabe sortant de cette bouche que, sans voir, je devinais tordue par la colère.

— Je suis au courant de toutes les histoires que tu as inventées, Sally, et il va falloir qu'on règle ça tous les deux, dit-il. Ouvre les yeux et regarde-moi ! ordonna-t-il, mais je les gardai fermement clos.

Ce fut la douleur intolérable au niveau de mon cuir chevelu qui me força à les ouvrir. En s'asseyant sur mon lit, mon père avait enroulé d'épaisses mèches de mes cheveux autour de ses doigts et il les tirait maintenant si fort que je ne pus résister.

Les larmes m'empêchaient presque de voir, et un cri rauque s'échappa de ma gorge asséchée par la peur.

— Que se passe-t-il, Sally, dit-il avec ironie en tirant de plus en plus fort. Tu as perdu ta langue ? Tu n'as pas envie d'en parler maintenant, peut-être ?

À travers le filtre de mes larmes, je distinguais maintenant le visage de mon père penché juste au-dessus de moi. Prenant mon courage à deux mains, je fis une tentative de rébellion :

— Je sais que tu m'as menti. Les autres papas ne font pas ce que tu me fais, toi, je le sais maintenant ! lâchai-je entre deux sanglots.

Même en cet instant, j'aurais voulu qu'il cesse de me faire peur, qu'il me dise quelque chose de gentil et qu'il me pardonne. Il n'en fut rien. Pour toute réponse à mon accusation, il se contenta d'un rire moqueur.

— Oh, vraiment ? Et que comptes-tu faire de ça, Sally ?

Il tira de nouveau sur mes mèches, envoyant une décharge de douleur à chaque terminaison nerveuse de mon cuir chevelu, et j'imaginai mes cheveux se détacher de mon crâne par poignées.

— Si tu me fais encore mal, je le dirai ! Je dirai à tout le monde ce que tu me fais ! menaçai-je en désespoir de cause.

— Ah oui ? Et qui te croira ? me nargua-t-il. Tout le monde sait que tu inventes des histoires, Sally. Plus personne ne te croira, maintenant.

Ses ricanements me glacèrent encore plus que sa colère ou sa capacité à me faire mal physiquement.

— Tu sais ce qui se passera si tu racontes quoi que ce soit d'autre sur Sue ou sur moi ?

Je restai muette, n'en ayant pas la moindre idée.

— On va t'emmener, et on te mettra dans un endroit comme celui où était ta mère. On dira que tu es aussi folle qu'elle, et on t'enfermera. Tu te souviens de l'endroit où elle était, hein Sally ? Tu étais bien allée la voir, dans cette partie de l'hôpital où on met les fous ? Remarque, peut-être bien que tu es aussi folle qu'elle – tout le temps en train de chialer, non ?

Je n'avais qu'un vague souvenir de l'endroit où ma mère avait été hospitalisée. Il le savait, et fit de son mieux pour raviver les couleurs du décor que j'avais tenté d'oublier. Il y parvint sans difficulté, en utilisant des mots visuels pour décrire ce service rempli de gens déprimés au regard hagard et d'infirmières acariâtres qui faisaient tinter leurs trousseaux de clés. Il me brossa un tableau affreusement vivant de cette section hospitalière, faisant monter l'angoisse en moi encore et encore.

— Tu sais, il y avait d'autres pièces, là-bas, où ils envoyaient de l'électricité dans la tête des gens. Ils l'ont fait à ta mère, et ils le font aux personnes qui inventent des histoires, dit-il en me tirant de nouveau violemment les cheveux.

Son autre main passa alors autour de mon cou, et ses doigts se mirent à serrer. Je tentai désespérément d'inspirer tandis que son geste s'amplifiait et me sentais terrorisée à l'idée qu'il recommence ce qu'il m'avait déjà fait avec l'oreiller.

Mon souffle devint sifflant dans ma poitrine, et mon corps entier fut pris de soubresauts.

De mes petites mains, je tentai de saisir les siennes pour briser son étreinte de fer, en pure perte.

Presque aucune expression ne traversait son visage tandis qu'il continuait à exercer sa pression sur moi. Puis, dans un grognement proche du dégoût, il retira sa main de ma gorge en gardant l'autre dans mes cheveux.

Il arracha alors les draps de mon lit et m'enleva brutalement mon pantalon de pyjama. D'un genou, il m'écarta les jambes.

— Non, je t'en supplie, non ! haletai-je vainement.

Pour toute réponse, il me tira de nouveau brusquement les cheveux.

— Je ferai ça chaque fois que tu feras du bruit, me lança-t-il. Maintenant, retourne-toi. Je n'ai pas envie de te voir.

Tout fut fini en quelques secondes. Je me retrouvai la tête dans l'oreiller et les fesses en l'air. Après avoir poussé son râle de plaisir, il me repoussa vivement, mettant un terme à un acte qui, comme je devrais l'apprendre six ans plus tard, n'avait rien à voir avec l'amour, mais n'était que la manifestation de sa volonté de puissance et de contrôle, et sa façon de marquer sa propriété sur mon corps de dix ans. Il n'y eut aucun « bonne nuit » de gentil papa ce soir-là, rien qu'un avertissement final :

— Je ne veux plus jamais entendre le moindre mensonge sur Sue ou sur moi. Tu m'as bien compris, je crois ?

— Oui, murmurai-je, pendant qu'il quittait ma chambre pour rejoindre celle qu'il partageait avec sa nouvelle épouse.

Quelque chose en moi s'abîma et mourut cette nuit-là, et il le savait. Il m'avait laissée là, complètement anéantie et dévalorisée, m'ôtant tout espoir.

Je savais désormais que l'homme dont j'avais cru à l'amour ne m'aimait pas. Et d'une certaine manière, je pensais que c'était de ma faute, que je devais y être pour quelque chose dans son comportement envers moi.

Sans l'ombre d'un doute, j'étais maintenant persuadée que, quels qu'aient pu être les sentiments qu'il avait nourris pour moi quand j'étais petite, notre relation était dorénavant quelque chose de terrible, d'amer et de pervers.

53

Je ne retournai pas à l'école pendant toute la semaine précédant les congés d'été. Craignant à la fois les réponses et les représailles si je demandais ce que j'allais devenir, je restai cloîtrée dans ma chambre autant que possible.

Je croyais dur comme fer à ce que mon père m'avait dit : si je parlais, on m'accuserait dorénavant d'inventer de nouvelles histoires. Ou, pire encore, quiconque à qui j'en parlerais réagirait comme Jennifer : on me regarderait avec dégoût, et ma présence suffirait à repousser les personnes les mieux intentionnées. Ce serait moi, et non lui, qui en subirais les conséquences, j'en étais certaine. Mes délires absurdes, désormais considérés comme des mensonges éhontés, avaient joué directement en sa faveur et donc garanti un peu plus mon silence.

À part l'interdiction de sortir de la maison sans l'accord de Sue, mon père ne me dit rien de plus sur le scandale que j'avais causé. Mais les menaces qu'il avait proférées n'étaient jamais bien loin dans mon esprit : elles me terrifiaient, et je savais qu'il le savait. Je le surprenais parfois à me regarder, un sourire mauvais sur les lèvres, sûr que ma peur était l'assurance de ma soumission. Une semaine après mon départ honteux de l'école, Billy attrapa un mauvais rhume. C'est alors que mon père annonça qu'il allait rendre une nouvelle visite à sa mère. Craignant de me retrouver seule avec lui, je tentai désespérément de trouver une excuse pour ne pas devoir l'y accompagner. Je déclarai d'abord ne pas me sentir bien, puis que ce ne serait pas gentil pour mamie si je lui transmettais les microbes de Billy. Aucune de ces raisons ne parut crédible à Sue.

— Allons, Sally, je croyais que tu adorais aller voir ta grand-mère, dit-elle d'un ton qui exigeait plus d'explication sur cette réticence soudaine.

Ne trouvant nul autre argument valable, je me contentai de regarder par terre et, après quelques secondes de silence, me rabattis sur le mal des transports.

— Tiens donc. Tu n'en avais jamais parlé avant.

Je sentis qu'elle était de plus en plus intriguée par mon refus de partir avec mon père. Elle ne me posa pas plus de questions, mais je la vis lui adresser un regard perplexe. Consciente que seule la maladie pourrait vraiment m'éviter cette visite, je me mis à espérer attraper le rhume de Billy. Pour augmenter mes chances, je me tins aussi près de lui que possible et mouillai même tous mes sous-vêtements avec de l'eau froide avant d'enfiler mon pyjama. Peine perdue : pas le moindre éternuement ne survint.

Le samedi suivant, on m'ordonna de me rendre à la voiture pour partir chez mamie.

— Tu peux emmener Dolly, annonça mon père alors que je sortais de la maison à contrecœur.

Je la pris dans mes bras pendant qu'il installait un tapis pour elle sur la banquette arrière. Désarmée par cette concession et par la légèreté du monologue qu'il tint pendant tout le trajet, je commençai à me détendre.

— Ne t'inquiète pas, Sally, dit-il juste avant notre arrivée à la maison de ma grand-mère, je ne dirai rien à mamie de tes soucis actuels. Le but n'est pas de l'inquiéter ou de la chambouler, hein ?

— Non, répondis-je, tandis qu'il me faisait un clin d'œil complice et un sourire chaleureux.

C'est lorsque mon père se comportait de la sorte que j'étais plus déboussolée que jamais par ma situation. Les actes de violence qui se produisaient dans ma chambre ou dans les bois, même si j'étais sûre qu'ils n'étaient pas le fruit de mon imagination, semblaient alors irréels, comme s'ils n'étaient que de mauvais rêves. De mauvais rêves qui n'arrivaient qu'à la tombée de la nuit et que le soleil chassait. Avec ces quelques mots compréhensifs, il avait repris son rôle de « gentil papa », et je lui rendis un sourire hésitant.

Avant que mon père ait fini de garer la voiture, ma grand-mère avait ouvert sa porte pour se tenir dans l'encadrement, un grand sourire fendant son visage ridé.

Elle m'entoura de ses bras rassurants et l'on échangea bonjours et baisers avant de retrouver la chaleur familière de sa maison. Ma tante surgit de la cuisine, essuyant encore ses mains dans un torchon, et les effusions reprirent de plus belle. Du thé juste fait et des assiettes de gâteaux apparurent soudain comme par enchantement et furent posés sur la petite table basse du salon. Alors que je me régalais d'un deuxième morceau de biscuit de Savoie fourré de confiture, elle me tendit un paquet :

— Voilà quelque chose dont tu pourras profiter pendant tes vacances, dit-elle.

Je déballai mon cadeau avec excitation et découvris deux livres de mon auteur favori.

Un peu plus tard, d'autres membres de la famille nous rejoignirent et je partis au parc avec Dolly et deux de mes grandes cousines. Ce même endroit où, dans une autre vie, j'allais avec ma mère quand j'étais plus petite. Là, assise sur une balançoire, à regarder Dolly jouer et à bavarder gaiement avec mes cousines, je pus oublier mes problèmes et redevenir une enfant insouciante pour quelques heures.

Lorsque nous revînmes à la maison, la première chose que je remarquai fut la délicieuse odeur qui s'échappait de la cuisine de ma grand-mère.

— Ragoût d'agneau au dîner, ce soir ! Ton préféré, Sally, nous dit-elle avant de nous expédier à la salle de bains nous laver les mains.

Comme je l'avais fait tant et tant de fois, je pris place autour de la table avec mes cousines, chacun touchant les coudes de son voisin, tandis que l'on se passait les plats remplis de viande et de légumes. Vinrent ensuite la merveilleuse tarte aux pommes et le flan de ma grand-mère et, comme mon père l'avait promis, la conversation s'enchaîna facilement sans qu'il évoque mon comportement récent.

Au moment de partir, l'abondance du repas et la fatigue de la journée m'avaient mise dans un état de somnolence et de contentement. Mais le bonheur de la journée s'évapora dès que nous prîmes la route : allait-il se garer dans les bois comme il l'avait fait toutes les autres fois ? Je sentis mes poings se serrer jusqu'à imprimer la marque de mes ongles dans ma chair à la seule idée que cela puisse se produire. Pourtant, à mon grand soulagement, il dépassa l'endroit où il bifurquait habituellement, et engagea la voiture sur une aire de stationnement.

Là, il posa gentiment un bras sur mon épaule et murmura les mots que j'avais encore envie d'entendre : j'étais aimée, j'étais toujours sa petite fille chérie et je ne devais jamais l'oublier.

— Je sais que tu ne feras plus de bêtises maintenant, Sally, dit-il enfin, avant de me serrer brièvement dans ses bras et de reprendre la route jusqu'à la maison.

Sue nous attendait. Elle observa immédiatement mon visage et me demanda si je m'étais bien amusée. Cette fois, au lieu d'essayer de l'éviter pour filer dans ma chambre, je lui souris avec enthousiasme :

— J'ai passé une super journée, lui dis-je en exhibant fièrement les livres que j'avais reçus.

— Elle a juste fait sa tête de cochon pendant un moment, hein ? me dit mon père en me regardant. Elle avait peur que je parle de ses histoires et d'être gênée devant sa grand-mère. Pas vrai, Sally ?

— Oui, répondis-je.

Je vis alors quelque chose dans les yeux de Sue qu'en tant qu'enfant, je ne sus identifier. Mais en ravivant ce souvenir pour l'examiner avec mon regard d'adulte, je sais maintenant ce que j'y vis :

le soulagement. Peut-être Jennifer avait-elle parlé, en fin de compte.

Ce fut pendant ces vacances d'été que Sue essaya de se rapprocher un peu de moi. Peut-être s'ennuyait-elle, tout comme moi. Non seulement étais-je bannie de la maison de Jennifer, mais j'étais cantonnée à la mienne et, à part les promenades de Dolly, qui étaient assez brèves, je n'avais toujours pas le droit de quitter la maison.

La vie de Sue était certainement plus variée avant son mariage avec mon père. Elle avait alors l'habitude de travailler dans un environnement actif d'entreprise, de déjeuner avec ses copines et, d'après ce que je pus glaner dans ses conversations, de sortir régulièrement dans des endroits chics et de faire la fête, ce qu'elle adorait.

Épouser un homme plus vieux qu'elle avec des enfants avait mis un terme à ce rythme de vie.

Lors d'un rare moment d'intimité, elle me dit qu'elle ne voulait pas avoir plus d'enfants, même si elle avait très envie d'en faire un elle-même. Elle se rendit alors compte qu'elle n'était pas forcément censée se confier à moi sur ce sujet, et changea rapidement de conversation.

L'idée me vint qu'elle était seule : elle recevait très peu de visites de personnes de son âge en journée. Je saisis quelques bribes de discussion expliquant que la plupart de ses amies avaient quitté la petite ville, et que ce n'était plus que lorsqu'elles venaient voir leurs parents, avec ou sans leur petit ami, que les sorties entre filles pouvaient être organisées. Sue semblait ne plus vivre que pour ça.

— Il faut que je me tienne au courant des ragots ! disait-elle joyeusement les soirs où elle se préparait à les retrouver.

J'en conclus que la mode était leur principal sujet de conversation dans ces soirées. Mais quand j'y pense maintenant, je me dis qu'elle devait juste se languir de la compagnie légère des amies de son âge.

Lors des quelques occasions où elle les invita à la maison, la différence d'âge entre elles et mon père était évidente, même pour moi. Peu à peu, elle se restreignit à les voir lors de leurs sorties entre filles, ou pour un rare déjeuner, lorsque mon père était au travail.

Les personnes qui constituaient le cercle social de mon père et de Sue étaient tous des couples dont l'âge se situait entre celui de mon père et celui des parents de Sue. Si les hommes s'arrêtaient souvent au pub du coin pour boire un verre entre amis après le travail, les femmes en faisaient rarement autant. Leur vie sociale se résumait principalement à des réceptions autour d'un dîner et, dès les premières semaines après son mariage avec mon père, il devint clair que la cuisine n'était pas le fort de Sue.

Consciente qu'on attendait d'elle un minimum de compétence culinaire, elle s'inscrivit à des cours de cuisine. Mais, dès qu'elle eut appris les bases, elle décréta qu'on la limitait trop dans le choix des plats et voulut passer au niveau supérieur. Dès que nous eûmes emménagé dans la nouvelle maison, elle décida de mettre en pratique le contenu de ses dernières leçons.

De grands récipients chromés ainsi que nombre de poêles et casseroles apparurent dans la cuisine, ainsi que de gros livres de cuisine et tout un assortiment de pots en verre renfermant épices et aromates.

Elle dévalisa le magasin du coin, et les plans de travail initialement vides furent bientôt garnis d'un robot ménager, d'un mixer, d'une cocotte-minute, d'un cuit vapeur, d'une machine à pâtes et d'une sorbetière. Un joli tablier autour de la taille, Sue s'employait chaque jour à nous présenter ses nouvelles créations. Elle voulait nous prouver qu'elle était capable d'être une meilleure cuisinière que ma grand-mère ou ma mère, même si, dans les premiers temps, sa cuisine ressemblait beaucoup à la leur.

— Qu'aimes-tu manger à part des toasts au fromage, Sally ? me demandait-elle souvent au début.

Je me creusais alors la tête pour trouver un plat qui ne fût pas un ragoût, qu'elle maîtrisait déjà bien, ni un toast, qu'elle devait encore améliorer.

— Billy et moi aimons bien les macaronis au fromage, lui dis-je un jour en me réjouissant de cette perspective.

Mais ce n'était pas ce que nous aimions qui l'intéressait.

— Vous aimez peut-être ça, mais je suis sûre que ce n'est pas ce qui plaît le plus à votre père.

Je réfléchis encore, essayant de me rappeler son avis sur un plat.

— Il aime la tourte à la viande et aux rognons de mamie, lui indiquai-je.

Elle ne tarda pas à mettre de la farine et du beurre dans le bol du mixer, et je sus ce que nous aurions à manger ce soir.

L'été où je dus rester à la maison, Sue déclara que ses menus devenaient trop répétitifs et que sa cuisine avait besoin d'un peu plus d'audace. Les livres de cuisine furent ressortis, ainsi que les nombreuses recettes qu'elle avait déchirées dans des magazines féminins pour trouver son inspiration culinaire. Se souvenant du succès de la tourte à la viande de bœuf et aux rognons, elle chercha ce qu'elle pouvait faire d'autre en utilisant ces mêmes ingrédients. Elle se dit que, puisque mon père les aimait tous ensemble, il apprécierait également les mêmes ingrédients, servis différemment. Pendant les semaines qui suivirent, chaque repas semblait contenir l'un d'eux.

Du bœuf aux oignons, des rognons au vin rouge, des tourtes à pâte épaisse renfermant une garniture roborative, et des steaks de bœuf panés.

— Je t'ai concocté un bon petit repas, David, lui disait-elle dès qu'il avait franchi la porte en rentrant du travail.

— Mmm, ça sent bon, chérie, répondait-il invariablement en humant l'air avec ostentation. C'est bien agréable d'avoir une petite femme qui vous prépare de bonnes choses à manger.

Pendant tout ce temps, Billy et moi ne rêvions plus que d'un repas simple car, si la règle de Sue selon laquelle nous devions manger sans eux était encore en vigueur, les restes de chaque repas nous étaient toujours servis le lendemain.

Quand toutes les recettes à base de steak et d'abats furent épuisées, elle remit le nez dans ses livres de cuisine.

— Pourquoi pas du porc ? me demanda-t-elle en tournant les pages de son livre avec attention, examinant les photos qui illustraient les recettes. Ton père aime ça, non ?

Je me souvins du jarret de porc rôti de ma grand-mère, avec sa peau croustillante et sa sauce aux pommes.

— Miam, miam. Oui, on aime tous ça, répondis-je, l'eau à la bouche en songeant aux délicieux restes que j'aurais dans mon assiette.

Mais Sue ne pouvait se contenter d'un simple rôti.

— Ce n'est pas la peine de prendre des cours de cuisine pour faire un truc aussi facile, dit-elle distraitement.

Me rappelant les patates sautées brûlées, les légumes trop cuits et les Yorkshire puddings plats comme des crêpes qu'elle nous avait parfois servis, je trouvai regrettable que ses cours n'abordent pas des défis *a priori* plus simples. Mamie avait toujours dit que pour réussir un bon rôti, l'essentiel était le temps de cuisson, chose que les livres de Sue ne lui enseignaient pas. Ce soir-là, lorsque mon père rentra du travail, elle lui montra de gros objets recouverts de pâte à frire, avant de commenter fièrement :

— Ce sont des pieds de porc à frire. J'aurais dû leur mettre un peu de vernis à ongles ! s'esclaffa-t-elle pendant que mon père s'emparait d'une portion de la chose pour découvrir ce qui pouvait se trouver à l'intérieur, et blêmissait rien qu'à y penser.

Une fois le porc préparé de toutes les façons imaginables – sauf en rôti –, elle jeta son dévolu sur l'agneau.

— Il aime les côtes grillées, dis-je à Sue pour l'aider.

Je ne reçus qu'un de ses haussements d'épaules dédaigneux à l'idée de préparer un plat aussi ordinaire.

— Je le sais, Sally, mais je lui en ai déjà fait plein de fois. Je dois trouver quelque chose de différent.

Les livres de cuisine furent à nouveau sortis, et elle s'installa pour les consulter avec une tasse de café, un stylo et un carnet. Finalement, après moult hésitations, elle partit faire ses courses, une longue liste en main. Une heure plus tard, elle était de retour, les bras remplis de sacs.

— Ce soir, je vais tenter quelque chose de vraiment différent, dit-elle.

Je me figeai. On allait faire quelque chose de nouveau avec une partie de l'animal que je trouvais dégoûtante à regarder, sans parler de la manger.

Lorsque je lui demandai ce que cela allait être, elle m'adressa un sourire énigmatique. Elle me dit que c'était quelque chose qu'elle n'avait jamais tenté, mais le boucher lui avait assuré que ce serait délicieux.

Je fus chargée d'éplucher les pommes de terre, puis chassée de la cuisine.

— Je ne veux pas que tu me distraies, c'est trop délicat à réussir, déclara-t-elle avant de m'envoyer dehors promener le chien.

Un peu plus tard, pensant que Billy et moi n'allions pas tarder à prendre notre repas dans la cuisine, je passai ma tête par la porte pour m'entendre demander de faire un peu de vaisselle – soit à peu près l'intégralité de tous les récipients et ustensiles de la cuisine. Je retroussai mes manches et lavai, rinçai et empilai la vaisselle jusqu'à ce que l'égouttoir croule sous une pile d'inox étincelant.

— Sally, me dit-elle lorsque j'eus terminé, pour une fois je me suis dit que nous mangerions tous ensemble ce soir. Ce plat se sert bien chaud.

Je la regardai avec un sentiment proche de la gratitude. Toutes ces longues soirées passées seule dans ma chambre me faisaient mourir d'ennui et de tristesse.

Billy avait le droit de regarder les émissions pour enfants dans le salon mais, comme j'étais punie, je n'étais pas autorisée à me joindre à lui.

— Je ne vois pas l'intérêt d'enlever la télé de ta chambre si c'est pour que tu la regardes dans le salon, avait argué Sue devant mes protestations.

Elle m'emmenait à la bibliothèque une fois par semaine afin que j'aie au moins quelque chose pour m'occuper, et la lecture était devenue mon unique passe-temps.

Jennifer et mes camarades de classe me manquaient. N'ayant personne de mon âge à qui parler, j'étais heureuse d'aider Sue dans la cuisine, même si cette aide consistait essentiellement à laver les nombreuses poêles et casseroles qu'elle utilisait dans sa frénésie culinaire. Au moins avais-je quelque chose à faire, et le peu de conversation que nous entretenions alors était déjà mieux que rien.

Elle me demanda de me laver les mains, d'aller changer Billy et de revenir avec lui quand elle nous appellerait. Me demandant quel délice elle nous avait mijoté et, puisqu'elle n'avait plus besoin d'aide, je pris place à table à côté de Billy quand elle nous appela et attendis de découvrir la suite.

— Je t'ai préparé un bon petit repas, David, annonça-t-elle comme à son habitude lorsqu'il franchit la porte.

Je vis un regard soupçonneux traverser le visage de mon père. Il avait toujours aimé les plats simples, et la sophistication de la cuisine de Sue n'était pas toujours à son goût.

— Quoi? Un bon petit rôti? demanda-t-il, blaguant et espérant en même temps.

— Ne dis pas n'importe quoi, David, ronronna-t-elle. Je n'ai pas pris des cours de cuisine pour apprendre ce que n'importe quelle bonne femme peut faire.

Lorsque nous fûmes tous en place, Sue fit entrer sa dernière acquisition – un chariot de maître d'hôtel à roulettes – et, médusée, je regardai ce qui trônait en son centre. C'était une tête de mouton cuite avec une langue grise et flasque qui sortait de sa bouche. Ses lèvres, derrière lesquelles je voyais les grosses dents jaunes de la bête, semblaient s'être rétractées sous la douleur, presque comme si l'animal avait été jeté vivant dans le four.

Le haut de sa tête avait été retiré, et une botte de cresson sortait de son crâne, tel un ridicule chapeau vert.

Déjà paralysée par la laideur de l'ensemble, je remarquai ensuite les yeux du mouton. Ils étaient blancs et cernés de noir et semblaient me fixer sans me voir.

J'entendis Billy réprimer son envie de crier, mais il tendit un doigt tremblant vers la chose et commença à frémir de la tête aux pieds.

— Par pitié, Billy, aboya Sue, reste tranquille et n'en fais pas toute une histoire. Sally, pas de chichis de ta part non plus. C'est un pur régal.

Elle le plaça en face de mon père pour qu'il procède à la découpe et ouvrit le haut de son chariot pour révéler un assortiment de légumes servis dans des plats en verre. Quel que soit le nom qu'elle lui donnât, je ne pouvais supporter de regarder la tête décapitée installée dans l'un des plus beaux services de vaisselle de Sue. Sans se soucier des visages dépités de ses enfants, mon père prit un couteau à découper et trancha adroitement la langue, qu'il posa sur le bord du plat. Il s'attela ensuite à couper des tranches dans les joues de l'animal. Enfin, à l'aide d'une cuillère, il sortit une matière grise et gluante de dessous le cresson, en haut de la tête.

Enfant de la génération supermarché – la viande arrivait dans des barquettes en plastique emballées de cellophane, et le lait dans des briques en carton – je n'avais jamais été confrontée à la réalité de la source de cet aliment. Quand j'avais admiré les animaux dans les champs, je ne les avais pas associés à la nourriture qu'on mettait dans mon assiette.

— Qu'est-ce qu'il y a, Sally ? demanda Sue d'un ton faussement doux. Tu manges bien du bacon, non ?

Elle prit une cuillerée de la matière grise et la mit dans mon assiette.

— C'est de la cervelle, Sally. C'est extra, dit-elle, et ça rend intelligent.

Elle se tourna vers mon père.

— David, tu veux bien lui couper un petit bout de langue ? Dommage qu'on n'ait pas coupé celle de Sally il y a quelques semaines !

Elle partit dans ce rire retentissant qui m'avait énervée dès la première rencontre.

Je ne sais comment, je trouvai la force de prendre couteau et fourchette pour découper la viande en petits morceaux, que je mis dans ma bouche avant de mâcher prudemment. Si je ne regardais pas cette pauvre tête et me contentais d'y penser comme à de l'agneau, me dis-je, ça pourrait passer.

Je regardai Billy du coin de l'œil. Il semblait en être venu à la même conclusion que moi et mastiquait courageusement. Mon père félicita Sue d'avoir pris la peine de cuisiner ce plat traditionnel du nord du pays. Il déclara que c'était délicieux et que cela lui rappelait sa grand-mère, qui servait aussi des têtes de mouton.

— Mais la tienne est bien meilleure, Sue, je t'assure, s'empressa-t-il d'ajouter.

Billy et moi parvînmes à dire que nous avions aussi trouvé ça bon et croisâmes les doigts pour que ce plat ne s'ajoute pas à la liste des menus réguliers.

Ce n'est qu'après le dessert – une sorte d'esquimau glacé fondu qu'elle appelait « sorbet » –, qu'elle décida qu'il était temps de me dire ce que je deviendrais à la fin des vacances d'été.

— Tu vas aller dans une nouvelle école, m'informa-t-elle.

D'une voix qui voulait dire « j'ai encore plus souffert que toi », elle ajouta :

— Et j'espère que là-bas tu n'inventeras plus d'histoires.

Cette remarque anéantit mon espoir que mon écart de conduite, sans être oublié, ne soit au moins plus évoqué.

— Pourquoi ne pas me laisser dans la même ? demandai-je, sentant monter la panique à l'idée de changer encore d'établissement.

L'espace d'un instant, je crus qu'il s'agissait d'un pensionnat, et même si tout n'était pas rose à la maison je n'avais aucune envie d'y aller.

— Tu as perturbé tes camarades, et les parents se sont plaints de toi. Ton père et moi en avons discuté, et nous pensons que ce serait mieux pour toi de prendre un tout nouveau départ, expliqua-t-elle en tentant de me faire croire que c'était mon intérêt qui lui tenait à cœur.

— Oui, Sally, intervint mon père. Le père de Sue m'a dit que l'une de ses employées lui avait rapporté les histoires que tu as racontées. Imagine un peu comme il a dû être gêné ! Il a dit qu'on parlait beaucoup de toi en ville. Et ce n'est pas bon pour les affaires quand les gens qui sont censés me respecter se moquent de ma fille derrière mon dos, tu comprends ? Dieu seul sait encore ce que tu as pu dire à Jennifer pour que ses parents ne veuillent plus de toi chez eux.

Je me raidis sur ma chaise, sentant ses yeux scruter mon visage, et fus soulagée de penser que Jennifer serait bientôt de retour dans son pensionnat : nos chemins ne risqueraient alors plus guère de se recroiser.

Si elle ne me voyait pas, sûrement oublierait-elle ce que je lui avais dit – du moins l'espérais-je. Je n'osais même pas imaginer la colère de mon père s'il apprenait un jour la question que je lui avais posée. Il continua comme s'il n'avait pas remarqué mon embarras :

— Ce sont des amis de la famille de Sue, des gens influents, et maintenant, nous ne pourrons plus jamais t'emmener chez eux. Il faut bien admettre que tu nous as mis dans une situation très inconfortable. Voilà, je n'en dirai pas davantage à ce sujet.

Je ne fis aucun commentaire et me contentai de fixer mon assiette vide. Ne voulant pas que cette ambiance délétère gâche son bon repas, Sue décida de relancer la conversation de façon plus légère :

— Quoi qu'il en soit, Sally, la semaine prochaine je t'emmène faire un peu de shopping. On t'achètera un nouvel uniforme, et je me suis dit qu'on pourrait même déjeuner quelque part, dit-elle d'un ton enjoué.

Déjà piquée au vif par ses remarques sur la langue et la cervelle, je me dis qu'elle n'allait pas me berner avec ses promesses de shopping. Tout ce qu'elle cherchait, c'était une excuse pour aller prendre du bon temps dans la ville d'à côté, à plus de quinze kilomètres d'ici, beaucoup plus grande que celle où nous vivions.

54

L'école se trouvait à plusieurs kilomètres de la maison et beaucoup plus grande que la communale où j'allais auparavant. Sue me la montra lorsque nous allâmes faire notre shopping.

À la différence de l'autre, installée dans un bâtiment ancien, celle-ci était un bloc moderne d'acier et de verre. Pour moi, c'était un endroit vaste et sans âme, et les arguments de Sue vantant tous les agréments de cette structure n'y changèrent rien.

Elle se gara dans un immense parking à plusieurs niveaux avant de marcher d'un pas décidé vers les magasins tandis que je la suivais avec peu d'entrain. Nous nous arrêtâmes d'abord dans un magasin vendant des uniformes scolaires. Cette fois, il me fallait une jupe et une veste bleu marine, un pull gris et deux chemises blanches.

Elle prit hâtivement les articles des rayons et me les posa sur les bras.

— Essaie aussi celle-là, dit-elle en me tendant une autre veste qui était visiblement beaucoup trop grande pour moi.

Je lui dis qu'il me semblait que rien n'était à la bonne taille, mais elle ignora mes protestations et me poussa vers la cabine d'essayage. La jupe m'arrivait à mi-mollets et je nageais dans les vestes, comme dans les chemises.

— Tout est trop grand. Regarde ! m'exclamai-je en sortant de la cabine.

Elle poussa un soupir.

— Sally, as-tu la moindre idée de ce que ces changements constants d'école nous coûtent ? Tu ne peux quand même pas avoir une nouvelle tenue chaque fois que tu grandis d'un centimètre, tu comprends ?

— Oui, marmonnai-je.

— Nous ne voulons pas avoir à refaire cette dépense chaque année, alors il va falloir grandir dans ces habits.

— Mais... je vais être ridicule !

— Et alors, à qui la faute ? rétorqua-t-elle méchamment.

Dès que j'eus remis mes vêtements, elle tendit le tout à la vendeuse en déclarant que nous prenions l'ensemble. Le cartable que ma mère m'avait donné pour commencer l'école serait remplacé par une sorte de porte-documents, qu'elle posa sur la pile.

— Tu as besoin de quelque chose de plus grand que ton vieux machin, déclara-t-elle.

— Mais tout le monde aura un cartable, essayai-je de lui dire, craignant, comme tous les enfants, d'être différente des autres.

— Pas tout le monde, Sally : pas toi, répliqua-t-elle avec un sourire de satisfaction devant mon désarroi.

Lorsque les achats furent faits, elle se dirigea vers le rez-de-chaussée du centre commercial. Là, je me rendis compte que mon intuition était juste : la sortie shopping était beaucoup plus pour elle que pour moi.

Elle passa autant de temps et dépensa presque plus d'argent dans son choix de maquillage et de produits de beauté que pour mon uniforme.

Une fois sa frénésie d'achats apaisée, elle se tourna vers moi en souriant.

— Maintenant, on va déjeuner, Sally, dit-elle gaiement. J'ai besoin de me rafraîchir.

Nous fîmes un détour par les « lieux d'aisance pour dames », comme l'indiquait un panneau sur la porte. Elle déballa tout son nouveau maquillage et l'appliqua soigneusement, remit ses cheveux bien en place et se vaporisa du parfum sur les poignets et dans le cou.

Après un dernier coup d'œil dans le miroir, Sue jugea qu'elle était prête.

Ses talons aiguilles claquaient sur le sol, marquant son pas pressé.

— Une amie va nous rejoindre, m'annonça-t-elle alors.

« *Te* rejoindre », me dis-je, en prenant bien soin de garder cette réflexion pour moi.

Nous entrâmes dans un bar à vin à la lumière tamisée, où son amie nous attendait déjà. Pendant qu'elles se saluaient, je vis les cheveux blonds crêpés de la copine s'agiter, ses lèvres pâles s'animer, et les deux femmes au style identique se firent la bise avant d'échanger des compliments – « Tu es magnifique », « Toi aussi » – pendant que le serveur attendait qu'elles passent commande.

On m'adressa quelques mots brefs, puis les deux femmes commencèrent à bavarder.

Ennuyée par leur conversation sur la mode et les détails du dernier petit ami en date, j'essayai de faire abstraction de leur présence. Au bout d'environ une heure, elles regardèrent enfin leur montre.

— Le boulot m'appelle, déclara la blonde crêpée.

— Moi aussi : le repas de monsieur à préparer ! pouffa Sue.

Nouvelle série de bises, puis nous sortîmes reprendre la voiture.

La semaine suivante, les vacances d'été touchaient à leur fin, et il était déjà temps que j'entre dans ma nouvelle école. Pour le premier jour, Sue m'y conduisit.

— À partir de demain, tu pourras prendre le bus, me dit-elle en me montrant l'arrêt que je devrais emprunter pour le retour l'après-midi même.

Lorsque nous arrivâmes, elle m'annonça que le directeur nous attendait et ouvrit la marche jusqu'à son bureau. Elle le salua chaleureusement, puis me présenta.

C'était un homme grand et mince au regard dur et aux cheveux gris clairsemés.

Il me regarda froidement à travers de grosses lunettes en écaille quand Sue l'informa que j'étais la belle-fille dont elle lui avait déjà parlé.

— Je vous laisse avec elle, alors, dit-elle en lui adressant l'un de ses sourires charmeurs. Sois sage, Sally.

Tels furent ses derniers mots avant de disparaître, me laissant seule face à un homme qui me jugeait d'ores et déjà comme une fauteuse de trouble potentielle, dans mon uniforme trop grand.

Un sentiment oppressant m'envahit en entendant ses pas s'éloigner dans le couloir. Malgré tous ses défauts, la présence de Sue avait quand même le mérite de me rassurer.

— Eh bien, Sally, dit-il en s'asseyant derrière son bureau sans m'inviter à en faire autant. Ta belle-mère et ton père m'ont fait part de certains de tes problèmes. Laisse-moi tout de suite te dire une bonne chose : ce genre de comportement ne sera pas toléré ici. Les filles qui profèrent des mensonges sur les autres sont punies. C'est bien compris ?

Mon angoisse augmenta. Ce n'était pas ce qu'on m'avait annoncé – un nouveau départ. On m'avait simplement éloignée des enfants de mon quartier, qui étaient susceptibles de répéter ce que je disais et d'embarrasser ainsi Sue et mon père – ou pire.

— Oui.

— Oui, qui, Sally ?

— Oui, Monsieur, dis-je.

Son visage ne changea nullement d'expression quand il reprit :

— Je recevrai des rapports réguliers de tes professeurs et évaluerai moi-même tes progrès.

Il marqua une pause, attendant vraisemblablement une réponse, mais n'en recevant aucune, il poursuivit son discours sur le même ton méprisant.

— Puisque tu ne peux pas faire de sport, tu passeras ces heures à la bibliothèque à approfondir ton anglais et tes mathématiques. Ne pense pas que tu pourras en profiter pour te relâcher. Comprends-tu ce que je te dis ?

— Oui, répondis-je.

Il leva un sourcil réprobateur, me rappelant ainsi ce qu'il désirait entendre.

— Oui, Monsieur, murmurai-je.

Satisfait de ma docilité, il m'accompagna alors jusqu'à ma classe.

À la première récréation, je regardai nerveusement autour de moi tandis que les autres enfants avaient déjà formé des groupes et discutaient entre eux.

Aucun n'avait l'air spécialement engageant, et seule la curiosité semblait les animer quand ils regardaient dans ma direction.

Je vis leur tête se baisser, entendis des chuchotements et compris instinctivement qu'ils étaient en train de parler de moi.

Un garçon marcha vers moi avec désinvolture pendant que ses amis le regardaient avec intérêt en se rapprochant de nous.

— Alors comme ça, tu inventes des histoires ? me lança-t-il avec un sourire narquois.

— Oui, renchérit la petite voix d'une fille replète, même que la maîtresse nous a demandé de lui dire si jamais tu faisais ça ici.

Je sentis mon visage rougir et les larmes me monter aux yeux tandis que je tentais de leur dire que ce n'était pas vrai.

— Dis donc, tu parles comme une bourgeoise ou quoi ? me railla un autre.

Je ne pouvais évidemment pas lui expliquer que mon langage était dû au travail de thérapie que j'avais effectué pour corriger mon défaut d'élocution. Cela n'aurait fait que renforcer ses moqueries.

À l'heure du déjeuner, je me dirigeai jusqu'à la cantine avec les autres enfants de ma classe, mais personne ne bougea pour me faire une place. Je déposai donc mon plateau au bout d'une table, où je déjeunai seule.

Autour de moi résonnait le brouhaha des conversations qui, cette fois, ne me concernaient pas.

Les choses ne s'arrangèrent guère en fin de journée, au moment de partir.

— Hé, Sally, brailla un garçon de ma classe, t'as une grande sœur, non ? C'est elle qui t'a refilé ses vieilles fringues ?

— Et c'est quoi, ce truc ? lança un autre en montrant du doigt mon cartable, qui ressemblait plus à un attaché-case.

— D'accord, t'es une snob, c'est ça ? Tu te crois mieux que nous ! cria un troisième.

Je marchai jusqu'aux grilles sous une pluie de quolibets et compris que, quel que soit le temps que je passerais dans cette école, je ne m'y ferais jamais d'amis.

Quelques jours seulement après la rentrée, mon eczéma reprit de plus belle. Une fois encore, les plaques sèches recouvrirent mes bras et montèrent de mon cou jusqu'au visage.

J'entendis les mêmes mots que ceux dont on m'avait traitée quand j'étais plus petite – boutonneuse, sale, galeuse –, mais les enfants étaient cette fois plus âgés, et leur intonation était teintée d'un venin plus fort. « Sally la sale », se plaisaient-ils à claironner lorsque les éruptions étaient visibles.

Désireuse d'échapper à mes tortionnaires, je m'enfermais dans les toilettes pendant les pauses, en priant pour qu'ils ne devinent pas où je m'étais réfugiée. Les professeurs me venaient parfois en aide, mais dès qu'ils avaient le dos tourné les railleries recommençaient aussitôt.

Démoralisée, je me demandais ce que je pouvais bien avoir de si terrible pour que mes camarades de classe me rejettent à ce point.

55

Chacune croyant peut-être que l'autre s'était chargée de m'informer de certaines choses rudimentaires de la vie, ni Sue ni ma grand-mère ne m'avaient jamais parlé des règles. J'avais onze ans lorsque de terribles maux de ventre m'éveillèrent un matin. Pliée en deux par la douleur, je me forçai à me lever et me rendis aux toilettes. Du sang s'écoula alors dans la cuvette, et je hurlai de peur.

Ce fut Sue qui m'entendit et, pour être honnête, je dois dire qu'elle se rua immédiatement dans les escaliers.

— Que se passe-t-il, Sally? me demanda-t-elle, l'air un peu irrité, air qui s'évanouit quand elle vit mon visage blême.

Je sentais encore le sang goutter dans le bouchon de papier toilette que j'avais confectionné pour le glisser dans mon pantalon de pyjama.

— Je saigne. Là, lui dis-je en lui désignant approximativement la zone concernée.

— Oh, bon sang, mais personne ne t'a donc jamais parlé des règles? demanda-t-elle.

Devant mon visage décomposé, elle comprit qu'en effet personne n'avait pris cette peine. Et pour une fois elle me témoigna de la gentillesse.

Elle me fit asseoir avec une boisson chaude et deux comprimés d'aspirine. Puis elle m'expliqua que c'était quelque chose qui m'arriverait tous les mois.

— Bon, tu n'iras pas à l'école ce matin. Je n'ai rien à te donner, dit-elle.

Je compris ensuite que cela signifiait qu'elle n'avait pas de serviettes hygiéniques, ce qui était plus approprié pour une jeune fille de onze ans que les tampons qu'elle utilisait. L'agacement revint dans sa voix quand elle dit qu'elle devrait aller à la pharmacie.

Elle téléphona au directeur, et je frémis d'embarras à l'idée qu'il sache la raison de mon absence. Puis, de nouveau sympathique, elle me donna une bouteille d'eau chaude, me conseilla de rester au lit jusqu'à ce que les crampes s'atténuent et partit pour la pharmacie.

À son retour, elle me montra comment utiliser une serviette hygiénique et m'en donna tout un paquet, enveloppées de papier mauve.

Bien qu'elle eût déclaré que je retournerais à l'école l'après-midi, elle me permit finalement de passer toute la journée à la maison. Le lendemain matin, en me rendant à l'école, j'étais terrifiée à l'idée que les enfants aient pu apprendre, par je ne sais quelle manière, ce qui m'était arrivé. Mes craintes furent justifiées lorsqu'un élève curieux regarda dans mon cartable et y vit deux serviettes de rechange entre mes livres d'école. S'ils se moquaient déjà de moi auparavant, ce n'était rien par rapport à ce qui suivit. Je devins une fois de plus la cible de toutes leurs moqueries.

Il fallut plusieurs mois pour que leurs provocations déclenchent la colère du directeur – pas sur eux, mais sur moi. La sonnerie venait de retentir et je me dirigeais vers les grilles après avoir rassemblé mes affaires.

Dehors, un groupe d'élèves de ma classe bavardait en ricanant, et je me doutai que c'était à propos de moi.

— Hé, Sally, regarde un peu ça ! lança l'un deux alors que je me hâtais de les dépasser.

— Laisse-moi tranquille, m'écriai-je comme il m'attrapait par le bras, ne voulant pas me laisser filer.

— Pas si vite ! Je suis sûr que ça va te plaire.

Il me poussa en avant jusqu'à ce que mes yeux se posent sur le mur de l'école. Je me sentis rougir en découvrant ce qui les faisait tous rire : en grandes lettres rouges étaient écrits les mots « Jimmy aime Sally East », avec un gros cœur tracé juste en dessous.

Les éclats de rire fusaient. Je me dégageai de mes persécuteurs et partis aussi vite que je le pus.

Le lendemain matin, j'espérais irrationnellement que les lettres rouges auraient disparu dans la nuit, mais elles étaient toujours là à mon arrivée. Le directeur attendit le milieu de mon premier cours pour manifester son mécontentement. Il entra dans la classe et m'ordonna de le suivre. En me dirigeant vers la porte, j'entendis les ricanements à peine dissimulés du reste de la classe.

Sans expliquer ce qu'il voulait, il me fit traverser la cour de récréation et passer les grilles, puis se posta derrière moi en me forçant à regarder l'inscription offensante.

— Qu'est-ce que ça veut dire, Sally ? Explique-toi.

— Je ne sais pas, Monsieur, répondis-je. Ce n'est pas moi qui ai écrit ça.

— Alors pourquoi est-ce ici ? Qu'est-ce que ça signifie ?

— Je pense que ça veut dire l'inverse, dis-je tristement.

Mais il n'y avait aucune compassion sur le visage du directeur.

— Quoi que tu dises, quelque chose dans ton attitude a bien dû provoquer cela. Tu me nettoieras ce mur pendant ta pause déjeuner.

Il me raccompagna alors dans ma classe. Dès que j'eus fini de manger à la cantine, un délégué de classe m'apporta un seau, une brosse en chiendent et une bouteille de nettoyant chimique.

— Le dirlo dit que tu sais quoi faire avec ça, alors vas-y, dit-il avec un petit sourire en coin.

Humiliée, je traversai la cour sous de nouvelles railleries.

— Eh ben, Sully ? Tu n'aimes pas ton message ? criaient-ils avant d'éclater de rire de façon aussi bruyante que ridicule.

Je haussai les épaules et les ignorai jusqu'à être sortie de la cour. Il me fallut tout le temps de la pause pour laver le mur, et plus de la moitié du liquide nettoyant. Lorsque j'eus terminé, je remportai le seau vide au bureau du directeur.

— Bien. Veille à ce que de telles choses ne se produisent plus. Tu peux retourner en classe, maintenant, se contenta-t-il de me dire.

C'est l'un de mes professeurs qui prit enfin le temps de s'asseoir avec moi et me donna ma première leçon de survie.

— Sally, je sais que tu es harcelée par les autres, me dit-il, mais sache que toi seule peux y mettre un terme.

— Et comment, Monsieur? demandai-je sans y croire.

— Retourne-toi et dis-leur de la fermer. Les tyrans sont des lâches. Montre-leur que tu t'en fiches.

— Mais je ne m'en fiche pas.

— Et ils le savent, Sully. Réfléchis à une riposte pour les remettre un peu à leur place, pour que ce soient eux qui aient l'air bête, et pas toi. Puis tu leur envoies ta remarque, et tu t'éloignes la tête haute. Si tu joues les victimes, ils continueront de plus belle. Tu verras, quand ils constateront qu'ils n'ont plus de prise sur toi, ils arrêteront. Tu vas essayer?

— Oui, Monsieur, répondis-je, même si je n'étais pas très confiante en la méthode.

Je repensai à ses mots ce soir-là, et me souvins comment Sue réagissait envers mon père quand il faisait quelque chose qui lui déplaisait. Elle l'ignorait.

— Galeuse! me lança un enfant le lendemain.

— Oh, arrête un peu tes bêtises, répliquai-je en imitant l'une des phrases préférées de Sue.

«Tu es vraiment lamentable. Tu ne pourrais pas plutôt t'en prendre à quelqu'un de ta taille?»

Celle-ci était particulièrement adaptée aux personnes plus âgées, plus grandes ou plus grosses que moi.

« Fiche-moi la paix. J'ai autre chose à faire qu'écouter tes débilités. » Celle-là marchait également bien sur mes bourreaux.

En moins d'une semaine, je constatai que le professeur avait raison. Confrontés à mon apparente indifférence et aux petites phrases volées au répertoire de Sue, les élèves cessèrent railleries et provocations.

Comme Sue me l'avait dit, je grandis peu à peu dans mon uniforme, et si mon exemption de sports m'empêchait de devenir populaire, je finis au moins par être acceptée.

Je tentai également de mettre mon embryon de confiance en moi en pratique à la maison.

Mais je ne faisais pas le poids contre mon père. J'appris cependant qu'on s'en prenait toujours plus aux victimes et que mes pleurs et supplications l'excitaient autant que les actes qu'il me faisait commettre. J'arrêtai donc de geindre et de protester et essayai d'afficher ce même mépris las qui avait si bien fonctionné à l'école.

— Que se passe-t-il, Sally ? Tu n'aimes plus ton papa ? demandait-il sournoisement lorsque je le dévisageais avec froideur.

Bien sûr, même si je me disais qu'en effet je ne l'aimais plus, j'avais toujours envie qu'il m'aime, lui.

— Ce sont de bonnes notes, Sally, bravo, me félicitait-il quand mes bulletins arrivaient.

Mes joues rosissaient de satisfaction.

— Tu es ma petite fille chérie à moi, hein, Sally ? disait-il encore à d'autres occasions.

Malgré mon intention de l'ignorer, je lui rendais presque toujours son sourire.

— C'est encore une petite fille à son papa, ça, hein ? me taquinait-il quand il voyait le plaisir se refléter sur mon visage suite à un compliment de sa part.

— Un bisou pour ton vieux bonhomme ? Ou bien es-tu trop grande pour ça, maintenant ?

Sous le regard désapprobateur de ma belle-mère, je venais alors déposer un baiser sonore sur sa joue.

— C'est ma petite gonzesse à moi, ça, commentait-il souvent.

Ce que j'étais, en effet, pendant toutes ces années où je passai de l'enfance à l'adolescence.

56

Le sujet de mon orientation après l'école fut abordé dès mes treize ans. Voulais-je apprendre le métier de secrétaire ? Je m'empressai de répondre que non.

Travailler dans un hôtel ? Je n'y voyais guère plus d'intérêt. Pas plus qu'aux autres types de carrière que Sue et mon père me proposèrent.

« Infirmière », déclarai-je finalement, cette profession m'offrant la possibilité de m'éloigner rapidement de mon père et de Sue. Personne ne me fit remarquer que vivre en école d'infirmières impliquerait que je me sépare de Dolly.

— Pourquoi ne pas travailler dans les services réservés aux enfants, ou même des nourrissons ? questionna Sally, la larme à l'œil, car elle rêvait toujours d'avoir son propre bébé.

J'approuvai pour lui faire plaisir. Mais ce n'est qu'à l'âge de quatorze ans que je décidai vraiment de ce que j'avais envie de faire en quittant l'école.

Je voulais plus d'argent de poche, et Sue et son père m'avaient convaincue de travailler à la maison de retraite locale. En raison de mon âge, je n'étais là-bas qu'une aide à temps partiel, mais même le très bas salaire octroyé pour ce genre de travail me donnait l'impression d'être riche. Le père de Sue connaissait l'infirmière en chef et me recommanda. C'était un *self-made-man*, comme il aimait à le répéter, qui avait commencé à travailler dans l'industrie du bâtiment quand il avait seulement un an de plus que moi. Il ne m'avait jamais pardonné les mensonges que j'avais proférés quatre ans plus tôt et plaidait pour que je travaille dur, si possible en aidant les autres, afin de laver ma réputation et de me préparer un avenir. « Travailler dur n'a jamais tué personne » était son mantra, une forme de credo qui valait pour tout le monde – sauf pour sa fille, apparemment.

— Ça te rendra moins introvertie, Sally, déclara-t-il. Et puis tu verras comment fonctionne le vrai monde, au lieu de rêvasser tout le temps, la tête dans tes bouquins.

J'eus envie de lui rétorquer que c'était à cause de sa fille si je passais tant de temps toute seule, et que c'était Sue qui m'avait rendue différente en m'envoyant dans cette nouvelle école. J'eus envie de lui crier qu'il m'avait fallu presque quatre ans pour me faire un tant soit peu accepter par les autres.

J'aurais aussi pu lui dire que mon souci de bien faire pour l'examen de fin d'année, dont il aurait été ravi, et mon comportement studieux m'avaient valu d'être surnommée « la bûcheuse folle » voire « la fayotte » et que de nouveau j'étais la cible des moqueries collectives. Mais je décidai que le silence me serait plus profitable.

Par conséquent, au lieu d'exprimer mon sentiment, je le remerciai en souriant lorsqu'il annonça m'avoir arrangé un rendez-vous pour le jour suivant.

L'infirmière en chef, une grande femme assez mince aux petits yeux bruns et aux cheveux gris et courts sembla ravie de mon enthousiasme à travailler auprès des personnes âgées pendant les vacances scolaires et les week-ends. Elle me posa quelques questions, comme ce que je voulais faire quand je quitterais l'école, quels sujets m'intéressaient et pourquoi j'avais envie de travailler ici. L'image de ma grand-mère me revint en mémoire, et je répondis que j'aimais les personnes âgées. Son attitude plutôt sévère changea immédiatement, et elle me sourit chaleureusement. Après m'avoir expliqué en quoi consisteraient mes tâches – aider à faire les lits, assurer le passage du chariot des plateau-repas et tout ce que le personnel habilité me demanderait de faire – elle prit rapidement les dispositions nécessaires à mon embauche.

Ce fut un samedi, quelques semaines avant Noël, que je commençai à travailler là-bas. Toutes les maisons devant lesquelles je passai arboraient déjà les décorations d'usage, on voyait même des guirlandes lumineuses dans certains arbres ou autour des portes et fenêtres.

La maison de retraite se trouvait dans un grand bâtiment victorien autrefois habité par une unique famille, à l'époque où les personnes aisées employaient toute une collection de domestiques. Dans les années cinquante, la maison avait été transformée en foyer résidentiel pour personnes âgées et elle accueillait aussi maintenant des personnes devenues trop faibles pour se débrouiller toutes seules. De l'extérieur, on avait l'impression que Noël était passé devant sa porte sans s'y arrêter: à la différence des maisons voisines, aucune lumière colorée ne venait illuminer ses arbres. On n'y voyait pas non plus de décorations à travers les fenêtres. Le grand jardin qui s'étendait devant le bâtiment, probablement rempli de fleurs et de couleurs au printemps, ne contenait plus que des arbres dénudés et des parterres vides. Il était sombre et terne.

De robustes bancs de bois étaient posés sur le gazon recouvert de feuilles mortes, et j'imaginai à quoi devait ressembler la scène lorsque le soleil brillait sur les anciens qui venaient jusqu'ici pour s'y asseoir et regarder le monde défiler. Dans la sinistre lumière de l'hiver, la maison avait l'air éteinte, comme si les gens qui vivaient là avaient cessé de l'aimer depuis longtemps.

On m'avait demandé d'arriver en milieu de matinée, pour le service de onze heures.

— Tu peux pousser le chariot et aider à servir le thé. C'est une bonne façon de faire la connaissance des résidents, m'expliqua-t-on.

En le faisant rouler dans les couloirs surchauffés, l'odeur fut la première chose qui me frappa. Comme dans les autres institutions ou les hôpitaux où j'étais allée, il y régnait cette odeur entêtante de désinfectant et de chou trop cuit, avec, en second plan, celle de l'urine et des bassins hygiéniques souillés.

— Débarrassons-nous tout de suite du moins agréable, annonça la jeune aide-soignante qui avait été chargée de me montrer les lieux.

Je fis avancer le chariot dans le service réservé aux personnes les plus fragiles. Certaines reposaient, adossées sur leurs oreillers, yeux fermés et bouche ouverte, et seul le son de leur respiration me confirmait qu'elles étaient encore en vie. Elles passaient leurs derniers jours dans un état de demi-conscience, et j'espérai que leurs rêves les renvoyaient à des jours heureux. J'observai les infirmières lever des gobelets jusqu'à leur bouche édentée pour les nourrir comme de petits enfants.

Les lèvres craquelées faisaient de petits bruits, et quelques gouttes coulaient parfois sur un menton avant d'être essuyées. De temps à autre, un bras se tendait et l'occupant du lit faisait un geste pour éloigner la personne en blanc, insistant pour prendre lui-même sa tasse.

L'arrêt suivant était le salon où les personnes plus valides regardaient la télévision. De longues guirlandes vertes et or étaient accrochées dans la pièce, et dans un coin se dressait un immense arbre de Noël décoré de boules, de quelques étoiles et d'un ange quelque peu décrépi surplombant le tout. Des cartes de Noël des membres de la famille et de quelques amis encore en vie étaient suspendues à une ficelle devant la cheminée.

Je fus accueillie par des sourires et des remerciements et des mains usées effleurèrent les miennes tandis que je leur passais tasses de thé et biscuits, lesquels étaient immédiatement trempés dans les tasses.

C'est en regardant dans les yeux fatigués qui illuminaient ces visages froissés que je ressentis une chaleur d'un genre particulier: ils m'étaient reconnaissants de faire ce que je considérais comme bien peu.

Tant de résidents et si peu de visiteurs, pensai-je au fil des jours de mon travail là-bas. J'étais témoin de leur bonheur lorsqu'ils recevaient une carte de Noël ou une lettre et n'entendis jamais la moindre remarque acerbe sur le manque d'assiduité de leurs enfants, qui ne venaient les voir que rarement – même en cette période spéciale de l'année. « Ils sont très pris » ou « Ils habitent si loin » : telles étaient les excuses qu'ils leur accordaient la plupart du temps.

En apprenant peu à peu à les connaître, je commençai à les apprécier, et une bonne partie de mon petit salaire passa dans l'achat de cadeaux pour ceux dont je savais qu'ils allaient passer les fêtes au sein de l'établissement.

D'autres m'avaient parlé avec enthousiasme de la perspective de revoir leurs enfants, petits-enfants ou arrière-petits-enfants, et se répétaient à eux-mêmes l'heure exacte à laquelle on allait venir les chercher, ainsi que le détail du menu de fête. Leurs yeux fatigués brillaient alors, comme si cette évocation les rassurait sur le fait qu'on ne les avait pas oubliés.

Ils me racontaient aussi des histoires sur leur lointaine famille, exhumant de leurs doigts tremblants quelques photographies pour me les faire admirer. Souvent, ils bredouillaient quelques excuses pour justifier la longue absence de leur famille, espérant peut-être ainsi s'en convaincre eux-mêmes.

Je remarquai qu'ils avaient tendance à vivre davantage dans le passé que dans le présent. Tout en les écoutant, j'essayais d'imaginer la personne qu'ils avaient pu être au temps où leur visage était dénué de rides, leur chevelure épaisse et leurs lèvres pleines. Certains racontaient des histoires datant de leur jeunesse. Ils avaient vécu au temps d'avant la guerre, et racontaient comment leur vie avait changé lorsque le Premier Ministre avait annoncé à la nation que le Royaume-Uni entrait dans le conflit. Leurs yeux chassieux se mouillaient quand ils évoquaient, avec des expressions d'un autre âge, le départ des jeunes hommes qui s'en étaient allés pour ne jamais revenir et la camaraderie engendrée par les tragédies de la guerre.

— Ce furent les meilleures années de ma vie, déclara l'un d'entre eux.

Voyant d'autres têtes opiner du chef d'un mouvement approbateur, je me demandai comment ils pouvaient penser cela, sachant que les bombardements avaient dévasté des zones entières du nord du pays, décimant des foules de citoyens. Mais c'est la solidarité qui leur avait manqué lorsque la guerre s'était achevée, et les nombreuses opportunités que ces années leur avaient offertes.

Car la guerre n'avait pas seulement annoncé la fin du système des classes, mais le besoin en personnel aux champs et dans les usines avait sorti les femmes de leur foyer. Ce fut à cette période que des femmes de tous âges goûtèrent pour la première fois à la douceur de l'indépendance et d'un sentiment de valeur personnelle.

Je songeai à la remarque du père de Sue lorsqu'il m'avait dit que je passais trop de temps dans mes livres. Dans cet endroit, j'écoutais des volumes entiers d'histoires que l'on ne racontait qu'à moi.

Certains résidents, bien sûr, étaient devenus des enfants emprisonnés dans un corps de vieillard. En les voyant ainsi, j'espérais ne pas me retrouver enfermée dans mes souvenirs d'enfance si je devais moi aussi vivre jusqu'à leur âge. Mais à seulement quatorze ans, tout cela était bien difficile à imaginer.

Je me portai volontaire pour travailler le jour de Noël. Le soir du réveillon, j'emballai mes petits paquets de papier coloré et de ruban doré, avant d'écrire les prénoms sur des cartes : Edna, Violet, Edith, Ray et Joe. Autant de noms d'une autre ère que la mienne. Je reçus de grands sourires et vis leur plaisir tandis qu'ils enlevaient délicatement le papier cadeau, que l'habitude d'années de privation les poussait à plier soigneusement et à mettre de côté pour le réutiliser à une autre occasion, si la vie leur en donnait le temps. Je sentis un grand sourire fendre mon visage en regardant leurs réactions à mes cadeaux. Les petites dames frêles portèrent les savons délicatement parfumés à la lavande à leur nez, et les mouchoirs de coton finement tissés, que leur génération avait autrefois chéris, furent admirés avec enthousiasme avant d'être placés sur leur table de nuit avec ma petite carte. Les messieurs plus ou moins édentés suçaient bruyamment les berlingots que je leur avais offerts, et l'on me remercia chaudement en me disant que ces gâteaux correspondaient exactement à leurs goûts.

Je restai pour aider à servir le déjeuner de Noël, constitué de fines tranches de dinde avec une sauce épaisse et de la purée de pommes de terre.

En considération des dentitions instables et des gencives édentées, les légumes étaient également écrasés pour être plus faciles à manger. Je sortis les traditionnels chapeaux de papier et les plaçai sur ces têtes chenues, aux cheveux souvent si fins qu'on leur voyait le cuir chevelu. J'attendis ensuite que l'on fasse le silence au moment d'écouter le discours de la reine à la radio.

C'est à ce Noël-là que je décidai du métier que je voulais faire. Je voulais entamer une formation d'aide-soignante et passer ma vie auprès des personnes qui approchaient de la fin de leur vie, non de celles qui y entraient. Je me fis une amie là-bas, à peine plus âgée que moi, et qui n'était pas non plus heureuse chez elle : son échec scolaire avait suscité la furie de ses parents. C'était une grande fille dégingandée aux cheveux flamboyants et au visage constellé de taches de rousseur, qui me regardait d'un air sérieux depuis les épais verres de ses lunettes.

Ce fut elle qui m'initia à un autre monde, celui de la radio *citizen-band*, ou CB. À l'instar des forums et autres chats sur Internet aujourd'hui, cet ancien dispositif, qui était alors très moderne, nous reliait aussi bien à des contrées lointaines qu'au quartier voisin.

C'était notre manière de parler à des étrangers et de pouvoir nous incarner en la personne que nous voulions être. J'économisai l'argent de mon travail du week-end jusqu'à avoir les moyens de m'acheter ma propre CB. Cachée dans ma chambre, je la sortais le soir pour discuter avec d'autres âmes esseulées, camionneurs ou personnes cherchant des relations faciles.

Ce faisant, je me souvins de ces rêveries d'enfant où j'imaginais être populaire, où des amis buvaient mes paroles, où j'étais sur scène sous un tonnerre d'applaudissements, où j'avais du succès et me sentais importante. Tous ces fantasmes pouvaient prendre vie pendant un petit moment lorsque je parlais dans ma radio le soir venu. Tour à tour, j'étais une secrétaire dans une grosse entreprise, un mannequin lassé de n'être aimée que pour son physique, et de temps en temps, mais assez rarement, j'étais seulement moi, Sally.

Les hommes avec qui je parlais la nuit demandaient à me rencontrer, mais je refusais systématiquement : je ne voulais pas gâcher mes aventures imaginaires.

Je quittai la maison de mon père quelques mois après avoir obtenu mon brevet, non pour travailler dans la maison de retraite où j'avais passé deux ans, mais dans une autre, au sein d'une ville voisine. Je tenais en effet à mettre de la distance entre Sue, mon père et moi. À ma grande surprise, mon père ne fit aucune difficulté quand je lui annonçai que j'allais partir.

— Eh bien, tu es une femme maintenant, dit-il avec son habituel petit sourire en coin, avant d'ajouter : Et on peut dire que je t'ai aidée à le devenir, hein, Sally ?

Il me donna de l'argent et, comme lorsque j'étais petite et qu'il me câlinait après m'avoir fait des choses terribles, je ressentis les mêmes émotions contradictoires que sa présence m'inspirait toujours.

Cette envie folle de retrouver l'ancien papa, et la haine envers le violeur cruel qu'il était aussi.

Je trouvai rapidement une chambre meublée et un travail à plein temps, aidée par la chaleureuse recommandation que l'infirmière en chef m'avait rédigée.

J'avais ma radio pour compagnie et, bien sûr, ma fidèle petite Dolly, qui s'adapta rapidement à ses nouveaux quartiers malgré ses dix ans.

En quittant la maison à presque dix-sept ans, je pensais être enfin libre – libre de mon père, de ses menaces et de son emprise – mais ce ne fut pas le cas.

Le simple fait d'entendre sa voix de « gentil papa » au téléphone, quand il jouait le rôle du père soucieux, suffisait à me ramener à mon enfance. Non. Il fallut vingt ans de plus pour que je connaisse enfin la liberté.

La radio CB était ma compagne providentielle : grâce à elle, je pouvais discuter avec des étrangers solitaires au cœur de la nuit. Notre anonymat nous donnait la confiance qui nous avait manqué dans la vie et nous parlions avec l'aisance qu'ont si souvent les gens quand ils pensent qu'ils ne se reverront plus jamais. Dans notre cas, nous étions encore plus protégés car, quand bien même nous nous serions croisés dans la rue, nous aurions été incapables de nous reconnaître. Le temps passant, la solitude m'amena par deux fois à briser la règle que je m'étais fixée, en rencontrant ces étrangers. À dix-sept ans, je choisis un bar vivement éclairé où les nombreux néons et l'affluence de convives me conféraient un sentiment de sécurité.

À trente ans, ce fut le bar d'un grand hôtel.

Ces deux fois, j'entendis les mots « Tu es différente des autres », et le besoin de les entendre plus souvent me poussa à épouser ces deux hommes, à treize ans d'intervalle. Mon premier mari était un jeune homme très doux qui disait m'adorer et me donna deux enfants, avant que mon incapacité à l'aimer en retour ne le fasse partir.

Le deuxième homme était grand et blond, avec un sourire plein d'assurance. Il me prit telle que j'étais, avec mes deux enfants, me demanda de l'épouser et sourit de toutes ses dents lorsque je lui répondis oui.

Il me regarda couvrir ma fille et mon fils d'amour, dont la jeunesse faisait des êtres sans défense et donc incapables de me blesser, et me demanda de lui témoigner un peu plus d'affection. N'ayant que les mots à ma disposition pour exprimer mes sentiments, je lui dis que c'était déjà le cas. Quand la frustration transforma ses plaintes en cris de rage, je le quittai.

Mes deux maris me traitaient souvent d'égoïste. Les mots « froide, indifférente et ingrate » furent les dernières accusations qu'ils me lancèrent sur le pas de la porte, me laissant dans le silence, prisonnière de mes peurs. L'amour, avais-je compris, quand il est donné à qui ne le mérite pas, peut être transformé en une arme brandie par un monstre.

C'est le jour où je reçus un coup de fil inattendu que la première lueur de liberté commença à scintiller.

— Ton père est mort, m'annonça Sue.

— Notre père est mort, me dit Billy.

— Je ne viendrai pas à l'enterrement, leur répondis-je.

Au lieu de quoi, ce jour-là, je m'assis seule dans un bar et commandai une boisson. À l'idée de son corps plongé en terre, je tentai de me rappeler de l'homme qu'il avait autrefois été – celui que j'aimais. Mais les autres souvenirs se bousculèrent à la place, ceux que j'avais refoulés dans les tréfonds de ma mémoire depuis des années. J'entendis sa voix, vis son sourire prédateur et, plus que tout, me souvins de ma peur. Je lui murmurai pourtant au revoir.

Pendant une semaine, je me rendis dans le même bar avec un livre, essayant d'avoir l'air détendue. Je ne voulais parler à personne, mais j'avais besoin de la chaleur des inconnus. Un soir où la pluie battante avait découragé les clients, la serveuse vint vers moi.

— Quelque chose ne va pas, Madame ? me demanda-t-elle. Ça fait un moment que je vous vois là, avec votre livre, mais vous n'en tournez pas une page.

— Mon père vient de mourir. L'enterrement a eu lieu la semaine dernière.

— Êtes-vous triste parce qu'il vous manque ?

— Non, pour la raison inverse.

Elle ne répondit rien à cela et m'adressa seulement un regard de ses yeux bleus dont l'éclat habituel s'était évanoui.

— Je vois, dit-elle enfin.

Je me demandai si elle pouvait vraiment comprendre. Après quoi, je commandai un autre verre, puis encore un autre – pas assez pour être totalement ivre, mais suffisamment pour ressentir une certaine euphorie. Je pris ma voiture, et c'est la dernière chose dont je me souvienne ce soir-là. Le lendemain matin, je m'éveillai à l'hôpital. Je m'étais moquée de la police, me dit-on, lorsqu'ils m'avaient arrêtée pour excès de vitesse. Quoi qu'ils aient pu me dire, je n'arrêtais pas de rire, et je riais encore lorsque l'équipe médicale était arrivée. Ils avaient alors contacté mon mari, me dit une infirmière.

— Il est parti, lui avais-je rétorqué, même si je n'étais pas sûre d'avoir saisi ses mots.

Mais les agents avaient fouillé mon sac pour m'identifier, et trouvé quelque chose mentionnant son adresse. Il vint me voir, et déclara qu'il reviendrait – peut-être un traitement me guérirait-il de ma froideur. Je l'envoyai sur les roses.

Une fois qu'il fut parti, je me mis à pleurer. Puis, comme je l'avais fait la nuit précédente, à rire. Le rire se mêlait aux larmes, et rien ne pouvait l'arrêter. Fort et exubérant, il résonnait contre les murs jusqu'à ce que les infirmières viennent me faire une piqûre.

Le lendemain, un médecin vint me voir. Il s'assit près de mon lit et me posa des questions. Que m'était-il arrivé ? Me souvenais-je au moins d'avoir été emmenée à l'hôpital ? Je me détournai, mes épaules tressautant sous les sanglots de l'enfant que j'avais été.

On me transféra alors dans un service différent, J'avais besoin d'une autre sorte d'aide, me dit-on en m'emmenant dans un endroit aux murs sinistres. Là, des personnes aux yeux hagards regardaient par les fenêtres des choses qu'elles seuls pouvaient voir.

« Dépression ». Tel fut le mot posé sur mon cas lorsqu'on me présenta les médicaments que je devais prendre. Pourquoi maintenant ? me demandai-je. Pourquoi maintenant, alors qu'il venait justement de partir ?

Je suivis une thérapie et pris des médicaments, mais demeurai incapable de leur dire pourquoi j'en étais là, et même de décrire le sentiment de dérive et de solitude qui m'oppressait. Mes enfants, alors de grands adolescents ayant quitté l'école, vinrent me voir, m'offrant des fleurs et me tenant la main. Ils avaient le même air gêné que celui que j'avais dû avoir lorsque j'étais allée rendre visite à ma mère dans un service similaire. Je demandais des cigarettes, et quand tous les visiteurs s'en étaient allés, les autres patients et moi nous rendions au fumoir, aussi soulagés de les voir tourner les talons qu'ils l'étaient eux-mêmes de partir. La conversation était ténue et décousue au milieu des volutes de fumée, chacun étant perdu dans ses propres pensées ou plongé dans une apathie médicamenteuse.

Au fil des jours, comme s'ils étaient attirés par une force invisible, un petit groupe se constitua autour de moi. Il y eut d'abord quelques sourires hésitants, puis des bribes de conversation s'engagèrent et, sachant que ce rapprochement avait un but, j'attendis que l'un d'entre eux me parle de son histoire.

La première à le faire fut Bridie, une jeune fille irlandaise qui avait fui son domicile quelques années avant son admission à l'hôpital.

Une fille plus jeune que la plupart de celles dont les bras portaient les stigmates de l'automutilation.

Elle se tourna vers moi pour se confier, et je me transportai dans son histoire en écoutant son accent chantant et en l'incitant à poursuivre son récit.

Son histoire m'embarqua en Irlande, et en voyageant avec elle sur cette terre de brume, je vis à travers ses yeux un endroit froid sclérosé par le fanatisme religieux, et entendis presque le pasteur évangéliste local prononcer son sermon inquiétant sur les flammes de l'enfer et la damnation éternelle.

La voix hypnotique de Bridie m'emmena ensuite à la découverte de son beau-père, un homme bourru qui avait dirigé sa maisonnée d'une main de fer, un homme qui pensait que les femmes n'étaient que des citoyens de seconde classe et que chaque enfant était né dans le péché. Elle m'introduisit enfin dans le monde qui était devenu le sien lorsque sa mère, veuve depuis quelques semaines seulement, avait pris un nouvel époux. C'était un monde que je comprenais bien : celui d'un enfant abusé.

Le soir, alors que toutes les lumières étaient éteintes et que j'écoutais le bruit du sommeil agité des autres patients, je réfléchis à l'histoire de Bridie, et me demandai pourquoi elle s'était ainsi confiée à moi.

Avions-nous un signe secret de reconnaissance, une marque visible uniquement de ceux qui appartiennent au même groupe ? Au cours des semaines suivantes, j'appris que nous nous reconnaissions nous-mêmes dans les visages de ceux que nous croisions.

Nous savons qu'ils sont aussi de ceux dont la famille a broyé l'enfance avant de les envoyer à la dérive sans aucun moyen d'orientation.

C'est aux moments où nous sommes dans le tourment que nous prenons conscience de notre manque d'enracinement. Ces racines qui maintiennent les autres fermement ancrés au sol nous manquent. Nous, qui n'avons pas été correctement nourris pendant notre jeunesse, dérivons sans cap lorsque nous sommes pris dans les tempêtes de la vie. C'est à ces moments-là que nous nous rencontrons, parfois de manière éphémère, quand nous avons besoin d'aide ; d'autres fois, en se liant pour la vie.

Bridie avait-elle vu l'enfant vulnérable que j'avais été derrière le masque de la quadragénaire que j'étais alors ? Il me sembla que c'était le cas.

« C'était mon oncle », m'avoua une autre femme lors de notre rituel du soir, en tirant sur les premières bouffées de sa cigarette.

« C'était mon chef scout », me confia un homme.

Mais moi, je ne dis rien.

Pas plus qu'un homme au visage blême, complètement renfermé, qui s'asseyait chaque soir avec nous mais ne parlait presque jamais.

« Il est sous surveillance, pour risque de suicide », m'expliqua-t-on lorsque je demandai pourquoi il y avait toujours une infirmière non loin de lui. Je me demandai quelle pouvait bien être son histoire. Pourtant, quelque part au fond de moi, je le savais déjà.

J'écoutais les histoires des autres mais ne parlais toujours pas, tout comme l'homme sous surveillance. Mais au fil des jours, je me surpris à poser de plus en plus souvent mon regard sur lui. Et je m'interrogeais : qu'est-ce qui avait pu le mener à tellement de désespérance pour qu'il faille le regarder aussi attentivement ?

Quelques jours après le récit de Bridie, et comme par un accord tacite, nos compagnons fumeurs se levèrent et quittèrent la pièce, me laissant seule avec l'homme.

Et Jim – tel était son nom – se mit alors à parler : « C'était mon père », dit-il. Je tendis la main pour effleurer doucement la sienne.

Il me raconta avoir été battu à coups de ceinturon, de poings, ses os brisés, ses côtes cassées. Comment sa colère avait grandi en même temps que lui. Trop jeune pour la diriger contre l'ivrogne massif qui l'avait élevé, il avait choisi de la déverser sur des garçons de son âge. L'école se plaignit aux parents, et les coups allèrent croissant. À seize ans, il quitta la maison, et fit ce qu'ont fait nombre de garçons perturbés : il s'engagea dans l'armée.

Il fut affecté en Allemagne. Son besoin d'amour le mena rapidement à épouser une femme qui, ayant ainsi gagné un loyer gratuit, le remercia de deux façons : en lui faisant d'abord une fille, puis en le cocufiant allégrement. Par amour pour sa fille, il resta avec elle, mais lorsqu'il fut renvoyé en Angleterre, sa femme refusa de le suivre. Il lui écrivit des lettres la suppliant de le rejoindre.

Ses courriers lui revinrent tous avec la mention « N'habite pas à l'adresse indiquée ». C'est à ce moment qu'il sut qu'il avait perdu sa fille pour toujours.

On l'envoya revoir son père pour le confronter à l'homme qui avait détruit son enfance. Au lieu de la brute de deux mètres dont il se souvenait, il trouva alors un vieillard émacié au visage jaune, secoué par la toux profonde des malades en phase terminale.

Trois mois plus tard, il paya les funérailles de son père, puis rompit définitivement les liens avec la femme qui avait assisté à la brutalité de son mari sans jamais rien dire. La mort de son père ne l'avait pas libéré, lui non plus. Il était en deuil de son enfance perdue et d'une fille qu'il ne reverrait plus jamais.

À ce moment-là, il avait eu envie de mourir.

— Et toi ? demanda-t-il.

— Mon père, aussi, répondis-je.

Et pour la première fois je racontai mon histoire à quelqu'un. Pas tout cette fois-là, mais peu à peu, je finis par lui en livrer l'intégralité.

C'est en parlant à Jim que je suis parvenue à me libérer de mon passé, et c'est son écoute qui éveilla quelque chose en moi et fit fondre ma froideur. Et au lieu de ne voir en lui qu'un homme, je vis soudain une âme sœur.

Nous avons parlé une bonne partie de la nuit, et de nombreuses nuits suivantes – sous le regard des infirmières.

Les relations intimes entre patients n'étaient pas encouragées, car le personnel médical savait que nous étions très vulnérables. Mais c'est justement de notre vulnérabilité que naquit la force. Je passai six mois dans ce service, et en partis la première.

Jim y resta un peu plus longtemps. Je lui rendis visite chaque jour, et quand il sortit enfin, il vint vers moi.

Cela faisait trois ans que nous étions ensemble, trois ans pendant lesquels j'avais appris ce qu'étaient l'amour et la joie de le donner, lorsque je lui dis que je devais retourner dans un endroit bien particulier.

57

C'est par une belle journée d'été que je me rendis au cimetière. J'avais les bras pleins de glaïeuls que je serrais contre mon petit pull-over pour en humer le parfum léger et poivré. Les fleurs blanches des sorbiers se mêlaient au vert profond des nombreux ifs poussant autour des murs du cimetière.

Une douce brise agitait les feuillages, faisant danser des taches d'ombre et de lumière dans les allées. J'entendais le pas de Jim, calé sur le mien, sans ressentir le besoin de l'entendre parler ; sa présence me suffisait.

Je passai devant des pierres tombales où des statues sans regard veillaient sur ceux qui reposaient là, et m'arrêtai devant l'une d'entre elles : un nounours d'enfant, aux couleurs passées par les éléments, était appuyé contre une stèle blanche. Je frémis en songeant au chagrin de ces parents inconnus.

Puis, je vis la mare où des canards bruns, verts et blancs glissaient paisiblement à la surface de l'eau, leur progéniture derrière eux.

Nous arrivâmes enfin à la tombe que je cherchais. Un vieil homme était assis sur un banc voisin, bougeant les lèvres pour prononcer des mots inaudibles des humains.

Ses pieds, chaussés de souliers marron bien cirés, étaient solidement posés par terre, tandis que ses mains tachées par l'âge tenaient une canne sans trop de conviction.

Il faisait chaud, et je remarquai qu'il était élégamment vêtu, en pantalon de flanelle grise, veste de laine bleu marine et cravate noire sous un col blanc.

Un mouchoir de coton blanc sortait de la pochette de sa veste, et ses fins cheveux gris étaient soigneusement peignés en arrière.

L'espace d'un instant, je crus qu'il s'agissait de quelqu'un que je connaissais et que les mots que je ne pouvais entendre m'étaient adressés.

Puis je réalisai que ses yeux étaient fixés sur une tombe récente, sur laquelle on n'avait pas encore érigé de stèle. Sans mot dire, je m'assis à côté de lui.

Il tourna vers moi ses yeux bleus délavés aux paupières froissées.

— Ce n'est pas parce qu'on ne peut plus voir quelqu'un qu'il n'est plus là, me dit-il.

— Non, en effet, répondis-je en songeant aux nombreuses fois où j'avais pensé exactement la même chose.

Je sentis la chaleur du bras de Jim sur mon épaule et regardai la tombe voisine, où quelques mots seulement ornaient la stèle: « Laura East, mère et épouse aimante », suivis de la date de sa mort. Un vase, dont toute l'eau s'était depuis longtemps évaporée, se dressait au milieu de la tombe, avec les tiges desséchées des freesias et des gypsophiles que j'y avais déposés la dernière fois, semblant me reprocher ainsi ma longue absence. Je m'agenouillai sur le côté et caressai les longues tiges zébrées de mauve des glaïeuls avant de les poser sur la tombe.

— Je l'ai cherchée pendant si longtemps, dis-je. Tous les jours, j'attendais qu'elle revienne, mais ça n'arriva jamais. Parfois, je la voyais dans la rue, en apercevant de longs cheveux blonds, la courbe d'une joue, ou une longue jupe bariolée dansant dans le vent. Mais quand je l'appelais, le visage qui se retournait n'était jamais le sien.

Le sentiment d'abandon et de solitude que j'avais connu il y a si longtemps m'emplit de nouveau.

Du coin de l'œil, je distinguai les larmes qui coulaient sur le visage du vieil homme qui parlait à sa femme. Soudain, un léger sourire releva le coin de ses lèvres – un souvenir des jours heureux l'avait apparemment consolé. Comme s'il avait lu dans mes pensées, Jim murmura alors au creux de mon oreille :

— Sally, souviens-toi des bons moments.

Je lui souris avec gratitude, car c'était grâce à lui que j'en étais désormais capable.

La dernière fois que je m'étais assise en silence près de cette tombe, quatre ans auparavant, le fantôme de mon enfance avait posé sa main glaciale sur la mienne pour m'emmener dans un endroit que je voulais oublier : un endroit où ma mère m'ignorait parfois pendant des jours entiers, et où j'étais « la petite fille chérie de papa ».

Ce jour-là, j'avais été incapable de séparer les bons des mauvais souvenirs. En dépit de tous mes efforts pour tenter de faire renaître un moment heureux, il était immédiatement obscurci par un autre, beaucoup plus triste.

Mais au fil des jours, des semaines et des mois depuis lors, j'avais appris à faire une place d'honneur aux plus positifs.

Je m'assis près de la tombe et dis silencieusement à ma mère qu'elle me manquait encore, mais à la différence du vieil homme, je savais qu'elle était vraiment partie. L'air se rafraîchit comme le soleil disparaissait derrière les nuages, et Jim me remit doucement sur mes pieds.

— Rentrons à la maison, Sally.

Nous passâmes de nouveau devant la mare où, la tête repliée sous leurs ailes, les canards ressemblaient maintenant à des coussins de soie flottants, et arpentâmes les allées couvertes de mousse jusqu'aux grilles de fer forgé de l'entrée du cimetière.

Bras dessus, bras dessous, nous les franchîmes alors pour retourner dans le tumulte de la circulation.

Photocomposition *CMB* Graphic
44800 Saint-Herblain

Achevé d'imprimer par GGP Media GmbH, Pößneck
en juillet 2012
pour le compte de France Loisirs,
Paris

N °d'éditeur : 69058
Dépôt légal : août 2012
Imprimé en Allemagne